Electre pour LES NULS

Electre pour LES NULS

Services commercial et technique d'Electre

FIRST
Interactive

Electre Pour les Nuls

Pour les Nuls est une marque déposée de Wiley Publishing, Inc
For Dummies est une marque déposée de Wiley Publishing, Inc

Collection dirigée par Jean-Pierre Cano
Édition : Pierre Chauvot
Maquette et illustration : MADmac

Edition française publiée en accord avec Wiley Publishing, Inc.

Éditions First
60 rue Mazarine
75006 Paris
Tél. : 01 45 49 60 00
Fax : 01 45 49 60 01
e-mail : firstinfo@efirst.com
ISBN : 978-2-7540-1421-2
Dépôt légal : 1er trimestre 2009
Imprimé en France

Pour toutes informations complémentaires, contacter
Fabien Corbou
(Formations Electre)
35, rue Grégoire-de-Tours
75279 Paris Cedex 06
Courriel fcorbou@electre.com
Téléphone 01 44 41 29 38
Télécopie 01 44 41 28 65

Sommaire

Introduction

Pourquoi vous avez besoin d'electre.com

Bienvenue dans Electre pour les Nuls !

Professionnel du livre, votre métier vous amène aujourd'hui plus que jamais à effectuer des recherches bibliographiques de plus en plus efficaces et de plus en plus rapides parmi des informations actualisées en permanence. Face à une offre éditoriale plus riche et plus complexe, electre.com est l'accès le plus simple et le plus performant aux 1 300 000 références contenues dans la base.

Vos recherches bibliographiques doivent être exhaustives, et les résultats pouvoir être exploités, imprimés et transmis à vos collaborateurs, fournisseurs, abonnés ou clients. Seul un outil réellement professionnel vous permet d'apporter à chaque demande des réponses complètes et réactives. Electre est exactement l'outil de travail que vous attendez.

- Vous disposez des résumés, des visuels de couverture et des textes des quatrièmes de couverture ainsi que des biographies d'auteurs, des critiques, du feuilletage, des outils de veille bibliographique (alertes), des widgets, etc.
- Vous utilisez des informations réactualisées en permanence qui tiennent compte de toutes les informations de la vie du livre.

- Vous profitez, grâce à une interactivité permise par Internet, d'un accès simplifié et automatisé aux informations correspondant à vos besoins précis (bibliographies, actualités, etc.).

Electre est la seule base à apporter une analyse approfondie de chaque livre, analyse qui va bien au-delà des informations du fichier exhaustif du livre. Vous utilisez ainsi un puissant moteur de recherche, sans équivalent, conçu et adaptable en fonction de chaque aspect de votre vie professionnelle.

La nouvelle version d'electre.com dont vous disposez intègre plusieurs avantages du Web 2.0 : alertes, feuilletage des ouvrages, cohabitation avec *Livres Hebdo* (chaque notice, le cas échéant, vous renvoie vers les articles correspondants du magazine, vous informe des scores de vente, mentionne tous les médias qui ont traité le titre), etc.

Par ailleurs, Electre met à votre disposition les solutions technologiques les plus avancées (services Web, API, etc.). Grâce à elles, electre.com peut devenir une source d'information documentaire intégrée à votre système d'information ou votre site Internet.

NOTE TECHNIQUE

Un *service Web* ou API (Application Programming Interface) est une interface de programmation permettant la communication et l'échange de données entre différents systèmes n'utilisant pas *a priori* les mêmes langages. Les services Web sont régis par des protocoles d'échanges standardisés.

À qui s'adresse electre.com ?

Vous êtes bibliothécaire, bibliothécaire universitaire, documentaliste ?

Acquérir

Les acquisitions sont au cœur de votre métier. Electre.com vous aide aussi bien pour vos acquisitions courantes que pour la (re)constitution de fonds ou la mise à niveau de vos collections.

- En utilisant la « recherche rapide », vous avez immédiatement une réponse exhaustive, car elle inclut dans les items recherchés le titre, l'auteur, l'éditeur, la collection et le sujet. En amont ou en aval de la recherche, d'autres outils vous permettent de restreindre facilement votre résultat à un nombre limité de notices pertinentes.
- Grâce à une vision complète des nouveautés, vous préparez vos acquisitions avec des informations précises et actualisées.
- Vous créez facilement des paniers communs (ou personnels) avant vos réunions d'acquisitions.
- Le bon de commande, conçu spécialement avec l'aide et sur les conseils de vos confrères pour vous faire gagner du temps, est facile à utiliser. Il vous permet de paramétrer vos fournisseurs ou d'entrer des caractéristiques génériques ou personnalisées pour tous les ouvrages (remises, observations, etc.). Il peut, bien sûr, être utilisé indépendamment ou en lien avec votre logiciel de gestion.
- Si votre libraire est également équipé d'electre.com, vous échangez directement vos listes ou vos bons de commande en évitant les saisies répétitives, responsables de perte de temps et d'erreurs. À un fournisseur non abonné, vous avez la possibilité d'expédier ces fichiers par courriel.

Cataloguer

La récupération des notices vous évite leur saisie et facilite l'informatisation de votre fonds et de vos nouvelles acquisitions. Elles sont établies selon la norme de catalogage AFNOR Z44-073 et vous les récupérez en quelques clics, dans le format de votre choix (UNIMARC, XML, dBase, CSV, etc.).

Chaque notice comprend :

- titre, sous-titre, collaborations, lieu et date de publication, éditeurs, collations, collections, ISBN/EAN, prix et disponibilité ;
- genre de l'ouvrage et niveau de lecture (tranche d'âge, public, professionnel, spécialiste) ;
- résumé factuel et impartial du contenu ;
- quatre niveaux d'indexation thématiques : classification Dewey (conforme à la 22e édition), vedettes Rameau, lexique universitaire et professionnel, thèmes Electre ;
- un lien Internet permettant d'alimenter votre site en couvertures (sous conditions).

La norme AFNOR Z44-073 est la norme française de catalogage des monographies conforme à la DBIN (Description bibliographique internationale normalisée), communément appelée ISBD (International Standard Bibliographic Description). L'AFNOR (Association française de normalisation) est l'organisme officiel français de normalisation. Elle est membre de l'Organisation internationale de normalisation (ISO).

MARC (acronyme de Machine-Readable Cataloging) est un format d'échange de données bibliographiques permettant d'informatiser les catalogues de bibliothèques.

La norme internationale ISO 2709 définit pour toutes les variantes du MARC le cadre d'utilisation des différents formats d'échange informatique de notices bibliographiques.

L'UNIMARC (UNIversal MARC) a été conçu pour permettre l'échange de notices bibliographiques entre les différentes variantes du MARC (USMARC aux États-Unis, SAMARC en Afrique du Sud, IBERMARC en Espagne, INTERMARC en France, etc.).

XML (eXtensible Markup Language) ou langage à balises extensibles est un langage permettant globalement de séparer la présentation d'un document sur Internet de son contenu.

dBase et CSV (Comma-Separated Value) sont des formats informatiques courants compatibles avec la majorité des gestionnaires de bases de données comme Access ou des tableurs comme Excel. Electre reconnaît tous les formats utilisés par vos systèmes de gestion.

L'ISBN (International Standard Book Number) ou numéro international normalisé du livre est un numéro qui permet d'identifier de manière unique chaque livre publié. Ce code, délivré par l'AFNIL (Agence francophone pour la numérotation internationale du livre) est confondu depuis le 1er janvier 2007 avec le code EAN (European Article Numbering) à 13 chiffres correspondant au code-barres de chaque ouvrage référencé.

La classification Dewey (du nom de son créateur Melvil Dewey, bibliothécaire américain de la fin du XVIIIe et du début du XIXe siècle) est un système décimal pour noter et classer les ouvrages dans une bibliothèque.

Le répertoire RAMEAU (Répertoire d'autorité matières encyclopédique et alphabétique unifié) utilisé à la Bibliothèque nationale de France et dans nombre de bibliothèques françaises permet d'indexer les documents afin de pouvoir les retrouver par sujet.

Renseigner

Les bibliothèques publiques évoluent pour devenir de véritables centres de ressources. Conscient de ces changements, electre.com permet d'offrir un accès restreint et sécurisé à vos lecteurs sur un poste que vous mettez à leur disposition :

- Sans risquer d'interférer avec votre travail, ils peuvent compléter leurs recherches sur l'OPAC avec le moteur de recherche electre.com. La richesse de la base de données Electre et la simplicité de son utilisation apportent à vos lecteurs toutes les réponses complémentaires.
- Pour les lecteurs recherchant des ouvrages techniques, scientifiques, en médecine et dans certaines sciences humaines, la recherche avancée propose un accès par le contenu de la table des matières. Ils peuvent ainsi avoir facilement confirmation qu'un ouvrage traite bien du sujet qui les intéresse.
- L'accès public à electre.com permet à tous les abonnés d'une bibliothèque de proposer des ouvrages qui alimenteront un panier de suggestions d'acquisitions. Le lien OPAC permet en outre à vos abonnés de savoir directement depuis la notice Electre si un ouvrage est présent ou non dans votre fonds.

L'acronyme OPAC (Online Public Access Catalog) désigne un catalogue de bibliothèque accessible en ligne.

Animer

Les expositions à thème sont des moments forts qui animent régulièrement les différents espaces de votre bibliothèque. Les sujets que vous pouvez envisager sont innombrables. Quel que soit l'angle sous lequel vous voulez aborder une thématique, les nombreuses possibilités de recherche vous viennent en aide.

Quelques exemples, parmi toutes les techniques de recherche d'informations mises à votre disposition :

- utiliser la recherche rapide pour avoir une vision d'ensemble sur un thème (exemple : « Indiens d'Amérique ») ;
- sélectionner les ouvrages par nationalité de l'auteur, par langue de traduction ou par niveau de lecture (âge, niveau scolaire, degré universitaire, etc.) ;
- sélectionner les ouvrages sur une thématique précise (exemples : les monologues dans le théâtre ou les récits de voyage sur le Tibet) ;
- effectuer rapidement la recherche de toutes les parutions d'un auteur ou d'un collaborateur (exemple : les ouvrages traduits par Yves Bonnefoy) ;
- éditer la bibliographie d'un auteur.

Diffuser

Disposer d'un outil qui facilite la diffusion immédiate des informations est un avantage professionnel quotidien. En vous aidant à diffuser les connaissances, electre.com devient le partenaire de votre bibliothèque, bibliothèque universitaire ou centre de documentation, irremplaçables « centres de ressources ».

- Vous mettez à disposition de tous ceux qui fréquentent votre établissement des postes dédiés et adaptés (via les accès publics).
- Vous transmettez les résultats de vos recherches aussi bien à vos abonnés, vos collaborateurs qu'aux étudiants ou enseignants qui en ont l'usage.
- Vous diffusez automatiquement les veilles documentaires que vous avez mises en place. Ces « alertes » peuvent en effet être envoyées par courriel aux personnes que vous avez choisies. Comme vous, elles seront informées en temps réel des nouvelles parutions dans les domaines de votre choix.

Vous êtes libraire ?

Anticiper

Dans chaque rayon de votre librairie, vous devez anticiper pour mettre en avant les derniers livres dont on parle (et dont on parlera !). Vos arbitrages s'effectuent parmi un nombre de parutions en expansion permanente, et le temps dont vous disposez est limité. Le paramétrage des recherches avec electre.com vous permet d'avoir une approche spécifique de toutes les nouveautés.

- Vous disposez d'un éclairage qui correspond à la spécificité du rayon dont vous êtes responsable, à votre type de clientèle, aux événements d'actualité.
- Vous pouvez observer, comparer, trier les parutions les plus diverses : les dernières traductions d'un auteur étranger, les beaux livres sur le voyage, les poches sur la cuisine, etc.
- Vous pouvez également mettre en place des veilles permanentes pour être averti personnellement par courriel des parutions dont les sujets vous intéressent (exemple : les guides de randonnée en Bretagne). Cela vous permet d'avertir également vos clients des parutions qui peuvent les concerner.

En vous proposant une vision précise et fiable des événements éditoriaux de tous les secteurs, electre.com vous procure un avantage concurrentiel important en vous guidant de manière inégalée sur des choix bibliographiques complexes. L'accroissement des nouveautés, les nouveaux acteurs concurrents dans la vente du livre, l'exigence accrue des clients lecteurs, les menaces et les opportunités des nouveaux formats numériques et la diversité floue d'outils souvent inadaptés sur Internet induisent la nécessité d'une vigilance accrue et d'un choix pertinent d'outils de recherche et de gestion.

Échanger

Avec electre.com, votre librairie est ouverte sur le monde et – fait trop rare pour ne pas le souligner – le format informatique est compatible avec toutes les interfaces existantes (logiciels de gestion, sites Internet). Ainsi, l'informatique vous aide à échanger pour réussir efficacement et rapidement nombre de travaux indispensables.

- Vous alimentez directement en notices votre base de gestion. Ces notices, établies selon les normes professionnelles, peuvent être facilement (automatiquement) intégrées dans votre fichier de gestion. Vous intégrez les nouveautés dans votre organisation, sans perte de temps.
- Vous échangez listes (thématiques), bons de commande ou devis avec vos clients. Qu'il s'agisse d'un particulier qui peut ainsi recevoir confirmation d'une commande client de quelques livres ou d'une bibliothèque (ou autre collectivité) passant un appel d'offres de plusieurs milliers d'ouvrages, vous évitez des saisies répétitives responsables de perte de temps et d'erreurs.
- Vous pouvez transmettre vos commandes automatiquement à Dilicom.

Dilicom, anciennement Electre-Transmission, est la société interprofessionnelle gérant le FEL (Fichier exhaustif du livre) et permettant le transfert électronique des commandes, des catalogues, des avis d'expédition et des factures entre les librairies abonnées et les distributeurs.

Animer

Conscient des évolutions du service que vous offrez à vos clients, electre.com vous permet d'offrir un accès paramétré à vos clients sur un poste que vous mettez à leur disposition exclusive ou partagée.

- Sans interférer avec votre travail, vos clients peuvent effectuer directement leur recherche avec le moteur d'electre.com. Son utilisation simple et la richesse de la base de données sont autant d'atouts pour aboutir au renseignement qu'ils cherchent.
- Ils sont fidélisés, car ils perçoivent immédiatement la qualité professionnelle du service que vous mettez à leur disposition.
- Chaque notice leur propose des listes d'ouvrages complémentaires (même auteur, même sujet ou même collection) qui peuvent servir de base pour que vous les dirigiez vers d'autres lectures complémentaires.

Renseigner

Pour que vous puissiez trouver rapidement le bon renseignement, electre.com est l'unique base de données à vous proposer autant de types de recherche différents. Ces recherches sont faciles et s'effectuent parmi un contenu aussi riche en nombre de références qu'en quantité d'informations.

- Vous pouvez rechercher un ouvrage précis en ne connaissant qu'approximativement (phonétiquement) son titre, son auteur ou son éditeur, voire sans aucune de ces données mais simplement grâce au sujet dont il traite.
- Vous sélectionnez des livres correspondant à une thématique précise ou à un certain type de lecteurs, segmenté entre autres par âge ou par niveau de connaissance. Vous pouvez ainsi, par exemple, trouver les contes et légendes du Maghreb destinés à un public de 6 ans.

- Vous accédez à des références scientifiques par le contenu de la table des matières. Vous pouvez ainsi trouver tous les ouvrages médicaux ou de vulgarisation traitant – dans un de leurs chapitres – du score d'Apgar chez les nouveau-nés.

Quelle que soit la demande formulée, vous disposez de l'outil de recherche qui s'adapte à la façon dont on vous pose la question. Vous fournissez des renseignements précis et, grâce aux propositions d'electre.com sur d'autres ouvrages proches de votre recherche, vous pouvez même suggérer d'autres titres complémentaires à votre client (exemple : trouver des ouvrages sur Marie-Antoinette en ne connaissant qu'un titre relatif au personnage).

Vous êtes éditeur ?

Informer

Aujourd'hui, electre.com est l'outil le plus utilisé en librairie, en bibliothèque et par les médias pour les recherches d'ouvrages.

500 000 recherches par jour sont opérées sur le site electre.com, 800 000 titres différents sont consultés sur l'année parmi les 1 300 000 références de la base Electre.

Grâce à electre.com, vous assurez la visibilité de votre catalogue auprès de vos clients directs (librairies) et indirects (bibliothèques) qui disposent également de toutes les informations signalétiques de votre entreprise (coordonnées, site Internet et structure de distribution).

Promouvoir

Vous présentez les extraits numériques de vos nouveautés à feuilleter sur electre.com, le site de recherche bibliographique incontournable.

Ces extraits de vos plus récents ouvrages permettront à tous les abonnés electre.com, libraires ou bibliothécaires, d'être en contact direct avec les œuvres que vous publiez pour les recommander à des milliers d'acheteurs potentiels.

Un pictogramme dans les listes electre.com signalera chaque ouvrage numérisé. L'accès au contenu se fera en cliquant sur un bouton « livres en ligne » accessible avec la notice de l'ouvrage.

Vous pouvez utiliser electre.com/livresenligne sur d'autres sites Internet de votre choix.

Le site electre.com/livresenligne est une plate-forme de gestion et de diffusion des contenus dédiée à electre.com tout en étant parfaitement compatible avec d'autres sites.

Vous pouvez ainsi mettre les extraits de vos ouvrages à disposition du grand public à partir de widgets, sur votre propre site ou sur tout autre site avec lequel vous êtes en partenariat.

Contrôler

En tant qu'éditeur, vous disposez d'un accès à plusieurs informations diffusées par electre.com comme la disponibilité ou le prix de vos ouvrages.

Vous gardez la maîtrise totale de la partie des ouvrages numériques que vous présentez sur le site. Les abonnés pourront, suivant votre choix, accéder à des extraits par les mots clés, par le sommaire ou en feuilletant la partie de l'ouvrage définie par vos soins.

Comment utiliser Electre pour les Nuls ?

Electre pour les Nuls est adapté à tous les utilisateurs du site electre.com. Il n'est pas nécessaire de lire cet ouvrage de bout en bout pour comprendre le fonctionnement du site, d'autant que celui-ci comporte de nombreuses options dédiées à des professions particulières (bibliothécaire, documentaliste, journaliste, libraire, etc.). Nous vous invitons néanmoins à le conserver près de votre poste de travail afin de retrouver rapidement l'information souhaitée grâce à un sommaire et un index détaillés.

Que trouverez-vous dans ce livre ?

Electre pour les Nuls comporte six parties décomposées en chapitres consacrés chacun à un sujet précis. Vous pouvez lire un chapitre sans devoir lire ceux qui le précèdent. Si un sujet abordé vous semble peu clair, de nombreux renvois vous dirigent vers les chapitres explicatifs.

Chacune des parties traite d'un grand thème lié à Electre.

Première partie : Découvrir Electre

L'histoire de la base bibliographique Electre commence en 1856 lorsque le Cercle de la librairie fait l'acquisition de la Bibliographie de France (anciennement Bibliographie de l'Empire français). Depuis, celle-ci n'a jamais cessé de s'enrichir, tant en références qu'en informations bibliographiques. Cette partie vous présente l'histoire du Cercle de la librairie avant de détailler le fonctionnement actuel d'electre.com.

Deuxième partie : Découvrir l'outil electre.com

Malgré la richesse des informations bibliographiques (qui l'intègrent parmi les bases les plus complexes existantes, tous secteurs confondus), electre.com est un outil d'utilisation fort simple. Pour parvenir rapidement à l'information souhaitée, cette partie vous présente les nombreuses rubriques accessibles depuis les pages d'accès et d'accueil d'electre.com en vous rappelant la configuration optimale dont vous devez disposer pour l'utiliser pleinement.

Troisième partie : Pratiquer la recherche Electre

Vous recherchez un titre ou une bibliographie thématique parmi près de 1 300 000 notices référencées dans la base Electre ? Cette partie vous présente toutes les possibilités de recherche du moteur electre.com. Professionnels du livre, vos critères de recherche sont variés et dépassent largement la simple recherche *titre*, *auteur*, *éditeur*. Trouverez-vous les ouvrages consacrés à la mythologie des corbeaux chez les Indiens d'Amérique ?

Quatrième partie : Traiter et développer les résultats

Ça y est ! Vous savez trouver les titres correspondant à vos attentes ! Qu'en faire ? Cette quatrième partie détaille les nombreuses possibilités existantes pour exploiter un résultat de recherche : exporter l'information bibliographique vers votre système de gestion, créer une veille bibliographique liée à un sujet précis, créer un panier, transmettre un bon de commande à votre fournisseur, imprimer une liste, etc.

Cinquième partie : Paramétrer et personnaliser electre.com

Vous suivez de près l'actualité des romans policiers alors que votre collègue suit celle des contes pour enfants ? Vous devez créer une arborescence de dossiers commune à tous les utilisateurs de votre abonnement ? Vous souhaitez administrer les droits accessibles à chaque utilisateur ? Cette partie traite des nombreuses options que vous pouvez paramétrer afin d'utiliser quotidiennement un espace réellement personnalisé.

Sixième partie : Autour d'Electre

Votre site electre.com est bien plus qu'un moteur de recherche. La base bibliographique alimente en effet de nombreux sites de librairies, de bibliothèques ou d'éditeurs via les services Web. *Livres Hebdo*, intégrant également le Cercle de la librairie, propose également son site accessible par lien depuis electre.com et fournit de nombreuses informations (couverture média, articles du magazine, etc.) associées à chaque notice. Cette partie traite des différents développements utilisant la base et l'ingénierie d'Electre, ainsi que les collaborations possibles avec d'autres outils comme vos systèmes de gestion ou vos sites Internet.

Icones utilisés dans ce livre

Dans chaque marge de gauche, plusieurs icones annoncent des informations importantes et corollaires liées au sujet traité.

Cet icone signale des informations techniques ou des définitions qui peuvent compléter votre connaissance sur un terme ou sur un sujet traité.

Afin d'utiliser en toute sérénité votre accès Electre, ne négligez pas ces informations !

Au passage, une petite astuce pour gagner du temps, pour retrouver rapidement une information, bref vous simplifier la vie !

Par où commencer

Si vous n'êtes pas familiarisé avec la recherche Electre, vous pouvez commencer par le début de ce livre et le lire comme un roman… mais nous vous conseillons plutôt d'assimiler rapidement son sommaire afin de retrouver rapidement la page qui répondra à vos besoins ou vos questions. Un index en fin d'ouvrage vous permet également de rechercher un sujet particulier.

Première partie

Découvrir Electre

Dans cette partie...

Electre est la société commerciale du Cercle de la librairie, institution présente depuis 1847 aux côtés des professionnels du livre. Après avoir rappelé l'historique et les desseins du Cercle de la librairie, cette partie vous présente le fonctionnement de la base Electre dont la particularité est d'offrir une information bibliographique particulièrement enrichie, tout en étant respectueuse des normes régissant le catalogage.

1

Le Cercle de la librairie

Dans ce chapitre :

- Faisons un voyage dans le temps pour découvrir le Cercle de la librairie…
- Electre est la société commerciale du Cercle de la librairie.
- La gravure de la Figure 1.1 présente la façade de l'hôtel historique du Cercle de la librairie, 117, boulevard Saint-Germain à Paris, construit par l'architecte Garnier et abritant depuis 1992 l'École nationale du patrimoine.

Figure 1.1.

En 1847, le secteur du livre subissait de graves difficultés dues à l'absence de réglementations, à la hausse des prix des manuscrits et à l'inefficacité des structures existantes. Après plusieurs tentatives de regroupement, jusqu'alors refusées par le préfet de police, le 5 mai 1847, 119 membres issus des métiers du livre (depuis les éditeurs jusqu'aux fondeurs, en passant par les typographes et les fabricants de papier) créent le « Cercle de la librairie, de l'imprimerie, de la papeterie, du commerce de la musique et des estampes et de toutes les industries qui concourent à la publication des œuvres de la littérature, des sciences et des arts ». Le terme « librairie » désignait alors l'ensemble des professions liées au livre (papeterie, imprimerie, édition et commerce), ces dernières étant souvent exercées par les mêmes maisons (on parlait alors de la librairie Hachette, la librairie Larousse, etc.). Le Cercle de la libraire est l'un des derniers cercles professionnels existants créés sous l'Ancien Régime.

Suite à la loi de 1884 autorisant les syndicats, plusieurs métiers spécifiques se sont syndiqués, mais les membres du Cercle sont toujours aujourd'hui des imprimeurs, des papetiers, des relieurs, des éditeurs et des libraires.

Le Cercle de la librairie se présente comme le syndicat des industries du livre dont l'objet a toujours été la défense des intérêts généraux essentiellement et historiquement par le biais de trois types d'actions :

- la défense et la formation (lutte contre le piratage, arbitrage des conflits, défense des intérêts des travailleurs et formations) ;
- les expositions (nationales et internationales) ;
- l'information sur le livre et ses métiers (éditions, magazines et bases de données bibliographiques).

C'est dans ce dernier type d'action, devenu prépondérant dans les activités du Cercle de la librairie, que s'inscrit electre.com.

Cette base de données bibliographique trouve ses origines sous l'Ancien Régime. En 1811, Napoléon Ier signe le décret instituant la Bibliographie de l'Empire français, devenu ensuite Bibliographie de France, dont la publication a été achetée par le Cercle en 1856. En 1899, cette première forme de base de données recensait 14 595 titres.

Cette activité ne cessera dès lors de se développer : les trois volumes de la Librairie française et des répertoires par auteurs et titres de 1931-1932 contiennent déjà près de 200 000 ouvrages.

En 1985, la base Electre est constituée et présente aujourd'hui près de 1 300 000 ouvrages dont 700 000 disponibles. Les informations, actualisées chaque jour, ont depuis été présentées sous cinq supports différents : papier, microfiches, Minitel, CD-ROM et dernièrement Internet. En 2007, le CD-ROM a dû être délaissé, les capacités devenant insuffisantes pour contenir la richesse des informations contenues dans chaque notice.

Parallèlement, le Cercle de la librairie édite ses magazines *Livres Hebdo* (également consultable via Internet) et *Livres de France* ainsi que la centaine de titres dédiée aux métiers du livre.

Enfin, le Cercle de la librairie continue à agir activement au sein de l'interprofession, dans les différentes commissions existantes.

2

La base Electre

Dans ce chapitre :

- La notice Electre.
- Les référentiels.
- Le circuit de l'information bibliographique.
- Les exclusions.

Une base de données se distingue par la richesse des informations contenues. Grâce au travail des catalogueurs, la notice Electre est particulièrement fournie en informations objectives et normalisées dont le fonctionnement est décrit dans ce chapitre.

Electre est une base de données bibliographique dont la valeur ajoutée est l'analyse apportée à chaque notice par les catalogueurs. La technologie permet aujourd'hui de répondre au besoin sans cesse croissant de recenser, de recouper et globalement d'exploiter des quantités d'informations de plus en plus enrichies contenues dans les fiches (notices) d'une base de données structurée et organisée.

Généralement numérisées, les informations des bases de données peuvent être accessibles via les réseaux locaux (réseau interne, Intranet) ou externes (Internet, Minitel).

Le caractère variable des informations bibliographiques gérées (appréciations subjectives, nombres d'auteurs, etc.), les différents formats de restitution proposés (des fichiers standard CSV ou dBase aux formats spécifiques UNIMARC, MARC XML ou aux formats propres aux logiciels de gestion de librairies ou bibliothèques), les nombreux outils de recoupement et de vérification, ainsi que le nombre imposant de notices référencées font d'Electre une ressource inégalée à l'usage des professionnels du livre.

La notice Electre

On appelle « notice » la fiche descriptive de chaque ouvrage. Elle est généralement appelée « fiche Article » par les libraires. Elle comprend plusieurs types d'informations relatives à un document écrit ou numérique et peut être restituée sous différents formats paramétrables pouvant être normalisés. La norme la plus courante actuellement est l'UNIMARC.

Le site electre.com vous propose une notice particulièrement riche en informations. Selon vos besoins, elle peut vous être restituée sous le format adapté et avec les informations qui vous conviennent.

Les informations contenues dans une notice Electre sont les suivantes :

- auteurs (avec mention des collaborations éventuelles : coauteurs, préfaciers, traducteurs, etc.) ;
- titre (avec mention éventuelle du sous-titre) ;
- disponibilité (disponible, à paraître, manquant provisoirement, épuisé) ;
- prix public ;
- codes ISBN, EAN, ISSN ;

- éditeurs : une base de données Editeur permet d'avoir toutes les informations liées à celui-ci (adresse, site Internet, distribution, etc.). Il est en outre possible de faire des recherches par spécialité d'éditeurs (éditeurs religieux, d'ouvrages de médecine, etc.) ;
- distributeurs : une base de données Distributeur permet d'avoir toutes les informations liées à celui-ci (adresse, site Internet, éditeurs représentés, etc.) ;
- collections : electre.com référence également les sous-collections (Folio Cadet, Folio Poche, etc.) ;
- date de parution ;
- description (poids, taille) ;
- résumé (réalisé par les catalogueurs d'Electre) ;
- résumé de l'éditeur ;
- texte de la quatrième de couverture ;
- biographie des auteurs ;
- critiques ;
- lexique (indexation universitaire et professionnelle ; exemple : filiation en droit ou artériosclérose en médecine, etc.) ;
- thème (indexation par famille ; exemple : pièces de théâtre ou loisirs créatifs, etc.) ;
- genre (indexation par univers de livres de x mots clés ; exemple : catalogues d'exposition, régionalisme, livres au format poche, etc.) ;
- niveaux Dewey, essentiellement utilisés par les bibliothécaires ou les documentalistes (exemple : classe 892.10 : littérature hébraïque ou classe 616.77 : tumeurs) ;
- RAMEAU : langage d'indexation matière, essentiellement utilisé par les bibliothécaires ou les documentalistes définissant le sujet d'un ouvrage ;

- table des matières ;
- sujets (combinaison titre + mots matières RAMEAU + Dewey + thème + genre + résumé + lexique).

Ces différents types d'informations permettent de faciliter les travaux quotidiens des utilisateurs.

- Identifier un titre précis : le référencement ISBN ou EAN (à 10 ou 13 chiffres), l'ISSN ainsi que le titre permettent d'isoler une notice.
- Dégager rapidement une sélection fine correspondant à un besoin (bibliographie thématique) : le recoupement de deux (ou plus) de ces champs permet d'aboutir rapidement et simplement à une sélection limitée et pertinente. Il est possible, par exemple, de croiser le thème « roman policier » avec le sujet « Pérou » ou le lexique « droit syndical » avec le sujet « Belgique ». Un bibliothécaire ou un libraire peut ainsi facilement renseigner un lecteur.
- Localiser physiquement un livre : le classement des ouvrages dans les meubles peut suivre les champs Electre.
- Approfondir la connaissance d'un ouvrage : le détail des informations bibliographiques (résumé, lexique, etc.) permet la connaissance fine d'un ouvrage conseillé ou prévu à l'achat.
- Feuilleter un livre : par exemple, il est possible grâce aux possibilités de feuilletage développées récemment de connaître le début d'une histoire ou de savoir comment un beau livre est composé. Ces possibilités de feuilletage peuvent être intégrées dans votre propre site Internet, via les services Web.

- Réaliser une revue de presse : un récent développement d'Electre, en partenariat étroit avec *Livres Hebdo*, permet, pour chaque notice, de connaître les médias (presse, télévision, radio, Internet) qui ont abordé le titre dans un de leurs articles ou dans une de leurs rubriques.
- Exporter les notices bibliographiques : la fonction Export d'electre.com permet d'utiliser les informations sous une autre interface numérique. Electre est compatible avec la majorité des formats existants, y compris les formats propriétaires de plusieurs éditeurs de logiciels de gestion. Un libraire peut ainsi manipuler des listes bibliographiques sous Excel ou un bibliothécaire importer les notices dans son système de gestion, ce qui lui évitera d'avoir à réaliser lui-même son catalogage.

De nombreuses autres fonctions sont développées par Electre (alimentation de sites Internet, services Web divers, etc.). La technologie développée par cette dernière version d'electre.com utilise les outils de développement les plus récents. Les futurs développements pourront ainsi être très rapidement mis en place.

MARC (acronyme de Machine-Readable Cataloging) est un format d'échange de données bibliographiques permettant d'informatiser les catalogues de bibliothèques.

La norme internationale ISO 2709 définit pour toutes les variantes du MARC le cadre d'utilisation des différents formats d'échange informatique de notices bibliographiques.

L'UNIMARC (UNIversal MARC) a été conçu pour permettre l'échange de notices bibliographiques entre les différentes variantes du MARC (USMARC aux États-Unis, SAMARC en Afrique du Sud, IBERMARC en Espagne, INTERMARC en France, etc.).

NOTE TECHNIQUE

XML (eXtensible Markup Language) ou langage à balises extensibles est un langage permettant globalement de séparer la présentation d'un document sur Internet de son contenu.

NOTE TECHNIQUE

dBase et CSV (Comma-Separated Value) sont des formats informatiques courants, compatibles avec la majorité des gestionnaires de bases de données comme Access ou des tableurs comme Excel. Electre reconnaît tous les formats utilisés par vos systèmes de gestion.

NOTE TECHNIQUE

L'ISBN (International Standard Book Number) ou numéro international normalisé du livre est un numéro qui permet d'identifier de manière unique chaque livre publié. Ce code, délivré par l'AFNIL (Agence francophone pour la numérotation internationale du livre), est confondu depuis le 1er janvier 2007 avec le code EAN (European Article Numbering) à 13 chiffres correspondant au code-barres de chaque ouvrage référencé.

NOTE TECHNIQUE

La classification Dewey (du nom de son créateur Melvil Dewey, bibliothécaire américain de la fin du XVIIIe et du début du XIXe siècle) est un système décimal pour noter et classer les ouvrages dans une bibliothèque.

NOTE TECHNIQUE

L'ISSN (International Standard Serial Number) est un numéro à 8 chiffres qui permet d'identifier de manière unique une collection. Il est réservé aux publications en série comme les journaux, les périodiques et les collections. C'est l'équivalent de l'ISBN pour ce type de publications. Par exemple, l'ISSN de *Livres Hebdo* est 0294-0000.

Les référentiels Electre

Il existe quatre référentiels Electre : Auteurs, Collections (publications en série), RAMEAU (ou matière) et Sociétés. Ils sont également appelés « fichiers Autorités » et permettent d'éviter les doublons de noms d'auteurs, par exemple.
Ces référentiels ont chacun des spécificités propres : une

collection peut être liée à une sous-collection, une société à un groupe, etc.

RAMEAU, Auteurs et Collections sont des référentiels ouverts, qui peuvent être enrichis après vérification, complétion et validation le cas échéant par les gestionnaires.

Utilisant les mêmes fichiers Autorités que la Bibliothèque nationale de France (BNF), les propositions d'enrichissement doivent être au préalable vérifiées dans le fichier BN-Opale Plus de la BNF. Si l'information existe à la BNF, la proposition doit être accomplie en respect de ce qui existe déjà.

Le référentiel Sociétés est essentiellement initialisé par l'Agence francophone pour la numérotation internationale du livre (AFNIL), qui attribue les codes ISBN et EAN et recense pour cela les sociétés éditrices. Le service Qualité d'Electre peut déposer une demande d'intégration de société à l'administrateur AFNIL du référentiel.

En traitant les informations bibliographiques avant la parution d'un ouvrage, les notices À paraître d'Electre peuvent ne pas encore exister dans la base de la BNF. Le référentiel Auteurs permet de lever l'ambiguïté en cas d'homonymie.

Les notices À paraître d'Electre permettent aux libraires et aux bibliothécaires d'anticiper leurs acquisitions.

Le circuit de l'information bibliographique

Entre trois et six mois (généralement) avant la parution d'un ouvrage, les éditeurs expédient à Electre un programme éditorial ou une information (même sommaire ou provisoire) contenant au minimum les quatre éléments suivants :

- titre ;
- codification (ISBN ou EAN) ;

- date prévue de mise en vente ;
- thème (résumé ou mots clés).

Ces informations permettent d'annoncer très tôt les ouvrages à venir, facilitant en cela les anticipations de commandes ou d'animations des libraires ou des bibliothécaires.

A la suite de ces premières informations transmises, toujours avant la parution, les éditeurs expédient un exemplaire de chaque ouvrage, qui permettra aux catalogueurs de rédiger les notices aux normes, avec les informations bibliographiques (titre, auteur, collection, résumé, indexation, etc.) et commerciales (prix, format, etc.). Ces informations sont systématiquement contrôlées par le service Qualité d'Electre.

Bien que cette procédure implique que les ouvrages soient analysés par les catalogueurs d'Electre avant la parution, il est bien sûr possible de créer une notice directement sans que les titres aient été annoncés préalablement.

Les ouvrages récemment disponibles alimentent les livres de la semaine de *Livres Hebdo*, ainsi que les listes de nouveautés sur plusieurs sites Internet de libraires ou de bibliothécaires.

Les exclusions

Afin de garantir sa cohésion et surtout son utilité auprès des utilisateurs (les ouvrages référencés doivent être accessibles au plus grand nombre de libraires, par exemple), electre.com ne référence pas un certain nombre de documents, pourtant assimilables parfois à des ouvrages :

- les publications qui ne correspondent pas à la définition AFNOR d'un livre, c'est-à-dire ce qui n'est pas un « document formé par l'assemblage de plus de 48 pages constituant une unité bibliographique », exceptions faites des livres pour enfants ou de poésie ;
- l'imagerie (autocollants, livres de coloriage, gommettes, etc.) ;
- les titres ne bénéficiant pas d'une distribution régulière dans les points de vente du livre, tels les éditions club et les ouvrages, revues et titres multimédias diffusés exclusivement par courtage ou par correspondance ;
- les titres multimédias qui ne correspondent pas aux univers de l'éducation, la formation, l'art, la culture et la vie pratique ;
- les livres qui ne possèdent pas d'achevé d'imprimer, dont ceux réalisés par des moyens de reproduction artisanaux ;
- les ouvrages ne possédant pas d'ISBN ou d'EAN (ou code-barres) ;
- les livres et revues dont le tirage est inférieur à 500 exemplaires ;
- les livres autoédités ;
- les publications en ligne et leur version sous forme d'ouvrages papier, qu'elles soient commercialisées ou non dans le circuit traditionnel des librairies, ce qui inclut celles qui sont proposées en ligne et imprimées à la demande ;
- tous les ouvrages publiés par des éditeurs dont l'activité est notamment l'édition à compte d'auteur et qui se fondent sur l'article L.132-2 du Code de la propriété intellectuelle ;

- tous les ouvrages publiés par des éditeurs qui pratiquent l'édition en compte à demi avec leurs auteurs.

Les éditeurs référencés disposent d'un accès particulier au site Electre qui leur permet d'actualiser un certain nombre d'informations directement (prix, disponibilité, etc.), sans bien sûr pouvoir modifier une information strictement Electre (résumé, Rameau, etc.)

NOTE TECHNIQUE

L'AFNOR (Association française de normalisation) est l'institution française responsable de la normalisation. Elle est membre de l'ISO (International Standard Organisation), son équivalent au niveau international.

NOTE TECHNIQUE

Article L.132-1 du Code de la propriété intellectuelle :
« Le contrat d'édition est le contrat par lequel l'auteur d'une œuvre de l'esprit ou ses ayants droit cèdent à des conditions déterminées à une personne appelée éditeur le droit de fabriquer ou de faire fabriquer en nombre des exemplaires de l'œuvre, à charge pour elle d'en assurer la publication et la diffusion. »

NOTE TECHNIQUE

Article L.132-2 du Code de la propriété intellectuelle :
« Ne constitue pas un contrat d'édition, au sens de l'article L.132-1, le contrat dit à compte d'auteur. Par un tel contrat, l'auteur ou ses ayants droit versent à l'éditeur une rémunération convenue, à charge par ce dernier de fabriquer en nombre, dans la forme et suivant les modes d'expression déterminés au contrat, des exemplaires de l'œuvre et d'en assurer la publication et la diffusion. Ce contrat constitue un louage d'ouvrages régi par la convention, les usages et les dispositions des articles 1787 et suivants du Code civil. »

Deuxième partie

Découvrir l'outil electre.com

Dans cette partie...

Après avoir utilisé plusieurs supports (base imprimée, microfiches, Minitel, CD-ROM), la base bibliographique Electre est transmise aujourd'hui par Internet. Dans cette nouvelle version d'electre.com, l'accent a été mis sur la facilité d'utilisation. Néanmoins, s'agissant d'une base particulièrement fournie en informations bibliographiques, quelques repères peuvent être nécessaires. Répondant à cette attente, cette partie vous présente les généralités liées au fonctionnement et à la présentation du site que vous utilisez.

1

Configuration requise

Dans ce chapitre :

- Configuration matérielle minimale.
- Configuration logicielle minimale.

Ce chapitre vous propose les configurations matérielle et logicielle minimales requises pour visualiser de façon optimale le site www.electre.com. Celui-ci étant accessible depuis la majorité des ordinateurs actuels, les informations qui suivent sont données à titre indicatif. La partie consacrée aux paramétrages vous donne plus d'informations sur l'optimisation de votre matériel. Electre est accessible depuis n'importe quel ordinateur connecté à Internet, sauf dans les cas où, à la demande du client, les postes dédiés sont identifiés par leur adresse IP.

Configuration matérielle minimale

- Processeur cadencé à 350 Mhz ou plus.
- Mémoire vive (RAM) de 64 Mo ou plus.
- Connexion Internet haut débit de 512 Kb/s ou plus.

Configuration logicielle minimale

Systèmes d'exploitation :

- toute la gamme Windows depuis Windows 98 ;
- toute la gamme Mac Os/x depuis la version 10.1 ;
- tous les systèmes d'exploitation Linux récents.

Le site Electre est optimisé pour les navigateurs Internet suivants :

- Mozilla Firefox (à partir de 1.0) ;
- Internet Explorer (à partir de 6.1).

Il est compatible avec tous les navigateurs récents : Google Chrome, Netscape, Opera, Conqueror, Safari, etc.

Votre navigateur doit être configuré pour accepter les cookies ainsi que les pop-up.

La résolution d'écran optimale est 1 280 x 1 024 pixels.

Les *cookies* sont des fichiers de données stockés sur votre ordinateur qui permettent au site les ayant déposés de vous reconnaître. Les cookies permettent également à votre navigateur Internet de mémoriser vos habitudes de navigation (mots de passe, pages Web fréquemment visitées, etc.). Un *pop-up* (de l'anglais *to pop up* : apparaître, surgir) désigne soit un menu, soit une nouvelle fenêtre de votre navigateur qui s'ouvre automatiquement. Dans le premier cas, le menu s'affiche sur une image ou un texte existant ; lorsque l'on a sélectionné un article, le menu disparaît. La fenêtre « pop up » s'ouvre sur une page existante, de manière à n'en recouvrir qu'une petite partie. Les cookies et les pop-up sont paramétrés dans la partie Outils de votre navigateur Internet.

2

Découvrir la page d'accès

Dans ce chapitre :

- Vous n'êtes pas encore abonné à Electre ?
- Introduction des codes d'accès.
- Vous avez perdu vos codes d'accès ?
- Vous souhaitez simplifier vos codes d'accès ?
- Les autres rubriques de la page d'accès.
- La base Electre.
- Les services Electre.
- Les innovations Electre.
- Les brèves *Livres Hebdo*.

L'adresse www.electre.com vous permet d'accéder à la page d'accès à la base de données (Figure 2.1). Celle-ci permet d'informer les non-abonnés des fonctionnalités d'Electre et mentionne quelques informations issues de *Livres Hebdo* (meilleures ventes, actualités, petites annonces, etc.). Les améliorations que nous apportons au site seront mentionnées dans cette page dans la zone Innovation.

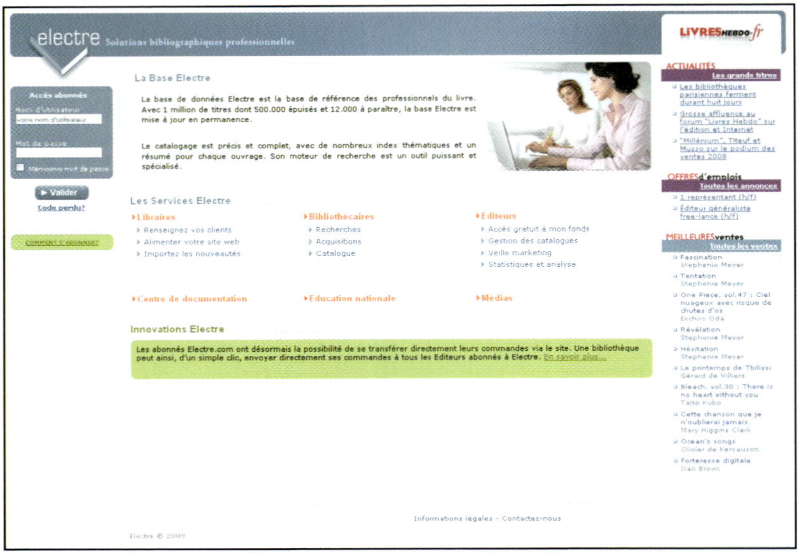

Figure 2.1.

Vous n'êtes pas encore abonné à Electre ?

Le lien Comment s'abonner ? (Figure 2.2) vous dirige vers une fiche signalétique à instruire qui permettra au service commercial de vous contacter.

Figure 2.2.

Introduction des codes d'accès

Electre vous permet de bénéficier d'un accès par identifiant et mot de passe, ce qui garantit la sécurité de vos informations (accès Electre, paniers et recherches).

Les codes d'accès vous sont transmis par les services d'Electre. Il existe deux types d'accès :

- Réguliers : abonnements habituels ;
- Irréguliers : abonnements particuliers (comptes de démonstration).

Ces codes doivent être introduits comme suit (Figure 2.3) :

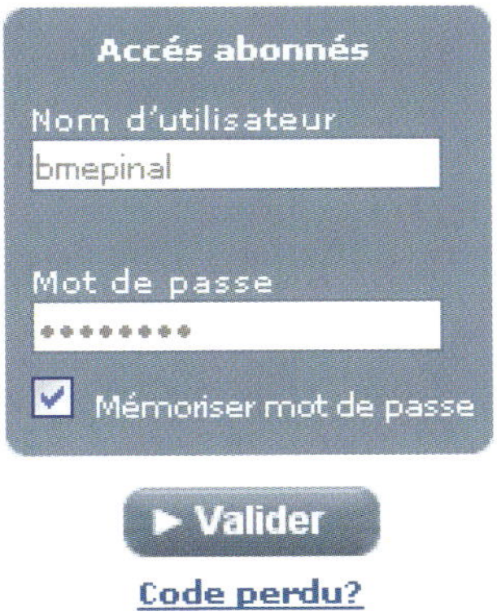

Figure 2.3.

La fonction Mémoriser mot de passe vous évite, sur un ordinateur dédié, d'avoir à systématiquement réintroduire votre identifiant et votre mot de passe. Les cookies, dans ce cas, doivent être activés dans votre navigateur Internet.

Vous avez perdu vos codes d'accès ?

Si vous utilisez electre.com dans le cadre d'un service administré comprenant plusieurs utilisateurs identifiés (de fait, plusieurs identifiants et mots de passe individualisés), vous pouvez contacter votre administrateur.

Dans tous les cas et particulièrement si vous utilisez electre.com dans le cadre d'un service simple (tous les utilisateurs utilisent le même identifiant et le même mot de passe), electre.com peut bien sûr vous retransmettre les codes d'accès que vous auriez égarés. Dans ce cas, vous pouvez cliquer sur le lien Code perdu (Figure 2.4) :

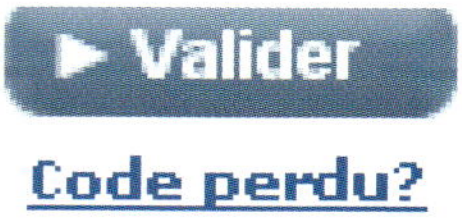

Figure 2.4.

Vous êtes alors invité à nous transmettre vos nom et adresse électronique qui nous permettront de vous retransmettre vos codes.

Vos nom et adresse électronique doivent correspondre à des informations connues d'Electre (nom du gestionnaire de l'abonnement ou nom d'utilisateur).

Vous souhaitez simplifier vos codes d'accès ?

Les codes d'accès sont attribués par un outil informatique peu préoccupé par la mémorisation des informations. Ainsi, les codes qu'electre.com vous transmet sont souvent peu ergonomiques et difficilement mémorisables. Il vous est possible de simplifier ces codes d'accès directement ou par l'intermédiaire de votre administrateur (le cas échéant).

La personnalisation de vos identifiant et mot de passe est détaillée dans le Chapitre 2, « Profil », de la cinquième partie, *Paramétrer et personnaliser electre.com*.

Les autres rubriques de la page d'accès

La base Electre

Cette zone, actualisée en permanence (Figure 2.5), vous renseigne sur l'ensemble des ouvrages référencés par Electre (titres référencés, ouvrages manquants, épuisés et à paraître).

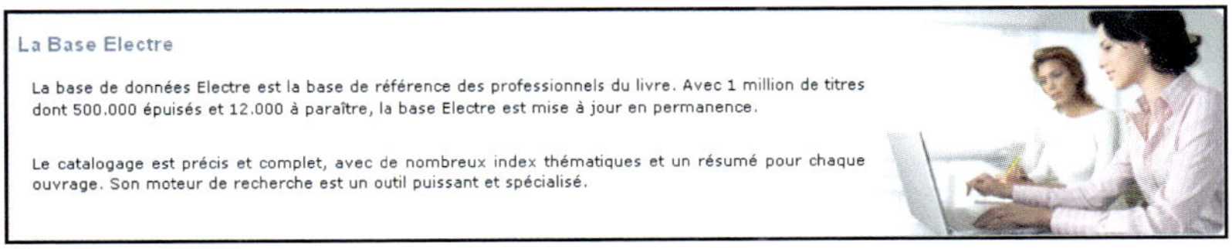

Figure 2.5.

Les services Electre

Cette zone détaille les différents services proposés par Electre aux professionnels du livre (Figure 2.6).

Figure 2.6.

Les innovations Electre

Le site electre.com est en évolution permanente. En consultant régulièrement cette rubrique, vous vous tenez informé des améliorations ou modifications apportées au site. Dans les cas de développements importants, vous êtes invité à cliquer sur le lien En savoir plus, qui vous dirige vers une page détaillant ces évolutions.

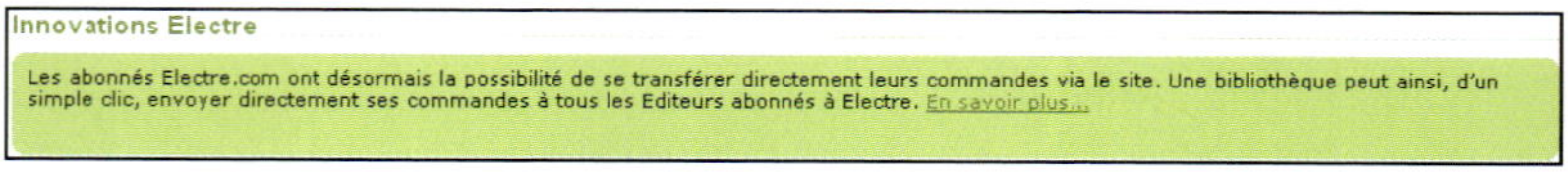

Figure 2.7.

Les brèves Livres Hebdo

Cette rubrique, qui rappelle la proximité existant entre la base Electre et le magazine *Livres Hebdo*, vous permet d'être rapidement informé des actualités, des offres d'emploi et des meilleures ventes dans le secteur du livre (Figure 2.8). Ces informations sont actualisées en permanence.

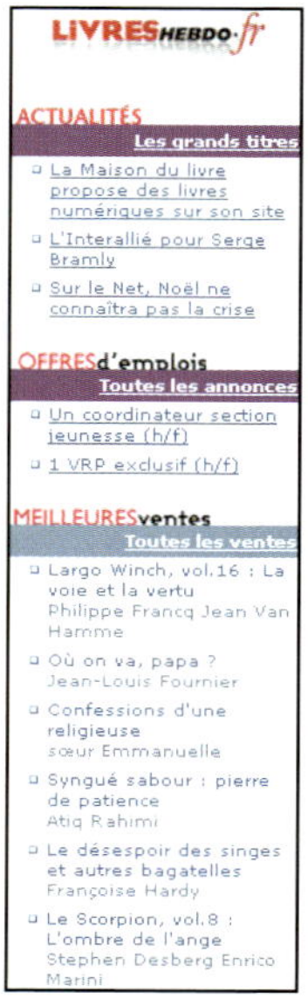

Figure 2.8.

Ces informations issues de *Livres Hebdo* sont présentées sous forme de liens qui vous dirigent vers les articles concernés sur www.livreshebdo.fr. Vous trouverez dans la sixième partie, *Autour d'Electre*, une présentation des différents services proposés par le magazine *Livres Hebdo* qui est décliné sous deux versions, papier et Internet.

3

Découvrir la page d'accueil Electre

Dans ce chapitre :

- Les différentes rubriques de la page d'accueil.
- La bannière Electre.
- La zone de recherche.
- Les outils Electre.
- Les brèves *Livres Hebdo*.
- Les brèves Electre.
- Les autres informations de la page d'accueil.

Une fois votre identifiant et votre mot de passe introduits et validés, vous êtes dirigé vers la page d'accueil d'electre.com (Figure 3.1).

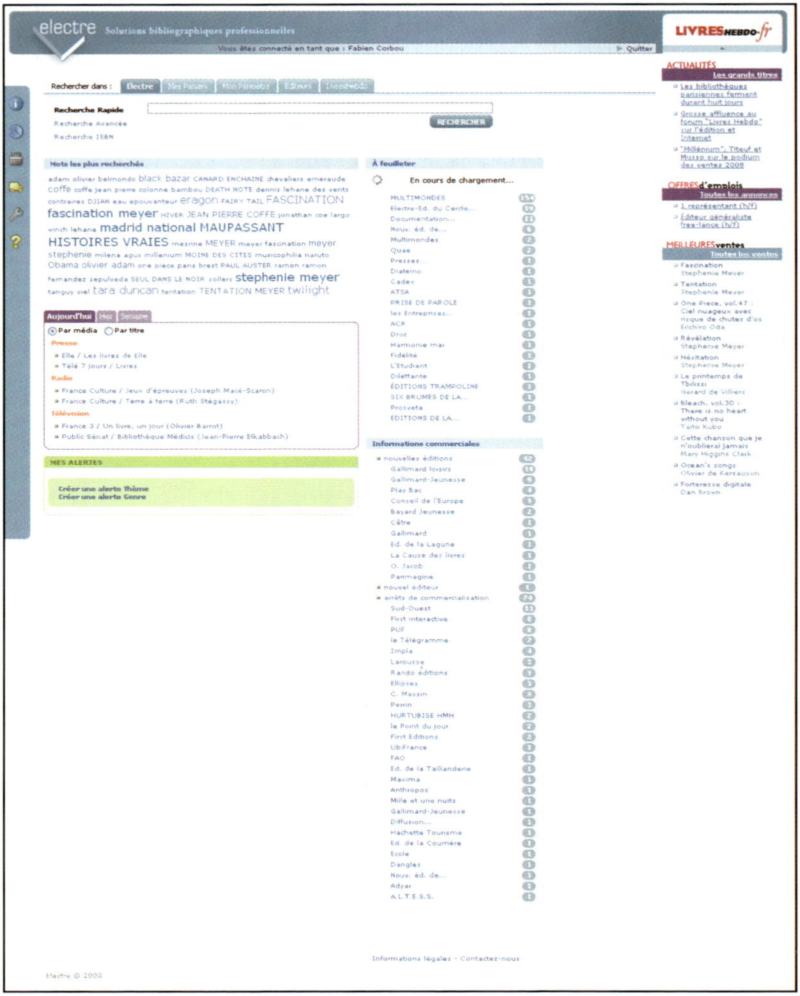

electre Solutions bibliographiques professionnelles
Vous êtes connecté en tant que : Fabien Corbou
Quitter
LIVRESHEBDO.fr
Rechercher dans :
Electre
Recherche Rapide
Recherche Avancée
Recherche ISBN
RECHERCHER
Mots les plus recherchés
adam olivier belmondo black bazar CANARD ENCHAINE chevaliers emeraude coffe coffe jean pierre colonne bambou DEATH NOTE dennis lehane des vents contraires DJIAN eau epouvanteur eragon FAIRY TAIL FASCINATION fascination meyer HIVER JEAN PIERRE COFFE jonathan coe largo winch lehane madrid national MAUPASSANT HISTOIRES VRAIES mesrine MEYER meyer fascination meyer stephenie milena agus millenium MOINE DES CITES musicophilia naruto Obama olivier adam one piece paris brest PAUL AUSTER ramon ramon fernandez sepulveda SEUL DANS LE NOIR sollers stephenie meyer tanguy viel tara duncan tentation TENTATION MEYER twilight
Aujourd'hui Hier Semaine
Par média Par titre
Presse
Elle / Les livres de Elle
Télé 7 jours / Livres
Radio
France Culture / Jeux d'épreuves (Joseph Macé-Scaron)
France Culture / Terre à terre (Ruth Stégassy)
Télévision
France 3 / Un livre, un jour (Olivier Barrot)
Public Sénat / Bibliothèque Médicis (Jean-Pierre Elkabbach)
MES ALERTES
Créer une alerte Thème
Créer une alerte Genre
À feuilleter
En cours de chargement...
MULTIMONDES
Electre-Ed. du Cercle...
Documentation...
Nouv. éd. de...
Multimondes
Quae
Presses...
Diateino
Cadex
ATSA
PRISE DE PAROLE
les Entreprises...
ACR
Droz
Harmonie mai
Fidélité
L'Etudiant
Dilettante
ÉDITIONS TRAMPOLINE
SIX BRUMES DE LA...
Prosveta
EDITIONS DE LA...
Informations commerciales
nouvelles éditions
Gallimard loisirs
Gallimard-Jeunesse
Play Bac
Conseil de l'Europe
Bayard Jeunesse
Cètre
Gallimard
Éd. de la Lagune
La Cause des livres
O. Jacob
Parimagine
nouvel éditeur
arrêts de commercialisation
Sud-Ouest
First interactive
PUF
le Télégramme
Impla
Larousse
Rando éditions
Ellipses
C. Massin
Perrin
HURTUBISE HMH
le Point du jour
First Editions
UbiFrance
FAO
Ed. de la Taillanderie
Maxima
Anthropos
Mille et une nuits
Gallimard-Jeunesse
Diffusion...
Hachette Tourisme
Ed. de la Courrière
Ecole
Dangles
Nouv. éd. de...
Adyar
A.L.T.E.S.S.
ACTUALITÉS
Les grands titres
Les bibliothèques parisiennes ferment durant huit jours
Grosse affluence au forum "Livres Hebdo" sur l'édition et Internet
"Millénium", Titeuf et Musso sur le podium des ventes 2008
OFFRES d'emplois
Toutes les annonces
1 représentant (h/f)
Éditeur généraliste free-lance (h/f)
MEILLEURES ventes
Toutes les ventes
Fascination Stephenie Meyer
Tentation Stephenie Meyer
One Piece, vol.47 : Ciel nuageux avec risque de chutes d'os Eiichiro Oda
Révélation Stephenie Meyer
Hésitation Stephenie Meyer
Le printemps de Tbilissi Gérard de Villiers
Bleach, vol.30 : There is no heart without you Taito Kubo
Cette chanson que je n'oublierai jamais Mary Higgins Clark
Ocean's songs Olivier de Kersauson
Forteresse digitale Dan Brown
Informations légales - Contactez-nous
Electre © 2006

Figure 3.1.

Ergonomique et convivial, le site Electre est bien plus qu'un moteur de recherche bibliographique. Outre les nombreux outils d'exploitation des bibliographies (détaillés dans la quatrième partie, *Traiter et développer les résultats*), vous trouverez dans cette page d'accueil de nombreuses informations importantes et actualisées en permanence liées au monde du livre.

Les différentes rubriques de la page d'accueil

La bannière Electre

Cette bannière principale rappelle l'identifiant Electre connecté. Vous pouvez également y visualiser les brèves du magazine *Livres Hebdo*, présentées sous forme de bandeau déroulable (Figure 3.2).

Figure 3.2

Lorsque vous quittez Electre, vous devez utiliser la fonction dédiée (présente sur cette bannière) et non le bouton Fermer de votre navigateur Internet. Ainsi, vous libérez la session qui devient de fait accessible pour un autre utilisateur de votre abonnement.

Notez qu'il s'agit d'une mesure de sécurité commune à tous les sites dont l'accès est protégé par un identifiant et un mot de passe (messagerie en ligne, consultation de comptes bancaires, etc.).

La zone de recherche

En plus des recherches bibliographiques, le site Electre vous permet également de retrouver des éditeurs ou des articles de *Livres Hebdo* (archivés depuis 1995) (Figure 3.3).

Figure 3.3.

Vous disposez de nombreux outils de recherche et d'aide à la recherche détaillés dans la troisième partie, *Pratiquer la recherche Electre*. Par défaut, la page d'accueil vous permet de réaliser immédiatement une recherche rapide.

La boîte à outils

Vous trouverez dans cette zone les nombreux outils nécessaires à l'exploitation des résultats de recherches et des paniers ainsi qu'aux paramétrages (Figure 3.4). Vous disposez aussi d'une aide en ligne et des diverses informations liées à la base de données et au fonctionnement des différents services du Cercle de la librairie.

Figure 3.4.

Le fonctionnement de chacun de ces outils est détaillé dans les différents chapitres de cet ouvrage.

Informations

Ce bouton vous permet d'accéder aux différentes informations liées à la vie du site electre.com (améliorations, modifications, etc.).

Mes recherches

Ce bouton vous dirige vers l'historique des recherches de votre session en cours ainsi que vers les exploitations possibles des résultats (veille bibliographique, périmètres de recherche et fonds de recherche). L'utilisation de cet outil est détaillée dans la quatrième partie, Traiter et développer les résultats.

Mes paniers

Ce bouton vous permet d'accéder à l'explorateur de paniers dont l'utilisation est décrite dans la quatrième partie, *Traiter et développer les résultats.*

Mes commandes et mes devis

Ce bouton vous permet de visualiser les bons de commande et les devis que vous avez édités grâce à Electre. Son utilisation est détaillée dans la quatrième partie, *Traiter et développer les résultats.*

Mon Electre

Vous accédez par ce bouton aux différents paramètres détaillés (toujours) dans la quatrième partie, *Traiter et développer les résultats.*

Aide en ligne

Ce bouton vous permet d'accéder à l'aide en ligne du site Electre. Vous y retrouvez le présent manuel que vous pouvez consulter en ligne.

Les brèves Livres Hebdo

Cette rubrique rappelle la proximité existant entre la base Electre et le magazine *Livres Hebdo*, et vous permet d'être rapidement informé des actualités, des offres d'emploi et des meilleures ventes dans le secteur du livre (Figure 3.5). Ces informations sont actualisées en permanence.

Figure 3.5.

Ces brèves *Livres Hebdo* sont présentées sous forme de bannière que vous pouvez dérouler ou enrouler à tout moment de votre utilisation du site Electre.

Les brèves Electre

Vous trouvez dans cette zone plusieurs informations liées à la vie de la base Electre, du magazine *Livres Hebdo*. Ces informations font de la page d'accueil Electre un véritable tableau de bord qui vous permet de vous tenir rapidement informé des informations importantes pour votre activité (Figure 3.6).

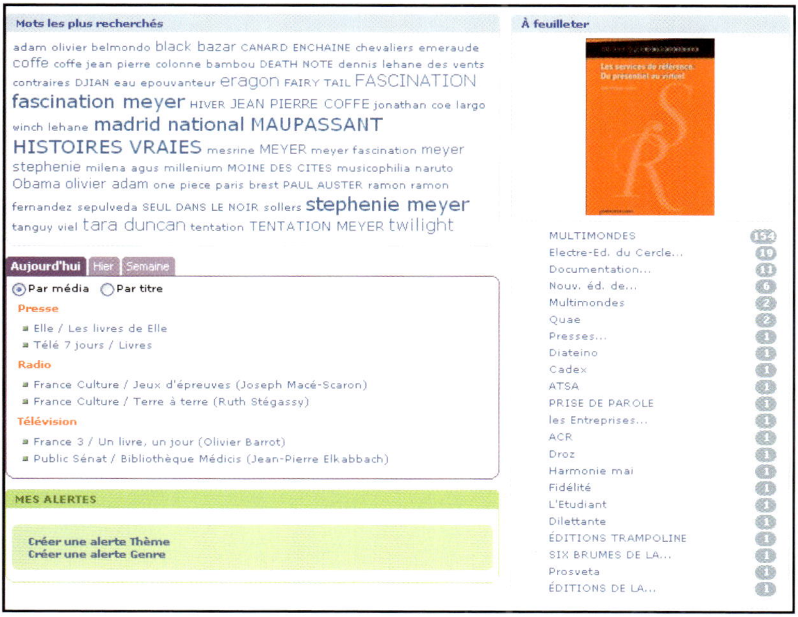

Figure 3.6.

Les mots les plus recherchés

Cette rubrique vous présente les mots les plus recherchés par les utilisateurs d'Electre. Également appelée nuage de « tags » en informatique, la taille des mots (triés selon leur récence) est proportionnelle à leur fréquence d'utilisation. Plus un mot est gros, plus il est recherché (Figure 3.7).

Figure 3.7.

Les nouveautés à feuilleter

Electre intègre progressivement le feuilletage des titres référencés. Cette rubrique vous permet de connaître les derniers ouvrages numérisés, triés par éditeurs (Figure 3.8).

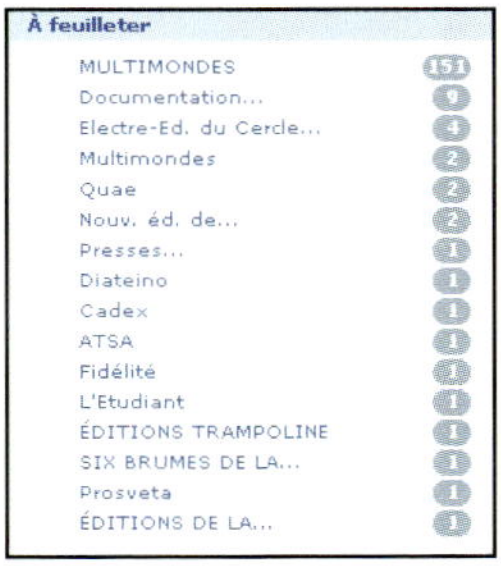

Figure 3.8.

Les informations commerciales

Déjà présente dans la précédente version d'electre.com, cette rubrique fournit les informations liées à la base Electre, à savoir les nouvelles éditions et les arrêts de commercialisation, triés par éditeurs (Figure 3.9).

Figure 3.9.

Aujourd'hui dans les médias

Cette rubrique, (Figure 3.10) vous permet d'être quotidiennement informé des ouvrages cités dans les médias français (émissions radiophoniques ou télévisées, presse, Internet).

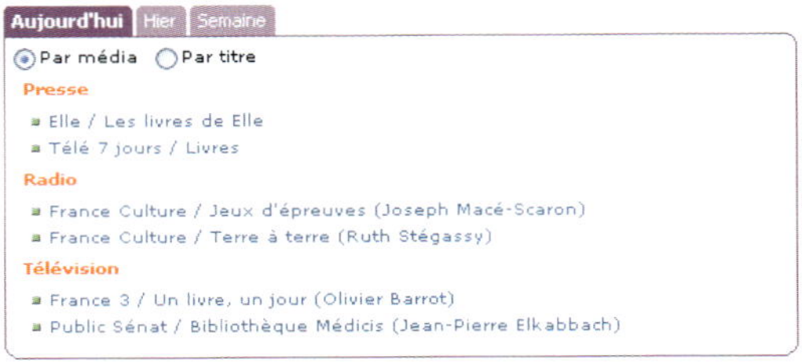

Figure 3.10.

Vous êtes informé des passages dans les médias du jour, de la veille ou de la semaine passée.

TRUC

Les abonnés du magazine *Livres Hebdo* retrouvent pour chaque notice les passages médias correspondants. Ils peuvent également effectuer une recherche de passages médias plus anciens en cliquant sur l'onglet *Livres Hebdo*. Cette option est détaillée dans le Chapitre 10, « Rechercher un article archivé de *Livres Hebdo* », de la troisième partie, *Pratiquer la recherche Electre*.

Les autres informations de la page d'accueil

Les messages commerciaux

Cette zone vous présente une information mise en avant par un acteur de la chaîne du livre, généralement un éditeur (Figure 3.11).

Figure 3.11.

Les informations légales et le lien Contactez-nous

Les informations légales vous présentent l'ensemble des règles liées à l'utilisation d'electre.com. Le lien Contactez-nous vous permet d'adresser à Electre un message qui sera immédiatement lu par les quatre services suivants : service commercial, service collecte, service qualité et service développement.

Figure 3.12.

Troisième partie

Pratiquer la recherche Electre

Grâce aux parties précédentes, vous connaissez maintenant la structure qui développe la base Electre ainsi que la présentation et le fonctionnement du site electre.com. Vous êtes donc prêt pour effectuer des recherches bibliographiques ! Outil de recherche par excellence, electre.com vous offre de nombreuses possibilités adaptées aux informations dont vous disposez et au résultat que vous attendez. Avec electre.com, vous dépassez la simple recherche d'un titre : vous retrouvez des bibliographies thématiques pertinentes, vous êtes dirigé vers des titres corollaires (suivant un auteur, une collection ou un sujet connu, par exemple). Utile pour proposer une alternative sur un titre épuisé !

En vous permettant de croiser des champs grâce aux opérateurs booléens (vous recherchez un ouvrage de cuisine lié au Maghreb, par exemple), vous n'êtes pas obligé de connaître le titre exact ou l'auteur d'un ouvrage, par exemple. De plus, si vous avez un doute sur l'orthographe d'un auteur par exemple, faites comme vous l'entendez ! Le phonétiseur vous proposera plusieurs termes approchants parmi lesquels vous retrouverez celui que vous recherchez.

1

Première recherche

Dans ce chapitre :

- Vous disposez d'un ordinateur connecté à Internet et vous avez reçu vos codes d'accès à electre.com (codes de démonstration ou codes d'abonnement) ?
- Effectuez immédiatement votre première recherche !
- Grâce à votre navigateur Internet, rendez-vous sur le site www.electre.com (Figure 1.1).

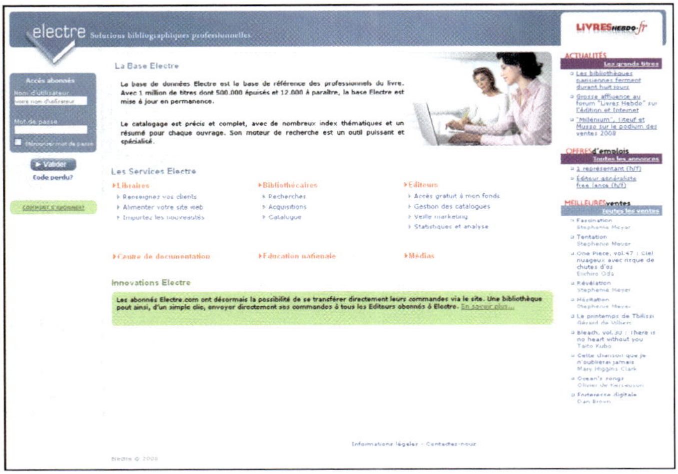

Figure 1.1.

Introduisez l'identifiant et le mot de passe que nos services vous ont transmis puis tapez Entrée ou cliquez sur Valider (Figure 1.2).

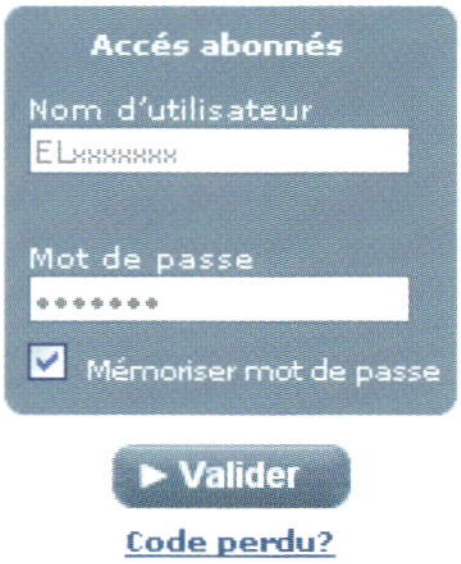

Figure 1.2.

N'oubliez pas de mémoriser votre identifiant et votre mot de passe ! Cela vous évitera de les ressaisir systématiquement (votre navigateur Internet doit pour cela accepter les cookies).

Si vous avez égaré ces informations, contactez votre administrateur ou cliquez sur Code perdu. En indiquant votre adresse électronique, le service technique d'Electre vous les retransmettra immédiatement.

Vous accédez ainsi à la page d'accueil d'Electre (Figure 1.3) dont les différentes rubriques sont expliquées tout au long de cet ouvrage.

electre Solutions bibliographiques professionnelles
LIVRES HEBDO.fr
Rechercher dans : Electre
Recherche Rapide
Recherche Avancée
Recherche ISBN
RECHERCHER
Mots les plus recherchés
À feuilleter
ACTUALITÉS
OFFRES d'emplois
MEILLEURES ventes
Aujourd'hui
Par média
Par titre
Presse
Radio
Télévision
MES ALERTES
Créer une alerte Thème
Créer une alerte Genre
Informations commerciales
Informations légales - Contactez-nous

Figure 1.3.

Dans la zone de recherche rapide, introduisez les termes de votre recherche. Vous pouvez indifféremment rechercher un auteur, un éditeur, un sujet, une collection, un format ou une combinaison de plusieurs termes. Par exemple, les romans policiers se déroulant en Inde au format poche.

Introduisez les termes comme indiqué Figure 1.4.

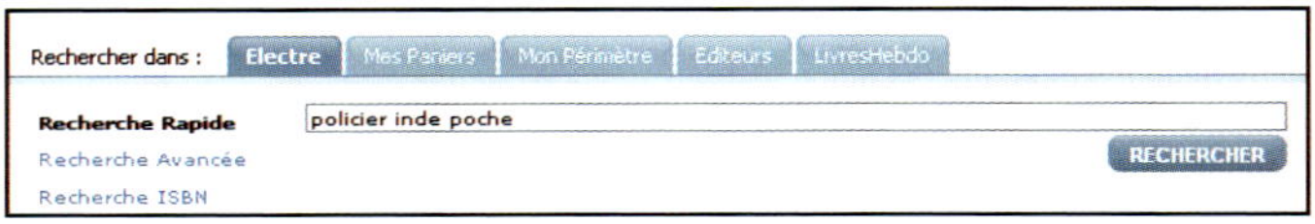

Figure 1.4.

Tapez sur Entrée ou cliquez sur Rechercher.

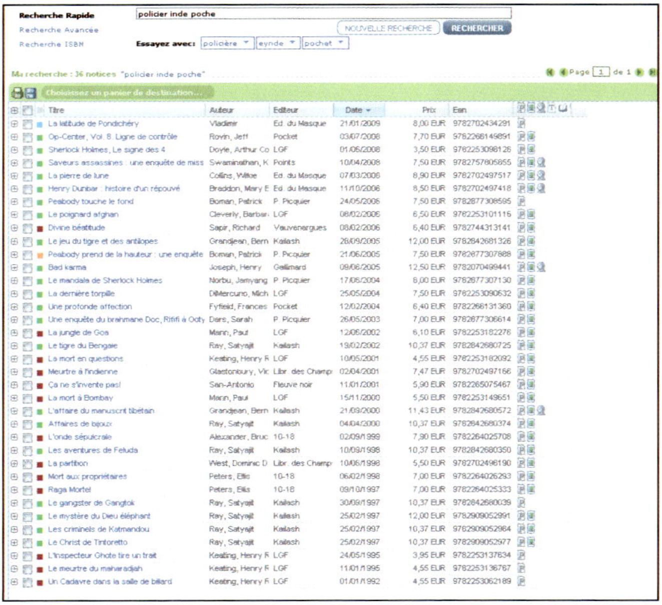

Titre	Auteur	Editeur	Date	Prix	Ean
La latitude de Pondichéry	Vladimir	Ed. du Masque	21/01/2009	8,00 EUR	9782702434291
Op-Center, Vol. 8. Ligne de contrôle	Rovin, Jeff	Pocket	03/07/2008	7,70 EUR	9782266149891
Sherlock Holmes, Le signe des 4	Doyle, Arthur Co	LGF	01/06/2008	3,50 EUR	9782253098126
Saveurs assassines : une enquête de miss	Swaminathan, K	Points	10/04/2008	7,50 EUR	9782757805855
La pierre de lune	Collins, Wilkie	Ed. du Masque	07/03/2008	8,90 EUR	9782702497517
Henry Dunbar : histoire d'un réprouvé	Braddon, Mary E	Ed. du Masque	11/10/2006	8,50 EUR	9782702497418
Peabody touche le fond	Boman, Patrick	P. Picquier	24/05/2006	7,50 EUR	9782877308595
Le poignard afghan	Cleverly, Barbar	LGF	08/02/2006	6,50 EUR	9782253101116
Divine béatitude	Sapir, Richard	Vauvenargues	08/02/2006	6,40 EUR	9782744313141
Le jeu du tigre et des antilopes	Grandjean, Bern	Kailash	28/09/2005	12,00 EUR	9782842681326
Peabody prend de la hauteur : une enquête	Boman, Patrick	P. Picquier	21/06/2005	7,50 EUR	9782877307888
Bad karma	Joseph, Henry	Gallimard	09/06/2005	12,50 EUR	9782070499441
Le mandala de Sherlock Holmes	Norbu, Jamyang	P. Picquier	17/06/2004	8,00 EUR	9782877307130
La dernière torpille	DiMercurio, Mich	LGF	25/05/2004	7,50 EUR	9782253090632
Une profonde affection	Fyfield, Frances	Pocket	12/02/2004	6,40 EUR	9782266131360
Une enquête du brahmane Doc, Rififi à Ooty	Dars, Sarah	P. Picquier	26/05/2003	7,00 EUR	9782877306614
La jungle de Goa	Mann, Paul	LGF	12/06/2002	6,10 EUR	9782253182276
Le tigre du Bengale	Ray, Satyajit	Kailash	19/02/2002	10,37 EUR	9782842680725
La mort en questions	Keating, Henry R	LGF	10/05/2001	4,55 EUR	9782253182092
Meurtre à l'indienne	Glastonbury, Vic	Libr. des Champ	02/04/2001	7,47 EUR	9782702497166
Ça ne s'invente pas!	San-Antonio	Fleuve noir	11/01/2001	5,90 EUR	9782265075467
La mort à Bombay	Mann, Paul	LGF	15/11/2000	5,50 EUR	9782253149651
L'affaire du manuscrit tibétain	Grandjean, Bern	Kailash	21/09/2000	11,43 EUR	9782842680572
Affaires de bijoux	Ray, Satyajit	Kailash	04/04/2000	10,37 EUR	9782842680374
L'onde sépulcrale	Alexander, Bruc	10-18	02/09/1999	7,90 EUR	9782264025708
Les aventures de Feluda	Ray, Satyajit	Kailash	10/09/1998	10,37 EUR	9782842680350
La partition	West, Dominic D	Libr. des Champ	10/06/1998	5,50 EUR	9782702496190
Mort aux propriétaires	Peters, Ellis	10-18	06/02/1998	7,00 EUR	9782264026293
Raga Mortel	Peters, Ellis	10-18	09/10/1997	7,00 EUR	9782264025333
Le gangster de Gangtok	Ray, Satyajit	Kailash	30/09/1997	10,37 EUR	9782842680039
Le mystère du Dieu éléphant	Ray, Satyajit	Kailash	25/02/1997	12,00 EUR	9782909052991
Les criminels de Katmandou	Ray, Satyajit	Kailash	25/02/1997	10,37 EUR	9782909052984
Le Christ de Tintoretto	Ray, Satyajit	Kailash	25/02/1997	10,37 EUR	9782909052977
L'inspecteur Ghote tire un trait	Keating, Henry R	LGF	24/05/1995	3,95 EUR	9782253137634
Le meurtre du maharadjah	Keating, Henry R	LGF	11/01/1995	4,55 EUR	9782253136767
Un Cadavre dans la salle de billard	Keating, Henry R	LGF	01/01/1992	4,55 EUR	9782253062189

Figure 1.5.

Vous obtenez ainsi 37 résultats, soit 37 romans policiers au format poche dans lesquels l'Inde est mentionnée (de près ou de loin). Electre étant actualisé chaque jour, ces résultats sont bien sûr provisoires.

En cliquant sur le pictogramme ci-contre, vous accédez à la vue Aperçu (Figure 1.6) qui vous donne une vision d'ensemble de votre résultat (grâce à une visualisation des couvertures et du résumé).

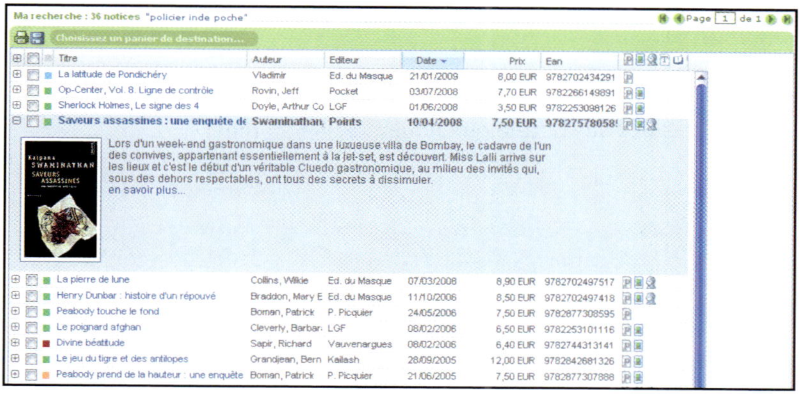

Figure 1.6.

En cliquant sur le premier pictogramme (sur la ligne des intitulés), vous pouvez visualiser l'ensemble des couvertures des titres générés par votre résultat de recherche (Figure 1.7).

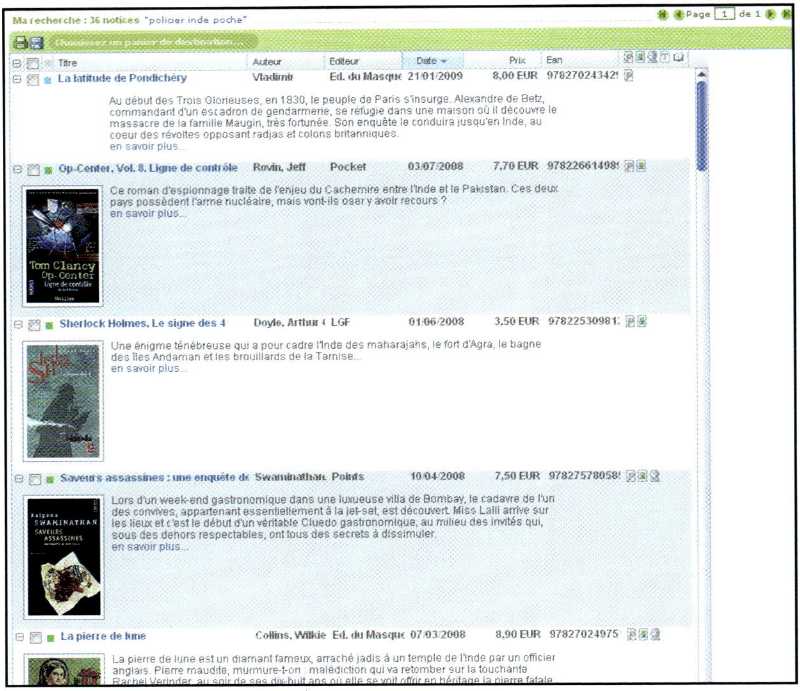

Figure 1.7.

Dans notre exemple, le titre *La latitude de Pondichéry* est un titre annoncé mais non encore paru, ce qui explique l'absence provisoire de couverture.

Depuis cette vue Liste, en cliquant sur un titre, vous accédez à la notice Electre qui vous informe des caractéristiques complètes d'un ouvrage (Figure 1.8).

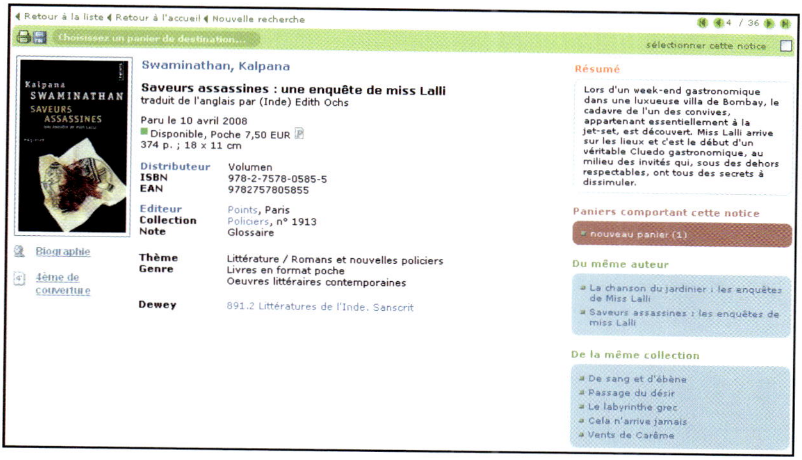

Figure 1.8.

Le nouveau site Electre vous informe de la présence éventuelle d'une notice dans un panier (troisième partie, *Pratiquer la recherche Electre* ; Chapitre 7, « Les différentes vues des résultats de recherche »). Les abonnés au magazine *Livres Hebdo* bénéficient également de la couverture média de chaque notice, le cas échéant (Figure 1.9).

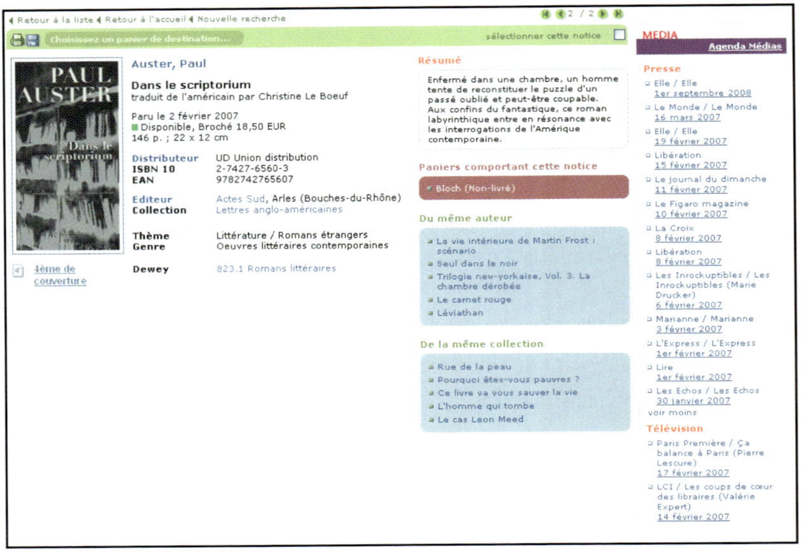

Figure 1.9.

Dans cet exemple, nous apprenons que la notice est présente dans le panier *Bloch (Non-livré)* et que le titre a été mentionné dans le quotidien *Libération* du 8 février 2007.

2

Rechercher un titre ou une bibliographie

Dans ce chapitre :

- Règles communes aux différentes recherches.
- La recherche rapide.
- La recherche avancée.
- La recherche par ISBN/EAN.

Electre.com vous propose trois possibilités de recherche bibliographique (Figure 2.1) :

- recherche rapide,
- recherche avancée,
- recherche par ISBN/EAN.

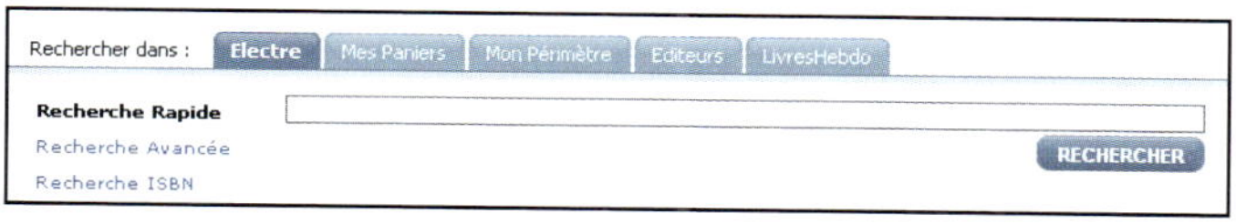

Figure 2.1.

Mis à part certaines recherches spécifiques (lorsque vous recherchez un ouvrage dont vous connaissez le titre ou avez le code ISBN ou EAN par exemple), il n'existe pas de mode de recherche idéal, sachant que plusieurs méthodes différentes peuvent aboutir aux mêmes bibliographies. Certaines personnes préfèrent la recherche rapide, puis affinent leurs résultats grâce aux filtres et au ventilateur ; d'autres sont plus à l'aise avec la recherche avancée, qui permet d'aboutir à un nombre limité de notices en résultat immédiat (même s'il est toujours possible de filtrer ou ventiler une recherche avancée).

Dans tous les cas, l'utilisateur familiarisé avec electre.com parvient rapidement à dégager des bibliographies pertinentes.

Pour effectuer une recherche dans la base bibliographique Electre, veillez à activer l'onglet Electre. En effet, vous avez également la possibilité d'effectuer une recherche dans vos paniers ou dans un périmètre que vous avez défini vous-même comme les bandes dessinées (Chapitre 8, « La recherche Paniers et la recherche Périmètre », de cette partie). Par défaut, lorsque vous accédez à votre espace abonné (après avoir introduit votre identifiant et votre mot de passe), la recherche Electre est activée.

Règles communes aux différents outils de recherche

Comme tous les moteurs de recherche, electre.com propose de nombreux outils vous permettant d'accéder plus rapidement aux résultats souhaités.

Le tableau qui suit vous présente les principales syntaxes d'interrogation que vous pouvez utiliser dans la recherche rapide ou avancée pour éviter le bruit documentaire et les réponses peu pertinentes.

Tableau 2.1

Fonctions	*Syntaxe et règles d'utilisation*
Opérateurs booléens Les opérateurs booléens « et » (remplaçable par l'espace), « ou » et « sauf » doivent être encadrés obligatoirement par des guillemets.	- inclusion : « et » accolé à un mot permet d'exiger la présence de celui qui le suit. Exemple : moutarde « et » dijon Recherche les notices contenant obligatoirement les deux termes. L'opérateur « et » est remplacé par défaut par l'espace. - union : « ou » permet d'élargir la recherche à un deuxième mot. Exemple : mer « ou » océan Recherche les notices contenant l'un ou l'autre des deux termes. - exclusion : « sauf » permet d'exclure de la recherche les notice contenant le deuxième mot. Exemple : dijon « sauf » moutarde Recherche les notices contenant le terme dijon et non le terme moutarde.
Correction orthographique	Le correcteur orthographique du site Electre se base sur la phonétique d'un mot. Exemple : fouko Recherche des notices contenant les homonymes phonétiques du terme fouko (comme Foucault). Electre propose dans la recherche rapide des mots phonétiquement proches de ceux introduits.

Tableau 2.1

Fonctions	*Syntaxe et règles d'utilisation*
Aide à la recherche 1 : les propositions de mots ou d'expressions Fonctionne en recherche rapide et avancée	Lorsque vous introduisez les premiers termes d'une recherche, electre.com vous propose plusieurs expressions (ou mots) contenant les termes recherchés. 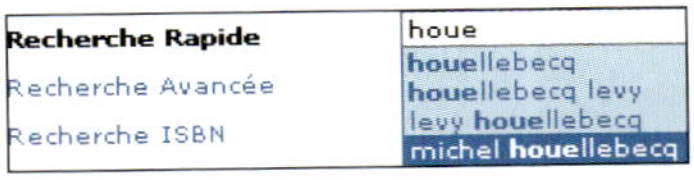 Ces propositions se font sur la base des mots les plus recherchés par les utilisateurs Electre.
Aide à la recherche 2 : les propositions de mots ou d'expressions proches phonétiquement Fonctionne en recherche rapide, à spécifier en recherche avancée.	Lorsque vous effectuez une recherche, le moteur de recherche Electre vous propose plusieurs expressions ou mots proches phonétiquement. 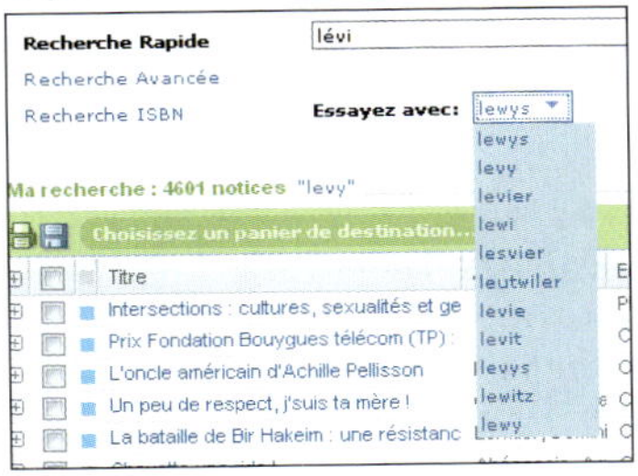
Accents	Le moteur de recherche est insensible aux accents.
La troncature	La troncature, représentée par l'astérisque vous permet de rechercher les mots ayant la même racine. Exemple : lorsque vous introduisez franc*, le moteur de recherche Electre étendra cette recherche à français, française, francophonie, etc.

Tableau 2.1

Fonctions	*Syntaxe et règles d'utilisation*
Expression exacte	Vous pouvez rechercher un titre exact dans la recherche avancée, par l'index Titre exact.
Mots vides	Mise à part la recherche avancée par le titre exact, il n'est pas nécessaire de les introduire (de, le, un,...)
Lemmatisation La lemmatisation est l'analyse lexicale permettant de regrouper les mots d'une même famille	Le moteur de recherche Electre élargit votre recherche aux formes féminines et plurielles des termes introduits. Exemple : chevalier Le résultat de recherche inclut également par défaut les termes chevaliers, chevalière et chevalières. Cette fonction s'applique aux pluriels irréguliers (animal, animaux).

Les opérateurs booléens sont des opérateurs *binaires*. Ce sont des variables définies par un mathématicien (George Boole) qui permettent, dans un calcul, d'ajouter ou d'exclure des valeurs. Dans les recherches sur Internet, ces opérateurs sont AND, OR, AND NOT et NEAR, et servent à mieux ajuster la recherche. Electre utilise « ET » (pour AND), « OU » (pour OR) et « SAUF » (pour AND NOT). NEAR, traduit par « PROCHE DE », est activé automatiquement grâce au phonétiseur d'electre.com qui vous propose des termes proches de ceux que vous recherchez.

Le bruit documentaire fait référence aux documents retrouvés qui ne sont pas pertinents par rapport à une recherche. Ils ne répondent pas directement à vos attentes.

N'oubliez pas d'entourer les opérateurs booléens par des guillemets !

La recherche rapide

La recherche rapide est la recherche proposée par défaut par le moteur de recherche Electre (Figure 2.2).

Figure 2.2.

La recherche rapide inclut tous les index de la base de données electre.com SAUF la Table des matières.

Exemple de recherche rapide : « aborigene », 415 notices (Figure 2.3).

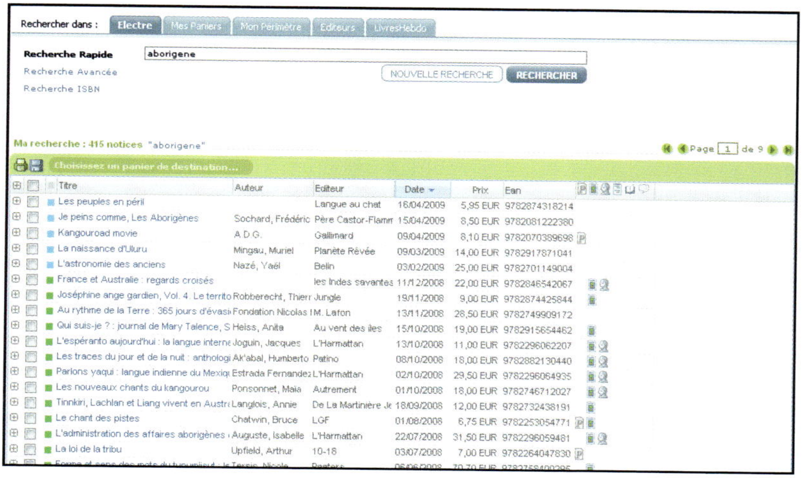

Titre	Auteur	Editeur	Date	Prix	Ean
Les peuples en péril		Langue au chat	16/04/2009	5,95 EUR	9782874318214
Je peins comme, Les Aborigènes	Sochard, Frédéric	Père Castor-Flamm	15/04/2009	8,50 EUR	9782081222380
Kangouroad movie	A.D.G.	Gallimard	09/04/2009	8,10 EUR	9782070389698
La naissance d'Uluru	Mingau, Muriel	Planète Rêvée	09/03/2009	14,00 EUR	9782917871041
L'astronomie des anciens	Nazé, Yaël	Belin	03/02/2009	25,00 EUR	9782701149004
France et Australie : regards croisés		les Indes savantes	11/12/2008	22,00 EUR	9782846542067
Joséphine ange gardien, Vol. 4. Le territo	Robberecht, Thierr	Jungle	19/11/2008	9,00 EUR	9782874425844
Au rythme de la Terre : 365 jours d'évasi	Fondation Nicolas I	M. Lafon	13/11/2008	28,50 EUR	9782749909172
Qui suis-je ? : journal de Mary Talence, S	Heiss, Anita	Au vent des îles	15/10/2008	19,00 EUR	9782915654462
L'espéranto aujourd'hui : la langue interne	Joguin, Jacques	L'Harmattan	13/10/2008	11,00 EUR	9782296062207
Les traces du jour et de la nuit : anthologi	Ak'abal, Humberto	Patino	08/10/2008	18,00 EUR	9782882130440
Parlons yaqui : langue indienne du Mexiq	Estrada Fernandez	L'Harmattan	02/10/2008	29,50 EUR	9782296064935
Les nouveaux chants du kangourou	Ponsonnet, Maïa	Autrement	01/10/2008	18,00 EUR	9782746712027
Tinnkiri, Lachlan et Liang vivent en Austr	Langlois, Annie	De La Martinière Je	18/09/2008	12,00 EUR	9782732438191
Le chant des pistes	Chatwin, Bruce	LGF	01/08/2008	6,75 EUR	9782253054771
L'administration des affaires aborigènes	Auguste, Isabelle	L'Harmattan	22/07/2008	31,50 EUR	9782296059481
La loi de la tribu	Upfield, Arthur	10-18	03/07/2008	7,00 EUR	9782264047830

Figure 2.3.

Singulier, pluriel, masculin, féminin ? Pas de panique ! Electre étend systématiquement votre recherche à toutes ces formes, même les irrégulières !

TRUC

à, â, æ, ç, é, è, ê, ë, î, ï, ô, œ, ù, û, ü, ÿ ? « C'est quand les accents graves tournent à l'aigu que les sourcils sont en accent circonflexe », Pierre Dac. Pas de panique ! Respectez les accents… ou oubliez-les ! Electre restituera les résultats avec les accents éventuellement oubliés !

TRUC

A, a, B, b, C, c ? Pas de panique ! Respectez les majuscules… ou oubliez-les ! Le moteur Electre n'en tient pas compte dans ses recherches !

La recherche rapide permet une recherche simple ou combinée (grâce aux opérateurs booléens : « ET » (espace par défaut), « OU » et « SAUF »).

Exemple de recherche rapide 1 : « sorcier magicien », 75 notices trouvées (Figure 2.4).

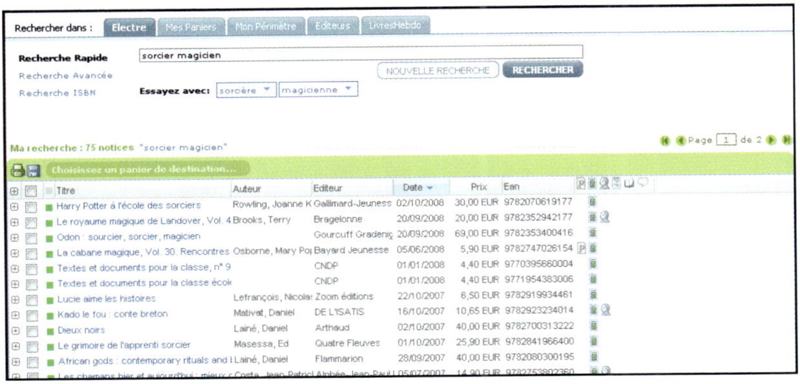

Figrue 2.4.

Exemple de recherche rapide 2 : « sorcier "OU" magicien », 2597 notices trouvées (Figure 2.5).

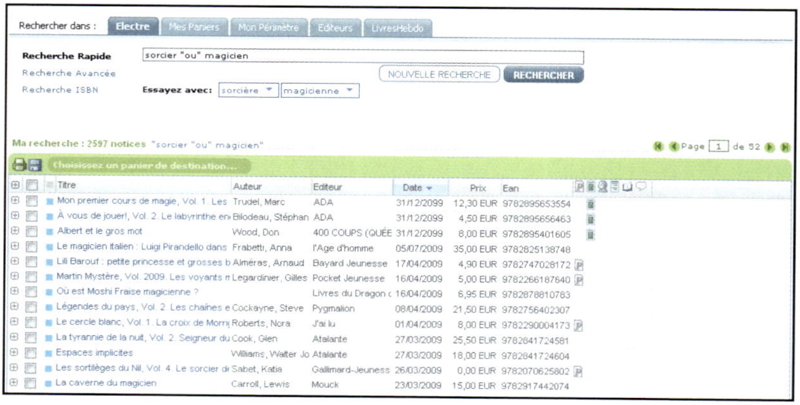

Figure 2.5.

N'hésitez pas à inclure et à croiser dans votre recherche rapide les noms d'Editeur (Fayard), de Collection (folio), de Sujet (philatélie). Vous pouvez ainsi rechercher « le rouge et le noir folio ».

La recherche rapide vous permet de retrouver l'ensemble des prix littéraires ainsi que les premiers romans en introduisant simplement cette information dans la zone de recherche(Figrue 2.6).

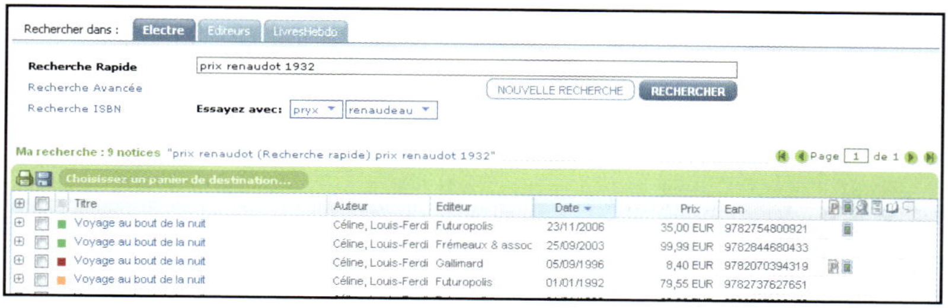

Figure 2.6.

À vous de jouer !

Et pour trouver les premiers romans ?

Rien de plus simple ! Si vous souhaitez par exemple trouver les premiers romans d'auteurs parus en 2006, introduisez tout simplement dans la zone de recherche rapide « premier roman 2006 » ! Ou introduisez « premier roman tristan garcia » si vous souhaitez retrouver le premier roman de cet auteur.

La recherche avancée

La recherche avancée permet de spécifier précisément et de croiser plusieurs critères (Figure 2.7).

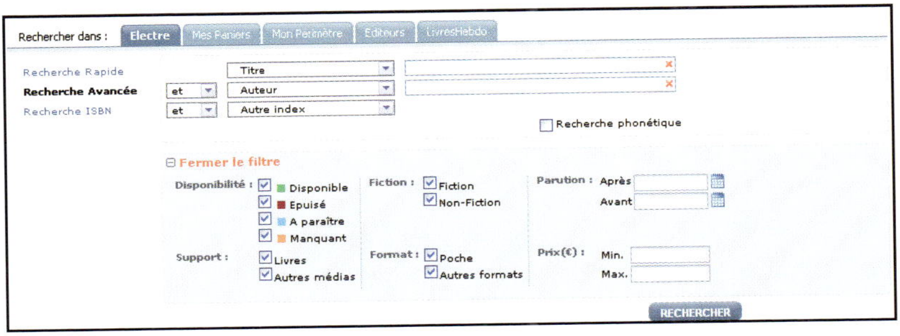

Figure 2.7.

La recherche avancée permet une recherche mono ou multicritère grâce aux opérateurs booléens « ET », « OU » et « SAUF ».

Notez que vous pouvez utiliser les opérateurs booléens en les spécifiant dans le menu déroulant (à gauche des intitulés d'index) ou directement dans la zone de recherche, entre guillemets, comme expliqué dans le précédent paragraphe.

La recherche avancée permet les recherches basées sur la combinaison de plusieurs index ou critères différents (23 critères ou index proposés).

Règles communes aux recherches avancées

Le correcteur orthographique et les formes féminines et plurielles

Proposée par défaut dans la recherche rapide, vous êtes invité à choisir ou non la recherche phonétique dans la recherche avancée. Cette case est par défaut décochée afin d'éviter, dans la restitution des résultats, le bruit documentaire lié aux termes phonétiquement proches de ceux que vous avez introduits.

Exemple 1 : « fouko » (en auteur) SANS le phonétiseur, 0 notice trouvée (Figure 2.8).

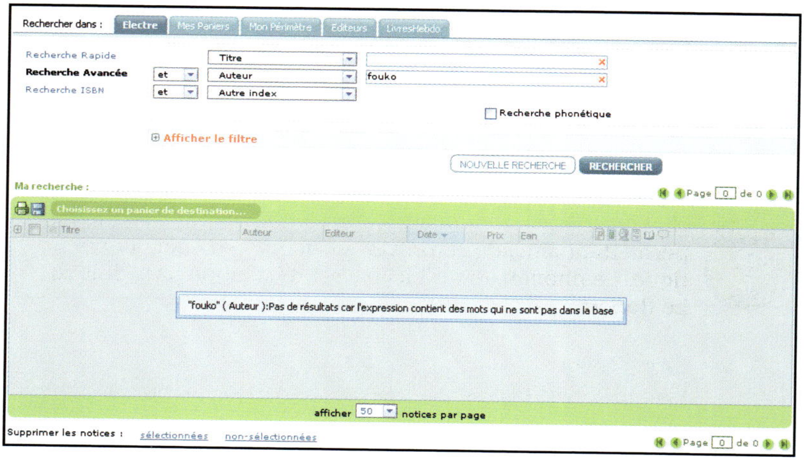

Figure 2.8.

Exemple 2 : « fouko » (en auteur) AVEC le phonétiseur, 281 notices trouvées(Figure 2.9).

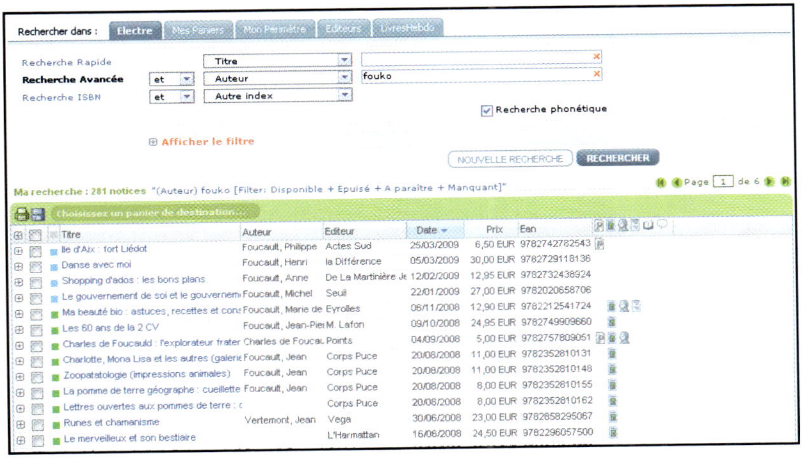

Figure 2.9.

Les formes féminines et plurielles des termes introduits sont systématiquement recherchées.

Un *phonétiseur* est un outil informatique phonétisant le mot, permettant ainsi de retrouver les mots de même phonétique. Le phonétiseur d'Electre est développé par l'éditeur Le Robert.

Les filtres

Les filtres sont proposés par défaut dans la recherche avancée (Figure 2.10).

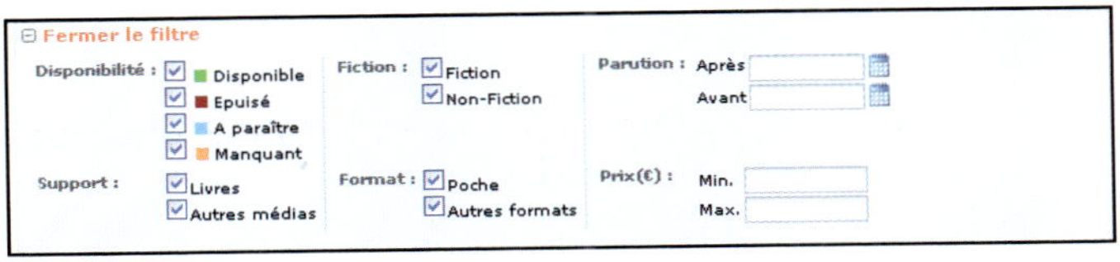

Figure 2.10.

Les filtres sont des outils permettant d'affiner vos recherches par disponibilité, support, format, prix ou date. La manipulation des filtres, que vous pouvez masquer (fermer le filtre), est détaillée dans le Chapitre 3, « Affiner les résultats de recherche », de cette partie.

Les combinaisons

Nous avons vu la possibilité d'utiliser les opérateurs booléens dans la recherche rapide (« ET », « OU » et « SAUF »). La recherche avancée permet d'utiliser les opérateurs booléens de deux manières différentes.

Comme dans la recherche rapide, vous pouvez introduire ces opérateurs sur la même ligne, entre guillemets (Figure 2.11).

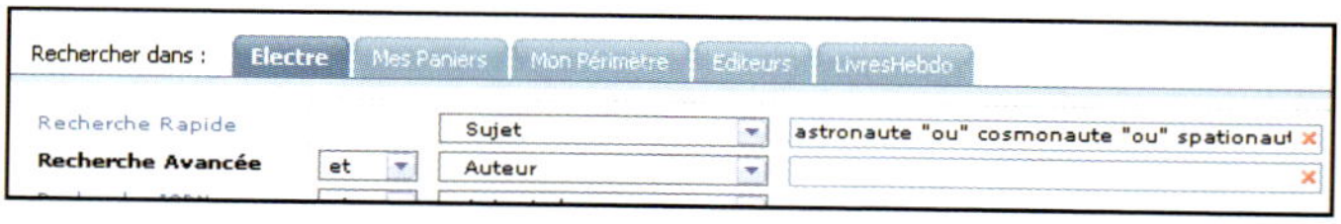

Figure 2.11.

Vous avez également la possibilité de combiner plusieurs index différents sur plusieurs lignes. Si vous envisagez une combinaison complexe (plusieurs croisements), des lignes supplémentaires apparaîtront automatiquement (Figure 2.12).

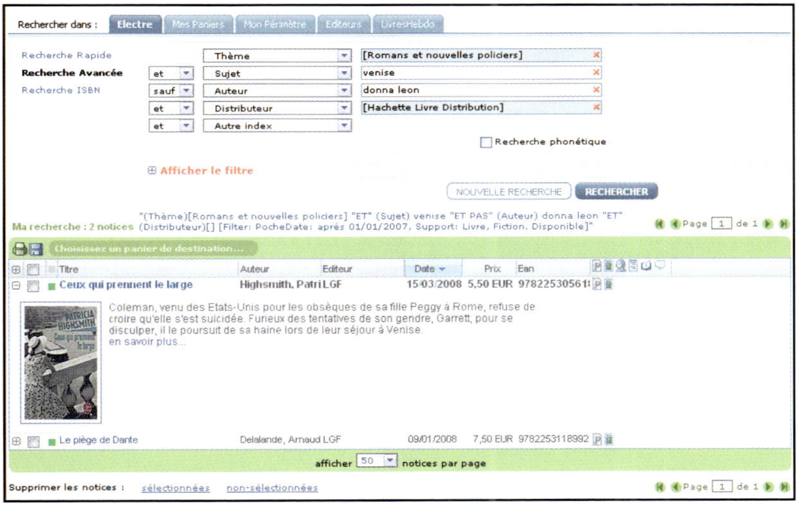

Figure 2.12.

Dans cet exemple, vous recherchez des romans policiers (ou des nouvelles policières), liés de près ou de loin (« ET ») à Venise, dont l'auteur n'est pas (« SAUF ») Donna Leon et (« ET ») distribués par Hachette Livres Distribution. Les combinaisons vous permettent de réaliser des recherches proches des besoins de vos lecteurs.

Dans ce même exemple, les filtres ont permis de limiter la recherche aux ouvrages de format poche disponibles (carré vert), d'exclure les autres médias (comme les livres lus) ainsi que les titres parus AVANT 2007.

Les index de la recherche avancée

La recherche Titre

Il s'agit d'une recherche par un ou plusieurs termes inclus dans le titre.

Exemple de recherche avancée Titre : « le rouge et le noir », 124 notices trouvées (Figure 2.13).

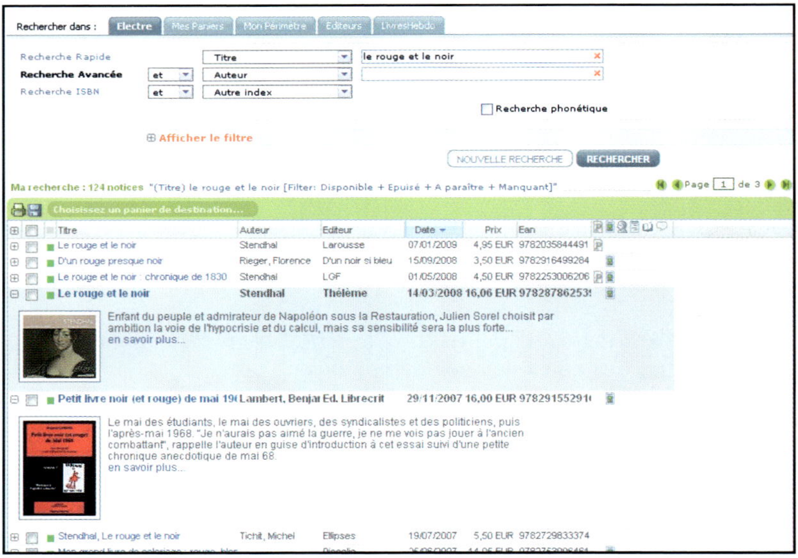

Figure 2.13.

Résultats incluant les titres contenant le terme « rouge » et le terme « noir ».

Dans la recherche Titre, les mots vides (le, me, et, ou, etc.) ne sont pas pris en compte. Préférez dans ce cas la recherche Titre exact.

La recherche Titre exact

Il s'agit d'une recherche par l'expression exacte du titre (inclut les termes vides).

Exemple de recherche avancée Titre exact : « le rouge et le noir », 20 notices trouvées (Figure 2.14).

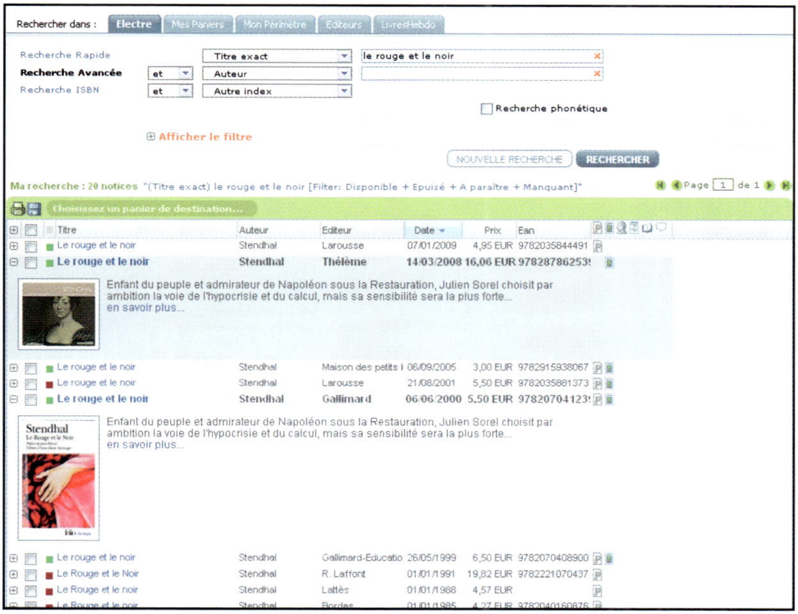

Figure 2.14.

Résultats concernant les ouvrages dont le titre est littéralement « le rouge et le noir ».

La recherche Auteur

Il s'agit d'une recherche par un ou plusieurs termes inclus dans le nom et/ou prénom de l'auteur ou du collaborateur (préfacier, coauteur, etc.).

Exemple de recherche avancée Auteur : « golden », 52 notices trouvées (Figure 2.15).

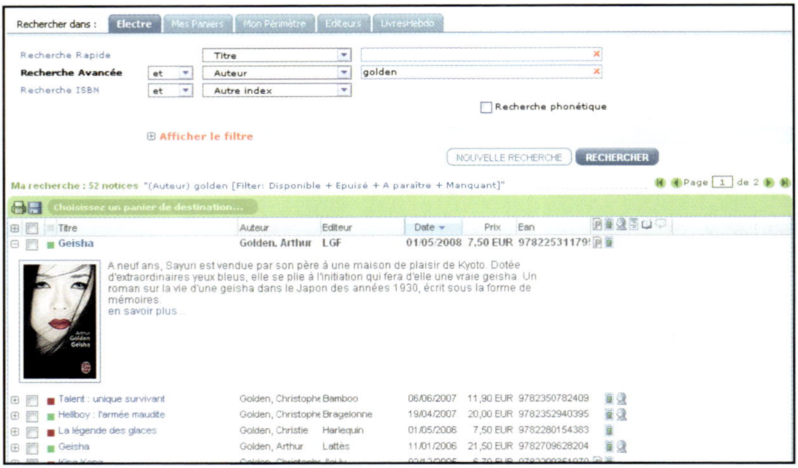

Figure 2.15.

Résultats incluant les livres dont le nom d'un auteur OU d'un collaborateur contient « golden ».

La recherche avancée Auteur restitue également les ouvrages de collaborateurs (Figure 2.16).

Exemple de recherche avancée Auteur : « jean bonnefoy » (traducteur).

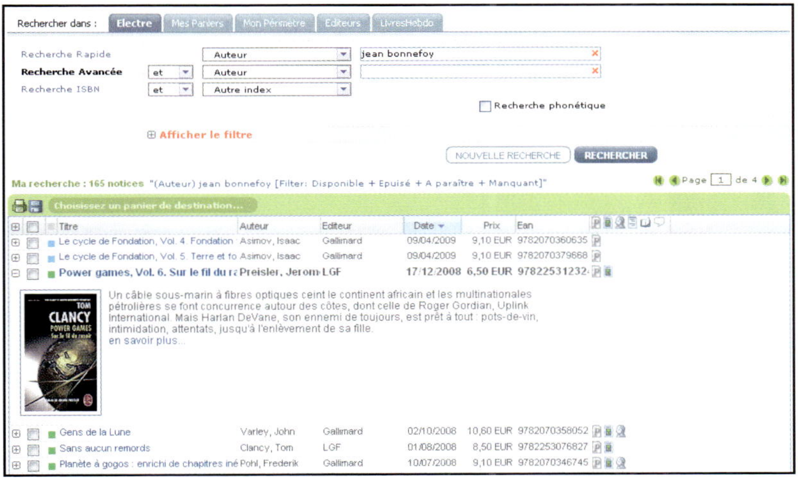

Figure 2.16.

Résultats incluant les livres dont le nom d'un auteur OU d'un collaborateur contient « jean bonnefoy ».

Lorsque vous introduisez « jean bonnefoy », l'espace séparant le nom et le prénom est interprété par le moteur de recherche comme l'opérateur booléen « ET ».

La Figure 2.17 mentionne les différentes collaborations d'un ouvrage ; ici, le livre de William Gibson, traduit par Jean Bonnefoy et préfacé par Sylvie Denis :

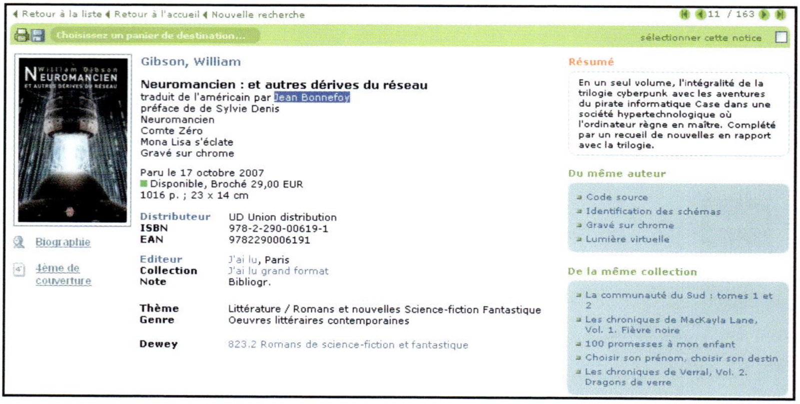

Figure 2.17.

Par la recherche avancée Auteur, vous pouvez ainsi retrouver des ouvrages dont vous connaissez le préfacier, l'illustrateur, le postfacier, etc.

La recherche Titre/Collection

Il s'agit d'une recherche par un ou plusieurs termes inclus dans le titre ET par un ou plusieurs mots inclus dans le nom d'une collection.

Exemple de recherche avancée Titre/Collection : « nana/ folio », 1 notice trouvée (Figure 2.18).

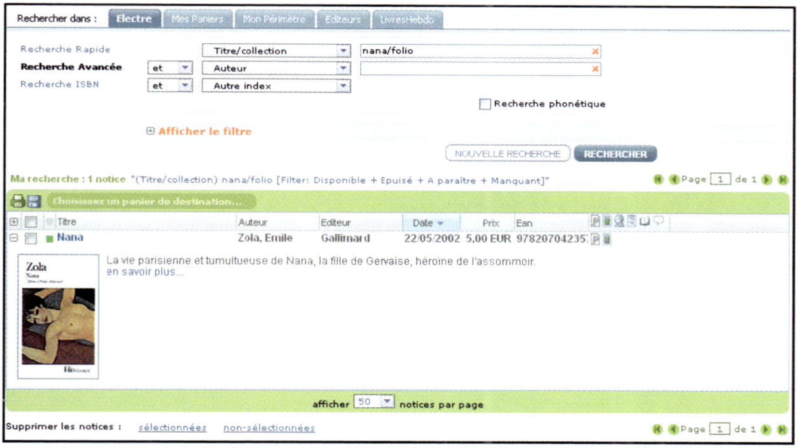

Figure 2.18.

Résultat correspondant à l'ouvrage contenant le terme « nana » dans le titre et intégrant la collection « folio ».

La recherche Editeur

La recherche par éditeur (par la recherche avancée) vous permet de retrouver les ouvrages édités par celui-ci (à ne pas confondre avec l'onglet Editeur qui sert surtout à retrouver la signalétique de chaque éditeur).

Lorsque vous appelez l'index Editeur, une nouvelle fenêtre s'ouvre dans laquelle vous êtes invité à introduire la raison sociale de l'éditeur recherché.

Exemple de recherche avancée Editeur : « Hachette » (Figure 2.19).

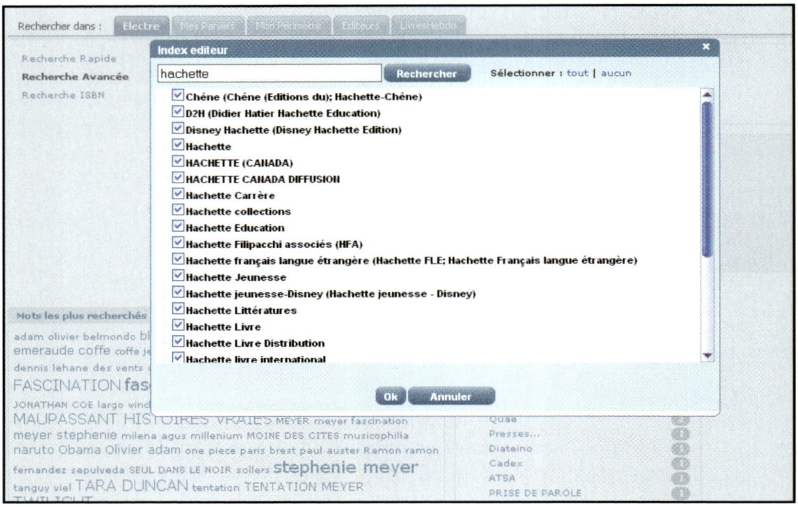

Figure 2.19.

En cas d'homonymie, vous êtes ensuite invité à spécifier le ou les éditeurs souhaités. Dans le doute, choisissez tous les éditeurs (Sélectionner tout) pour élargir votre recherche.

Vous avez la possibilité de croiser plusieurs champs.

Exemple de recherche avancée croisée : Editeur « gallimard » "ET" Auteur « zola », 42 notices trouvées (Figure 2.20).

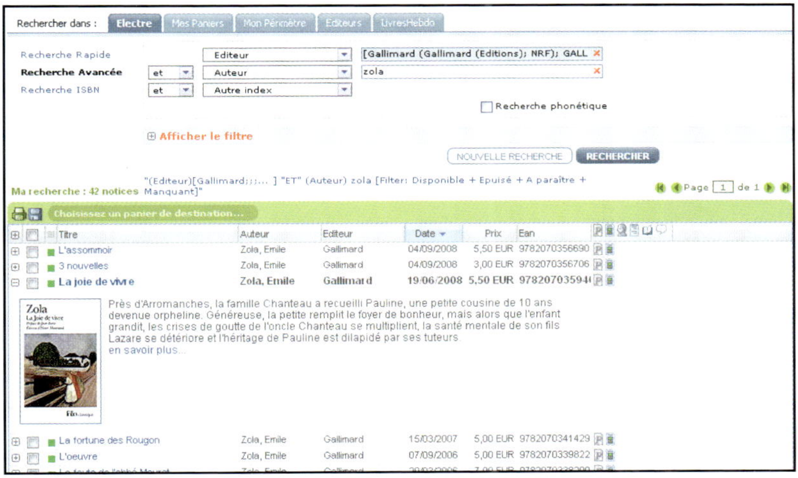

Figure 2.20.

Résultats concernant les ouvrages d'un auteur (ou d'un collaborateur) contenant le terme « zola » et édités par « gallimard ».

La recherche Collection

Il s'agit d'une recherche par un ou plusieurs termes inclus dans le nom d'une collection, généralement à lier avec un ou plusieurs autres critères tels qu'un auteur ou un numéro de collection.

Exemple de recherche avancée : Collection « best » “ET” Auteur : « musso », 5 notices trouvées (Figure 2.21).

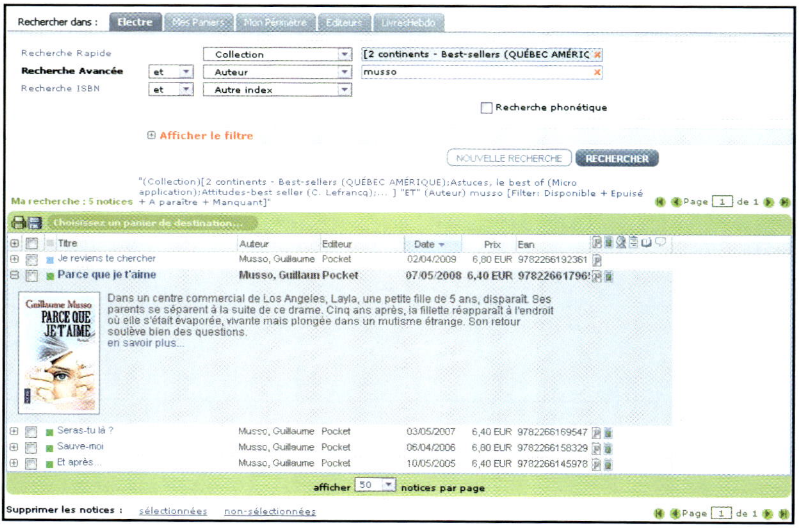

Figure 2.21.

Résultats concernant l’œuvre d’un auteur dont le nom contient le terme « musso » intégrant une collection « best ».

Il est également possible de réaliser des recherches avancées au travers d’une sous-collection.

Exemple de recherche avancée : Sous-collections « Folio 2 euros » et « Folio 2 euros Femmes de lettres » (Figure 2.22).

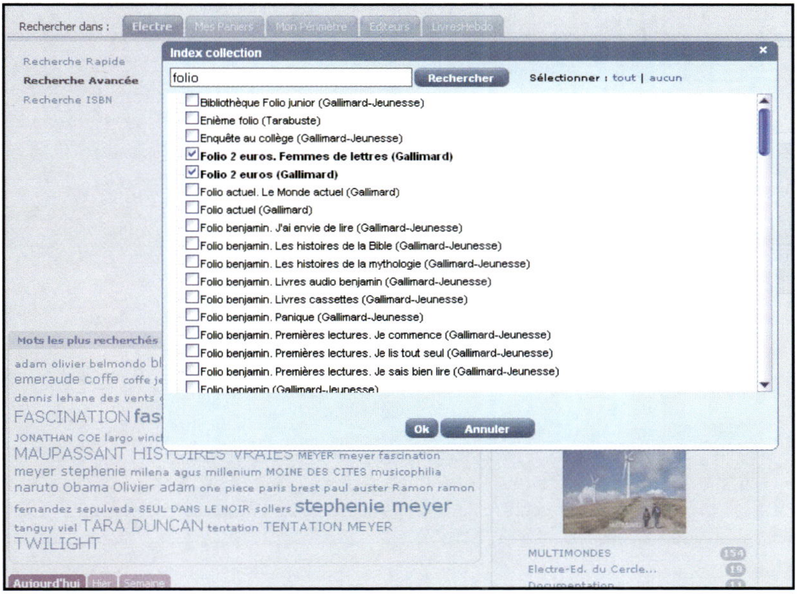

Figure 2.22.

Le moteur de recherche a identifié 237 notices intégrant les sous-collections « Folio 2 euros » et « Folio 2 euros Femmes de lettres » (Figure 2.23).

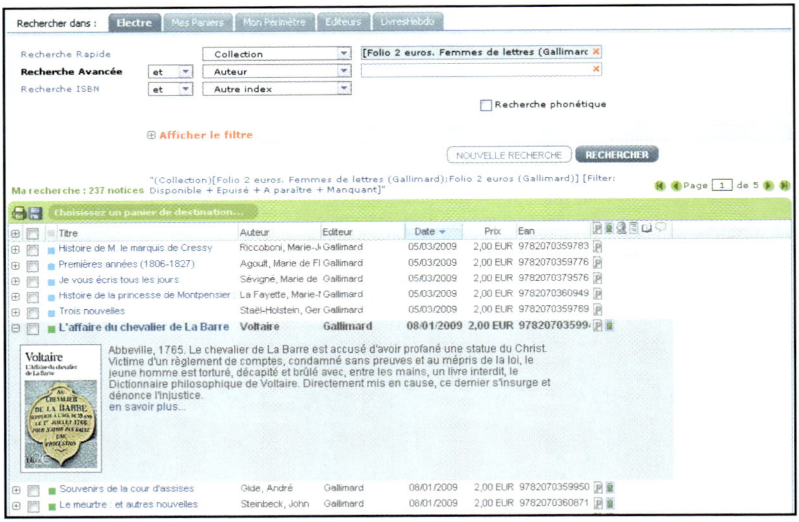

Figure 2.23.

La recherche par Numéro de collection

Il s'agit d'une recherche par un numéro particulier dans une collection, généralement à lier avec un ou plusieurs autres critères tels qu'une collection (généralement).

Exemple de recherche avancée : Numéro de collection « 2 » "ET" Collection « folio », 19 notices trouvées (Figure 2.24).

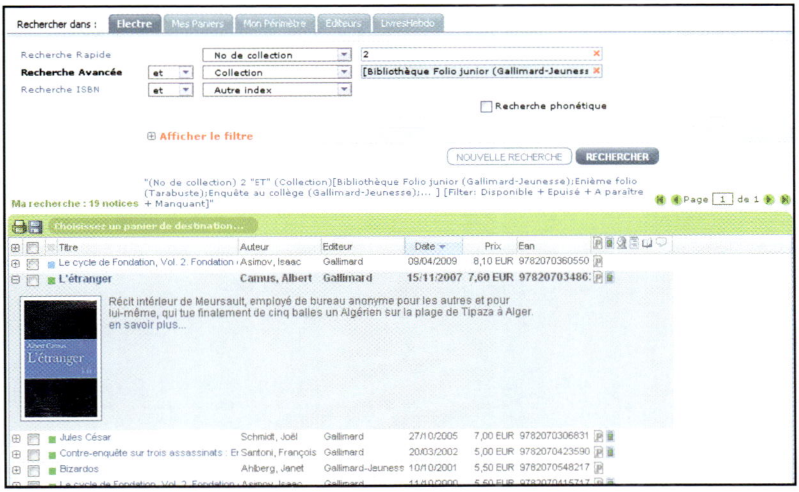

Figure 2.24.

Résultats concernant les ouvrages numérotés « 2 » des sous-collections « folio ».

Plusieurs résultats traduisent la présence du numéro « 2 » dans les différentes sous-collections « folio ».

La recherche ISSN

Il s'agit d'une recherche par un numéro particulier de collection, généralement à lier avec un ou plusieurs autres critères tels qu'un titre ou un auteur.

Exemple de recherche avancée : ISSN « 0184-0886 » "ET" Titre « catalogage », 3 notices trouvées (Figure 2.25).

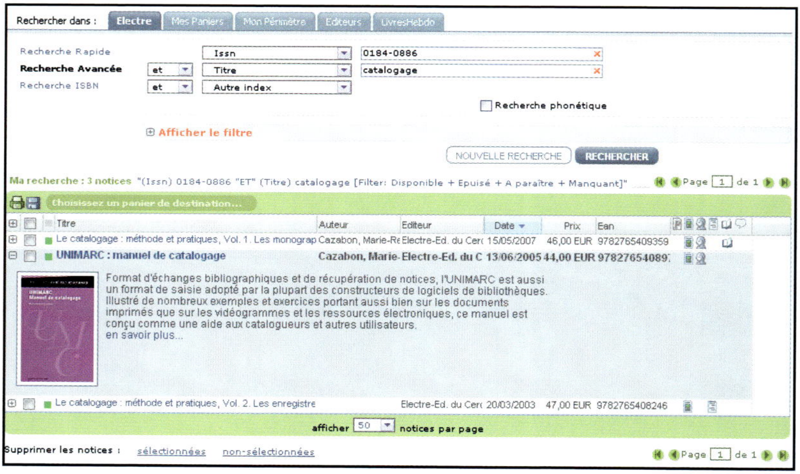

Figure 2.25.

Résultats concernant les ouvrages ayant pour ISSN : « 0184-0886 » (Collection Bibliothèques) ET contenant le terme « catalogage » dans le titre.

La recherche Distributeur

Il s'agit d'une recherche par un ou plusieurs termes inclus dans le nom d'un distributeur, généralement à lier avec un ou plusieurs autres critères tels qu'un titre ou un auteur.

Exemple de recherche avancée : Distributeur « sodis » "ET" Auteur « deleuze », 13 notices trouvées (Figure 2.26).

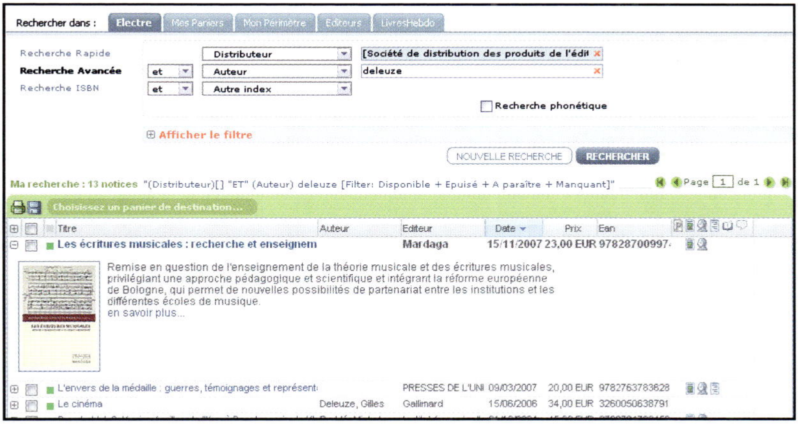

Figure 2.26.

Résultats correspondant aux ouvrages distribués par le distributeur « sodis » ET contenant le terme « deleuze » dans le nom ou le prénom d'un auteur (ou d'un collaborateur).

La recherche Diffuseur

Il s'agit d'une recherche par un ou plusieurs termes inclus dans le nom d'un diffuseur, généralement à lier avec un ou plusieurs autres critères tels qu'un titre ou un auteur.

Exemple de recherche avancée Diffuseur : « sofedis » "ET" Titre « justine », 12 notices trouvées (Figure 2.27).

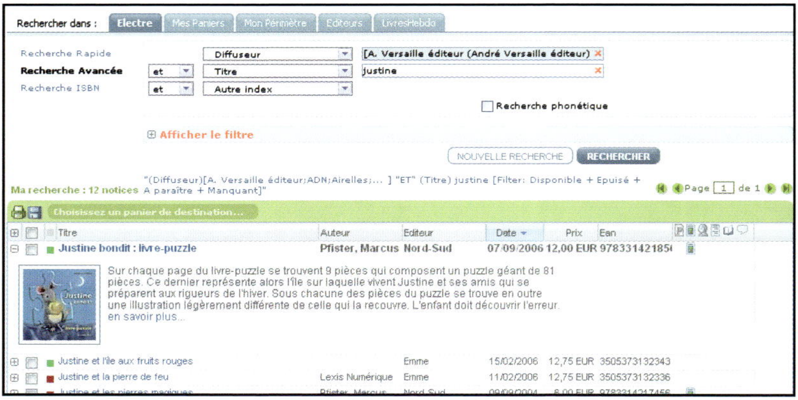

Figure 2.27.

Résultats correspondant aux ouvrages diffusés par « sofedis » et dont le titre contient le terme « justine ».

ATTENTION

Lorsque vous effectuez une recherche avancée Diffuseur, vous êtes invité à sélectionner les Editeurs diffusés par celui-ci (Figure 2.28).

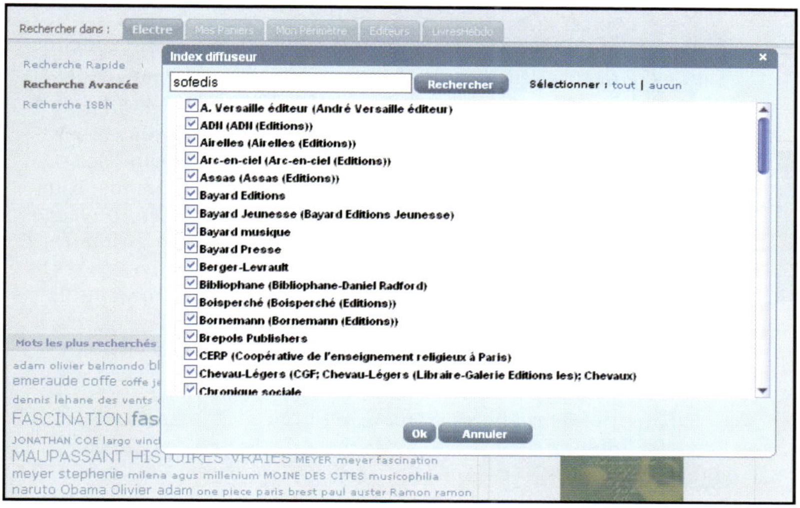

Figure 2.28.

Dans le doute, sélectionnez tous les éditeurs !

NOTE TECHNIQUE

Le *diffuseur* est une personne ou une entreprise en charge de la diffusion des nouveautés et du fonds d'un ou plusieurs éditeurs en vue de leur commercialisation. Selon la taille des maisons d'édition, la diffusion peut être assurée par un service intégré ou par une structure autonome.

Le *distributeur* est le prestataire de services des diffuseurs (et donc des éditeurs). Cette structure stocke les livres en dépôt-vente, reçoit les commandes des libraires (notamment par l'intermédiaire des représentants), leur expédie les ouvrages et tient compte de ces opérations. Le distributeur est habilité à recouvrir les factures et fournit au diffuseur (qui les transmet à l'éditeur) l'état des ventes par titre, par auteur ou par collection.

La recherche Public

Il s'agit d'une recherche par un ou plusieurs termes inclus dans les index Public. Le *public* peut être identifié selon les critères suivants : autoformation (niveaux débutants, perfectionnement et tous niveaux), formation (niveaux 3e, bac, bac +2, tous niveaux), grands caractères, jeunesse (de 0 à 3 ans, de 3 à 6 ans, de 6 à 9 ans, de 9 à 13 ans, tous âges), professionnel ou spécialiste, public motivé (ouvrages de vulgarisation), scolaires (niveaux maternelle, primaire, collège, CAP, BEP, lycée, lycées professionnels, lycées techniques, secondaire, technique et commercial), tous publics, universitaire (niveaux 1er cycle – prépa DEUG, 1er et 2e cycle, 2e cycle, 3e cycle – recherche, cycle court – BTS, niveau universitaire).

Exemple de recherche avancée Public : « 3 à 6 ans » “ET” Sujet « deuil » «OU» « décès », 25 notices trouvées (Figure 2.29).

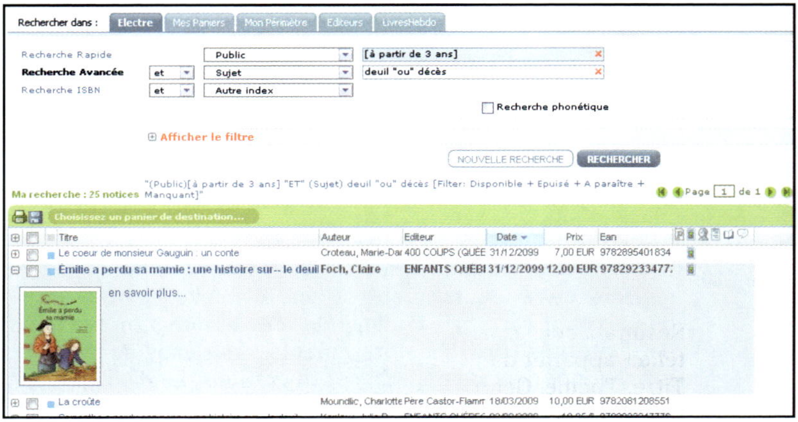

Figure 2.29.

Il s'agit des ouvrages dont le sujet contient les termes « deuil » "OU" « décès » et destinés à un public âgé « de 3 à 6 ans ».

La recherche Sujet

Il s'agit d'une recherche par un ou plusieurs termes inclus dans le sujet, c'est-à-dire simultanément dans les index Titre, Thème, Genre, Résumé, Lexique, Vedette matière (RAMEAU), intitulé Dewey. La signification de ces index est expliquée dans les paragraphes suivants.

Exemple de recherche avancée Sujet : « philatélie », 360 notices trouvées (Figure 2.30).

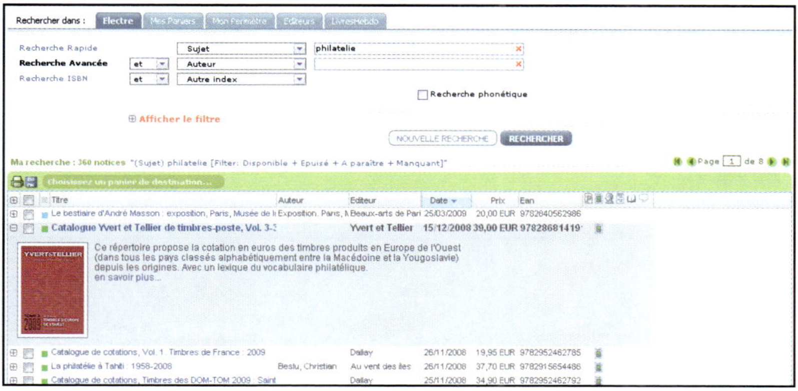

Figure 2.30.

Résultats correspondant aux ouvrages dont le terme « philatélie » apparaît dans un ou plusieurs des index suivants : Titre, Thème, Genre, Résumé, Lexique, Rameau, Dewey, Dewey BTLF.

La classification Dewey BTLF est utilisée au Canada par la bibliothèque des titres de langue française.

Afin de limiter le bruit documentaire, il peut être judicieux de combiner une recherche Sujet avec un autre index. La recherche « astronomie » en sujet propose 3 184 notices tandis que la même recherche combinée avec le genre Beaux livres n'en propose que 130 (Figure 2.31).

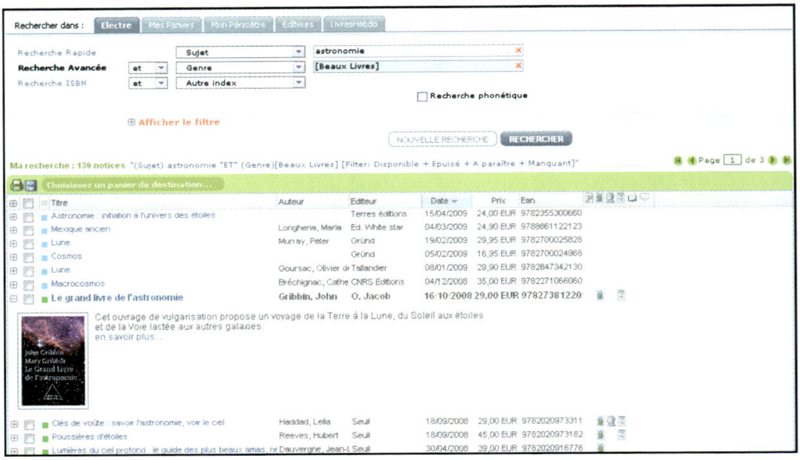

Figure 2.31.

La recherche RAMEAU

Il s'agit d'une recherche par une autorité matière spécifique à l'indexation analytique RAMEAU (surtout utilisée dans les bibliothèques).

Exemple de recherche avancée par vedette matière RAMEAU : « toulouse », 443 notices trouvées (Figure 2.32).

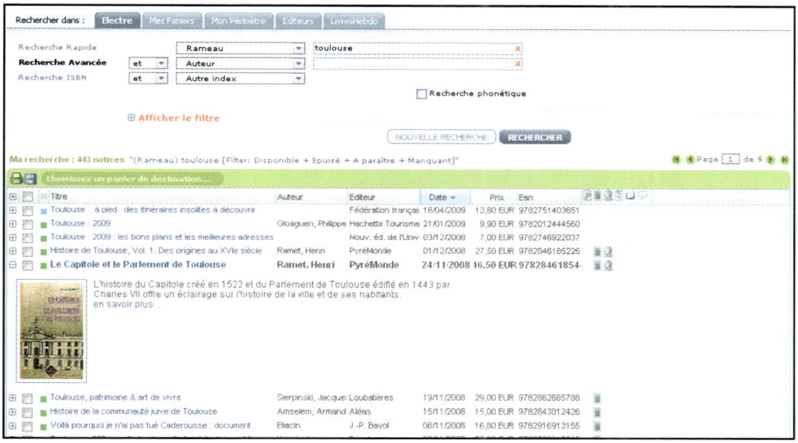

Figure 2.32.

Résultats correspondant aux notices ayant pour vedette matière RAMEAU « toulouse ».

NOTE TECHNIQUE

Le répertoire RAMEAU (Répertoire d'autorité matières encyclopédique et alphabétique unifié), utilisé à la Bibliothèque nationale de France et dans nombre de bibliothèques françaises, permet d'indexer les documents afin de pouvoir les retrouver par sujets.

La recherche Dewey

Il s'agit d'une recherche par une ou plusieurs autorités Dewey (domaines de connaissance) surtout utilisée dans les bibliothèques.

Vous êtes invité à spécifier les niveaux Dewey de votre choix (Figure 2.33).

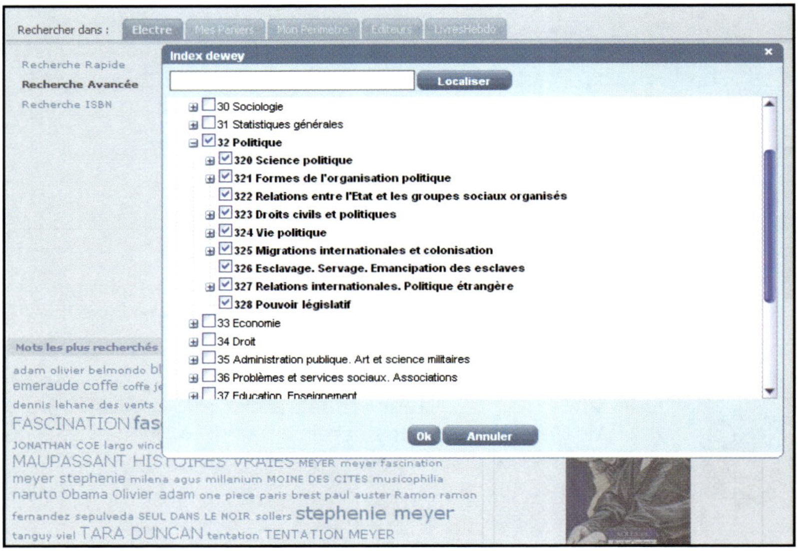

Figure 2.33.

Afin de limiter le bruit documentaire, il peut être judicieux de combiner un ou plusieurs niveaux Dewey avec un autre index comme le sujet.

Exemple de recherche avancée Dewey : « 32 » (Politique) “ET” Sujet « belg* », 635 notices trouvées (Figure 2.34).

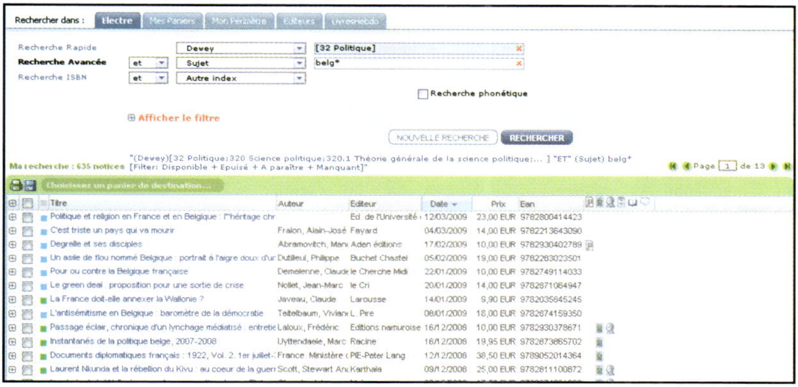

Figure 2.34.

Résultats correspondant aux titres intégrant l’index Dewey 320 “ET” comprenant le terme « belg* » dans le Sujet.

TRUC

L’astérisque* permet de retrouver tous les mots commençant par « belg (…) ». Pratique pour étendre la recherche aux termes « belge, belges et Belgique » !

Si vous connaissez précisément l'index Dewey que vous recherchez, vous pouvez le spécifier et le localiser dans la nomenclature (il apparaît alors en surbrillance comme sur la Figure 2.35).

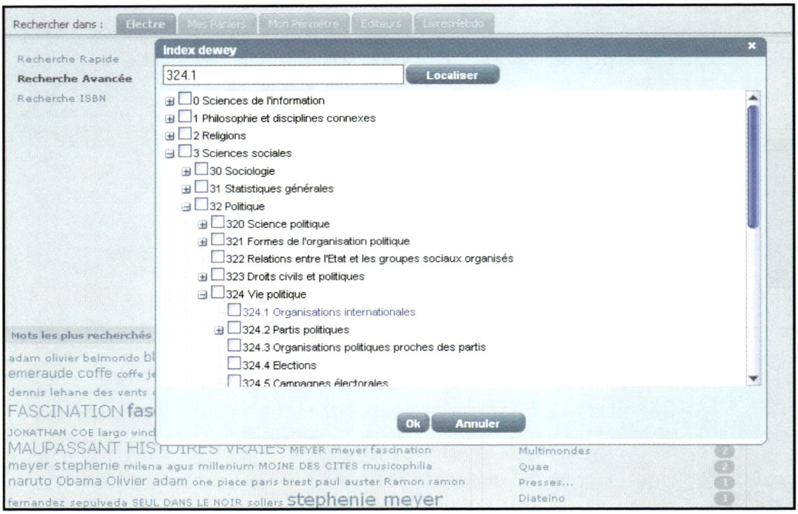

Figure 2.35.

Notez que, dans cet exemple, vous auriez pu indifféremment rechercher 324.1 ou organisations internationales. Cette méthode suppose que vous êtes familiarisé avec les tables Dewey, ainsi qu'avec les aménagements Electre.

NOTE TECHNIQUE

La *classification Dewey* est un système décimal pour noter et classer les ouvrages dans une bibliothèque.

La recherche Lexique

Il s'agit d'une recherche par un ou plusieurs domaines d'activité. Cet index est utilisé pour les recherches d'ouvrages professionnels, universitaires ou de vulgarisation.

Vous êtes invité à spécifier le ou les lexiques de votre choix.

Exemple de recherche avancée par Lexique : « charpente » "et" « cheminée » (sous-niveaux de l'index Architecture – Construction), 77 notices trouvées (Figure 2.36).

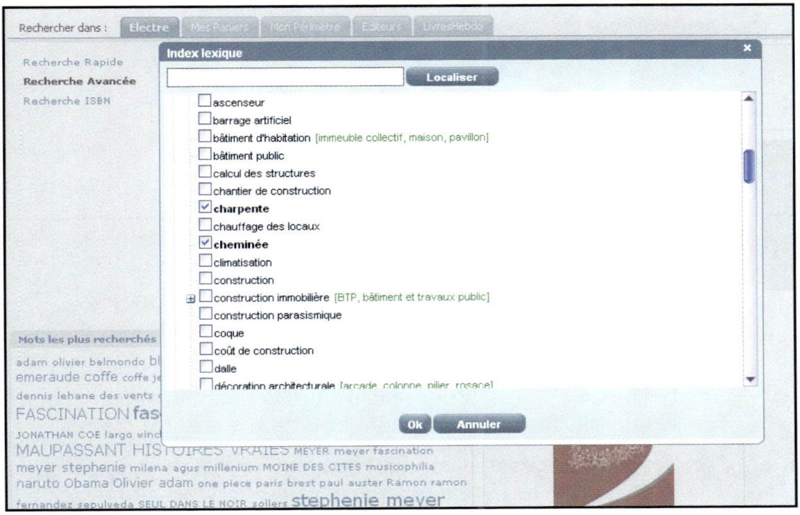

Figure 2.36.

En cliquant sur Rechercher, vous obtenez le résultat affiché Figure 2.37.

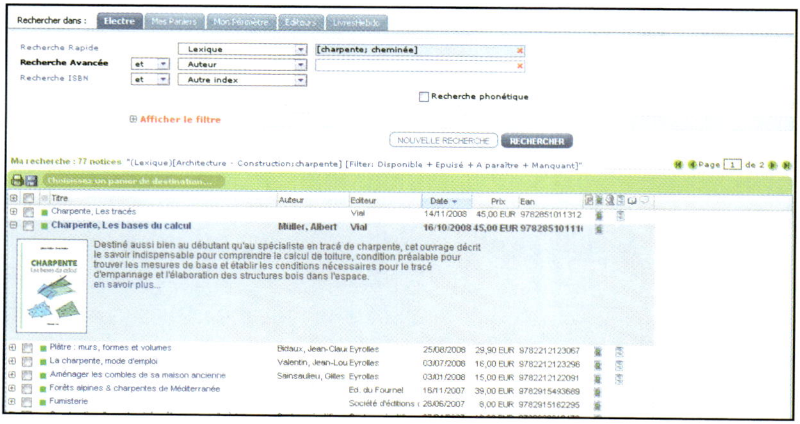

Figure 2.37.

Résultats correspondant aux ouvrages professionnels, universitaires et de vulgarisation concernant les charpentes et les cheminées.

TRUC

Gagnez du temps ! Pour lancer une recherche, vous pouvez cliquer sur Rechercher ou taper Entrée sur votre clavier !

Vous pouvez également effectuer une recherche Lexique en spécifiant le terme précis que vous recherchez afin de le localiser. Il apparaît alors en surbrillance (Figure 2.38).

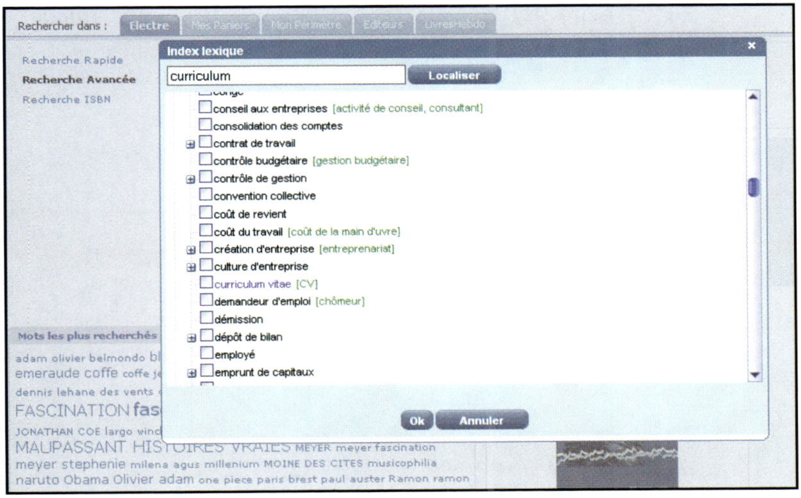

Figure 2.38.

Dans cet exemple, vous pouvez indifféremment introduire les termes « curriculum », « curriculum vitae », « vitae » ou « cv ». Les mots apparaissant en vert sont des renvois. Cette méthode suppose que vous êtes familiarisé avec les termes des lexiques.

Les lexiques Electre constituent un thésaurus professionnel de 3 664 entrées.

La recherche Thème

Il s'agit d'une recherche par un ou plusieurs thèmes (domaines de connaissance).

Exemple de recherche avancée par Thème (Figure 2.39) : « Contes et légendes en littérature jeunesse » (fiction de 0 à 13 ans).

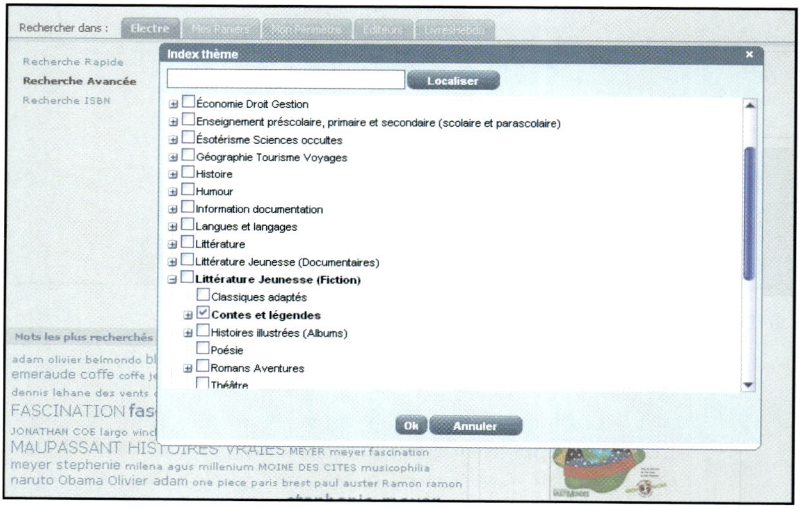

Figure 2.39.

Afin de limiter le bruit documentaire, il peut être judicieux de combiner une recherche par thème avec un autre index comme le sujet, par exemple (Figure 2.40).

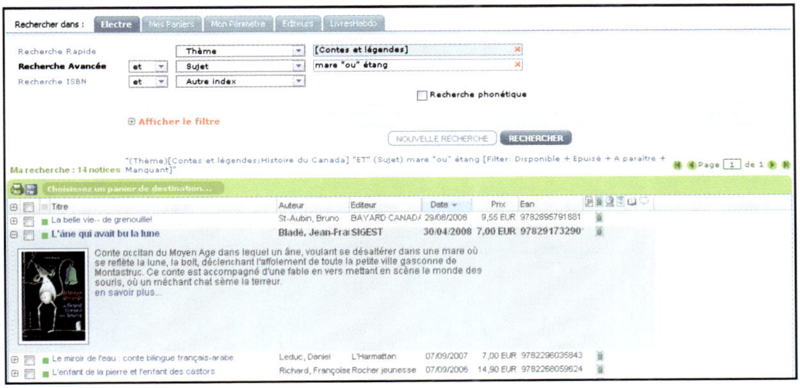

Figure 2.40.

Résultats correspondant aux contes et légendes en littérature de jeunesse (fiction de 0 à 13 ans) liés aux termes « mare » “OU” « étang ».

Vous pouvez effectuer une recherche avancée par Thème en introduisant le terme recherché afin de le localiser. Il apparaît alors en surbrillance (Figure 2.41).

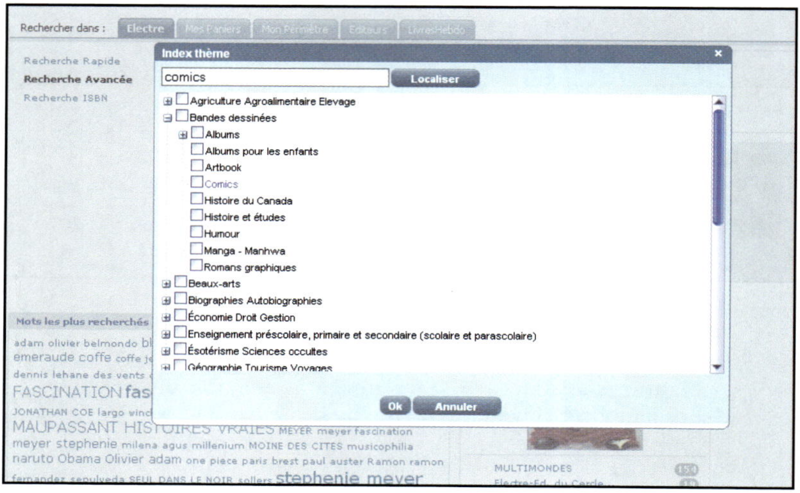

Figure 2.41.

Cette méthode suppose que vous êtes familiarisé avec les termes des thèmes, ce qui est également valable dans les autres recherches liées aux index systématiques (Lexique, Genre, Dewey, etc.).

NOTE TECHNIQUE

L'index Electre Thème inclut 191 autorités.

La recherche Genre

Il s'agit d'une recherche par un ou plusieurs genres de livres (Figure 2.42).

C'est un classement par domaines commerciaux, essentiellement utilisé par les librairies.

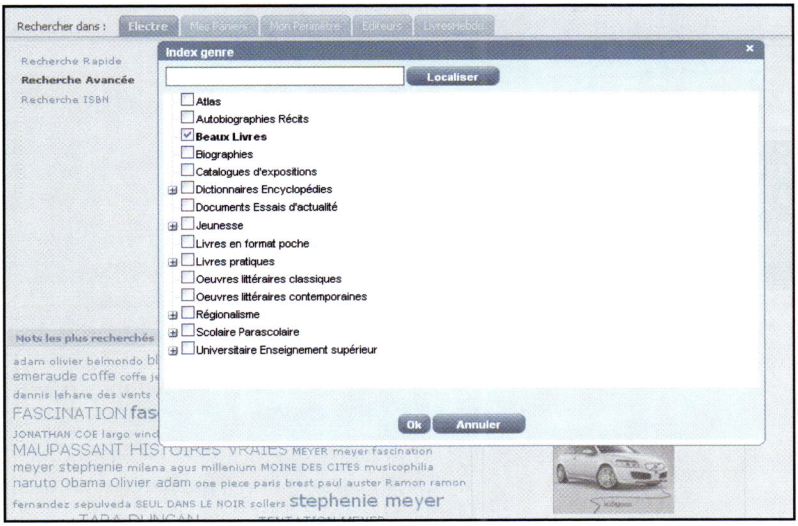

Figure 2.42.

Afin de limiter le bruit documentaire, il peut être judicieux de combiner une recherche par genre avec un autre index comme le sujet par exemple.

Exemple de recherche avancée par Genre : « Catalogues d'expositions » "ET" Sujet « claudel rodin », 2 notices trouvées (Figure 2.43).

Figure 2.43.

Résultats correspondant aux catalogues d'expositions contenant les termes « claudel » "ET" « rodin » en sujet.

Vous pouvez effectuer une recherche avancée par genre en introduisant le terme recherché afin de le localiser. Il apparaît alors en surbrillance (Figure 2.44).

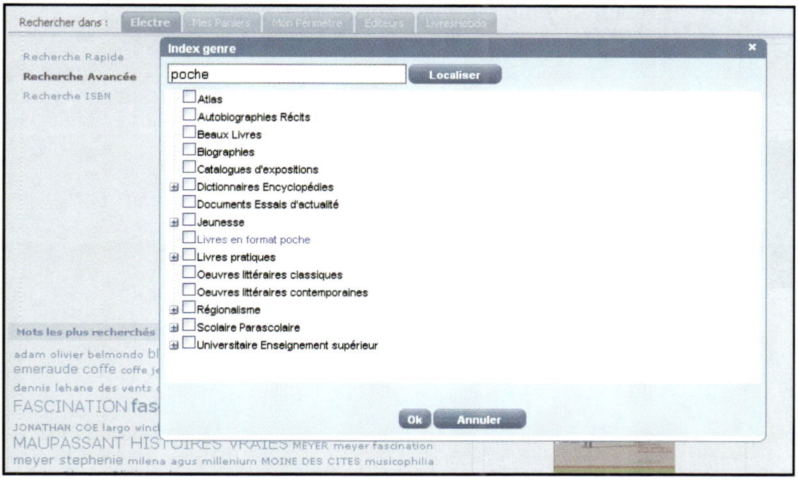

Figure 2.44.

Cette méthode suppose que vous êtes familiarisé avec les termes de l'index Genre.

L'index Electre Genre inclut 94 autorités.

La recherche ISBN/EAN

Il s'agit d'une recherche par un numéro ISBN ou EAN.

Le moteur de recherche Electre reconnaît les codes ISBN à 10 ou 13 chiffres, avec ou sans tirets, ainsi que les codes EAN (codes-barres).

Il est possible de saisir les codes EAN à l'aide de la douchette.

Exemple de recherche avancée ISBN/EAN : « 9782748900729 », 1 notice trouvée (Figure 2.45).

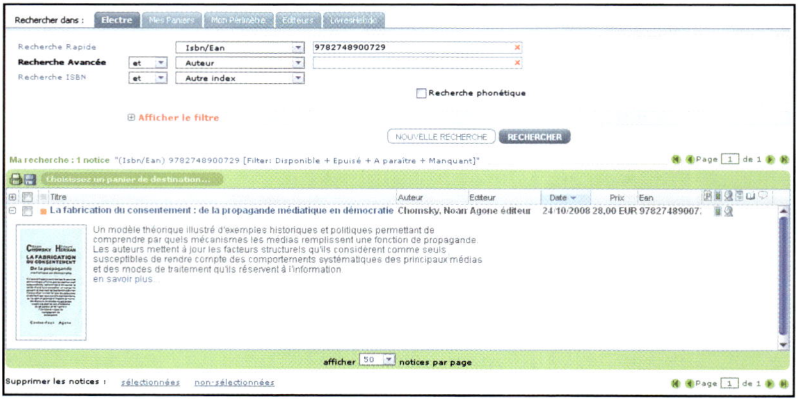

Figure 2.45.

Résultat correspondant à l'ouvrage dont le code EAN est « 9782748900729 ».

TRUC

Savez-vous que vous pouvez effectuer une recherche ISBN ou EAN à 10 ou 13 chiffres, avec ou sans tirets ? Vous pouvez également effectuer cette recherche directement dans la zone de Recherche rapide.

NOTE TECHNIQUE

L'ISBN (International Standard Book Number) ou Numéro international normalisé du livre est un numéro qui permet d'identifier de manière unique chaque livre publié. Ce code, délivré par l'AFNIL (Agence francophone pour la numérotation internationale du livre), est confondu depuis le 1er janvier 2007 avec le code EAN (European Article Numbering) à 13 chiffres correspondant au code-barres de chaque ouvrage référencé.

La recherche Table des matières

Il s'agit d'une recherche par un ou plusieurs termes inclus dans la table des matières.

Afin d'éviter le bruit documentaire, la recherche rapide n'inclut pas la table des matières.

Il s'agit d'une information fournie par l'éditeur.

La table des matières est systématiquement indexée pour les ouvrages scientifiques, techniques, de médecine, de droit, de gestion et de management.

Il est judicieux d'utiliser la table des matières pour trouver les ouvrages traitant d'un sujet rare.

Exemple de recherche avancée par la Table des matières : « apgar », 50 notices (Figure 2.46).

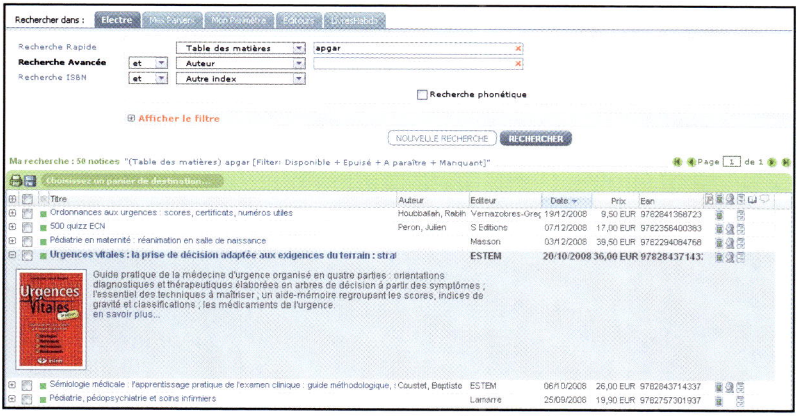

Figure 2.46.

Résultats correspondant aux ouvrages contenant le terme « apgar » dans leur table des matières.

Vous pouvez consulter ces tables des matières en cliquant sur le lien dans les notices (Figure 2.47).

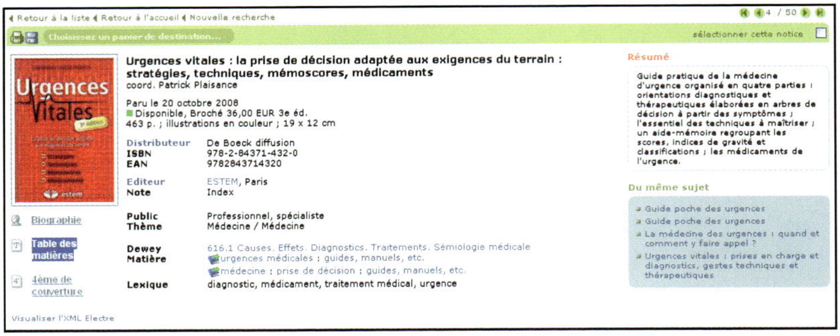

Figure 2.47.

Ce lien ouvre la table des matières (Figure 2.48).

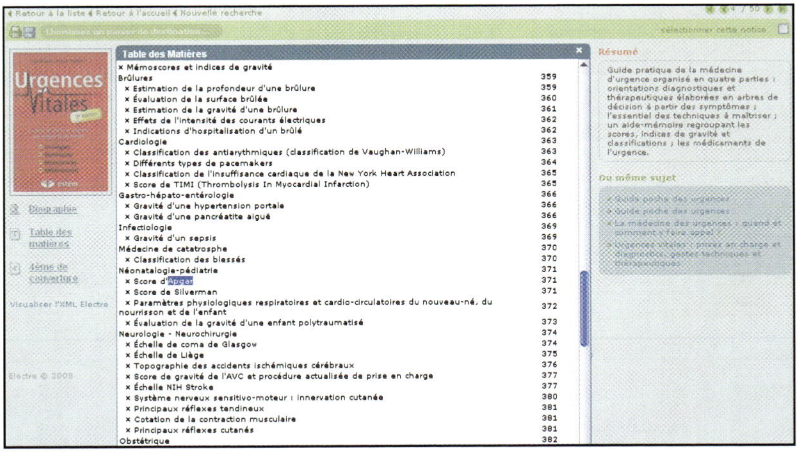

Figure 2.48.

TRUC

Dans une table des matières, la combinaison de touches Ctrl + F (recherche) permet d'identifier l'emplacement du terme recherché. Ici, cet ouvrage traite du score d'Apgar page 371. La combinaison Ctrl + F fonctionne sous toutes les interfaces d'un environnement Windows.

La recherche Support

Il s'agit d'une recherche par un ou plusieurs supports.

Exemple de recherche avancée Support : « Livre pour le bain » (Figure 2.49).

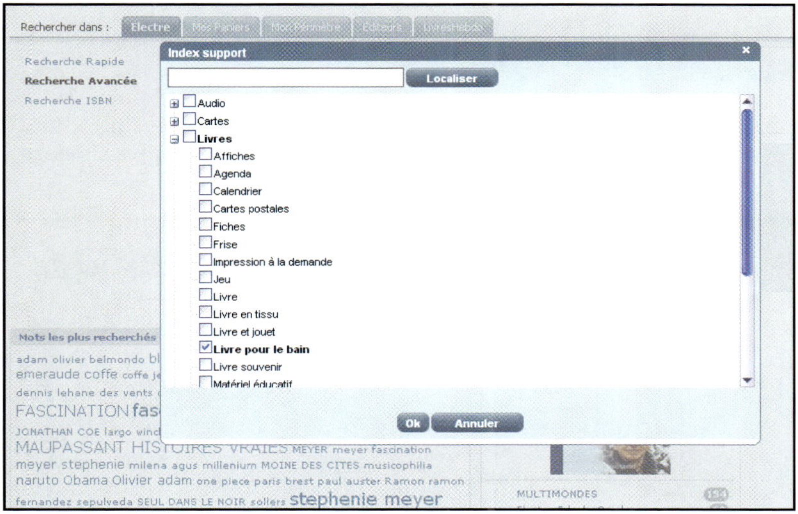

Figure 2.49.

En cliquant sur OK (ou en tapant Entrée), vous obtenez le résultat de votre recherche (Figure 2.50).

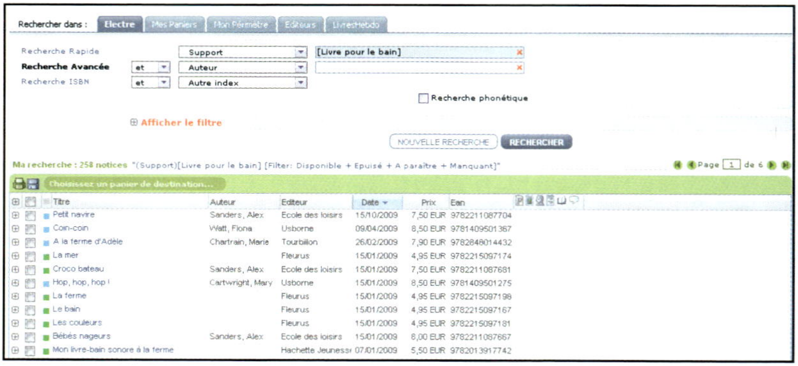

Figure 2.50.

Vous pouvez effectuer une recherche Support en introduisant le terme recherché afin de le localiser. Il apparaît alors en surbrillance (Figure 2.51).

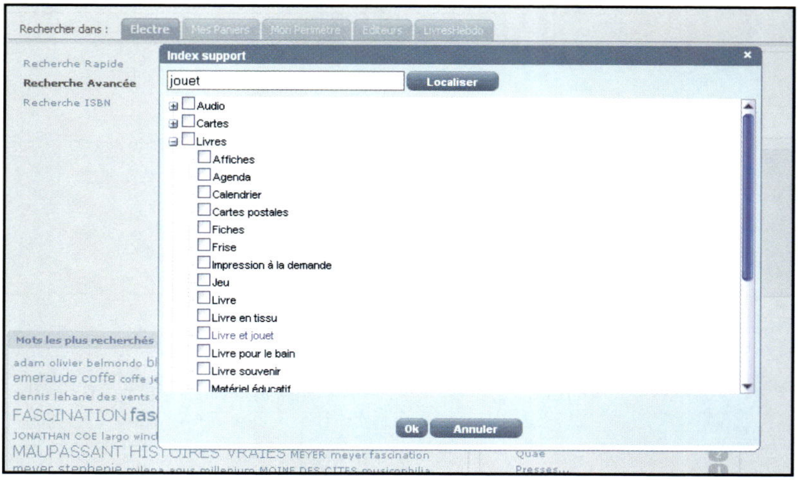

Figure 2.51.

Cette méthode suppose que vous êtes familiarisé avec les termes de l'index Support.

L'index Electre Support recense les différentes descriptions physiques d'un ouvrage et inclut 84 autorités.

La recherche Prix littéraires

La recherche par prix littéraires est en cours de développement. Néanmoins, vous pouvez déjà retrouver selon cette information en mentionnant littéralement celle-ci dans la Recherche rapide. Exemple de Recherche rapide : « prix goncourt 2004 ».

La recherche par ISBN/EAN

Les codes ISBN ou EAN sont fondamentaux dans le référencement Electre (Figure 2.52).

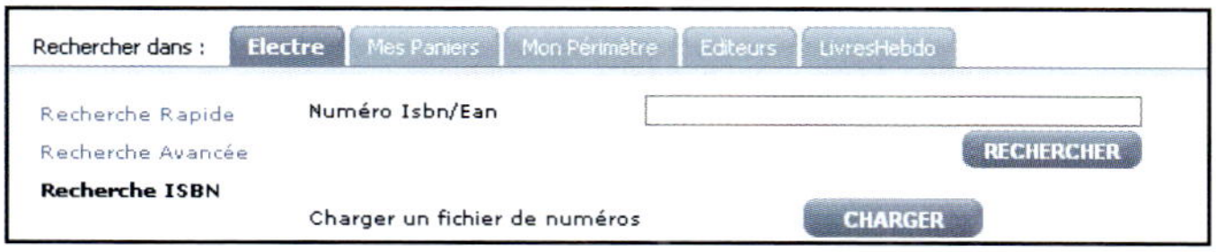

Figure 2.52.

La zone de recherche ISBN/EAN :

- permet une recherche par ISBN ou par EAN ;
- reconnaît les codes ISBN à 10 et 13 chiffres ;
- reconnaît les codes avec ou sans tirets ;
- permet l'utilisation de la *douchette* (lecteur optique de code-barres) pour saisir des codes EAN « à la volée ».

TRUC

Notez que lorsque vous introduisez le code ISBN ou EAN d'un ouvrage ancien qui a été réédité entre-temps, le moteur de recherche Electre vous propose automatiquement la dernière édition du titre (Figure 2.53).

Figure 2.53.

Lorsque vous saisissez plusieurs codes à la volée, vérifiez que votre douchette a bien identifié le code à 13 chiffres.

La zone de recherche Charger un fichier de numéros permet le chargement d'un fichier de numéros ISBN ou EAN. Electre reconnaît la majorité des formats courants de fichiers (*.doc, *.xls, *.dbf, *.txt, etc.).

Vous avez par exemple le fichier Excel représenté Figure 2.54.

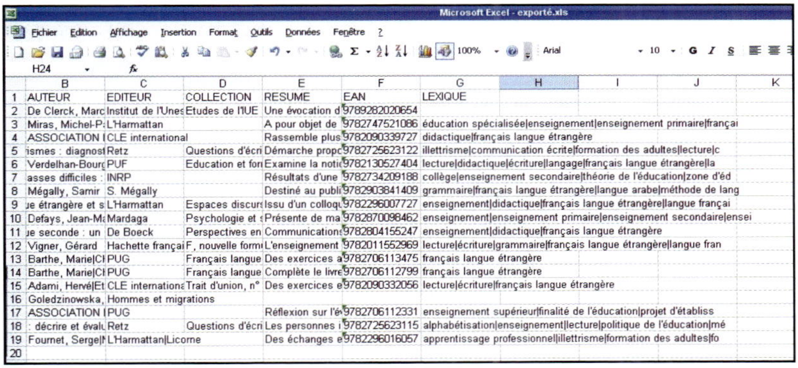

Figure 2.54.

Ce fichier, qui comporte une colonne EAN, peut être intégré dans le moteur de recherche Electre grâce à la fonction Charger un fichier de numéros. Vous obtenez la fenêtre de la Figure 2.55.

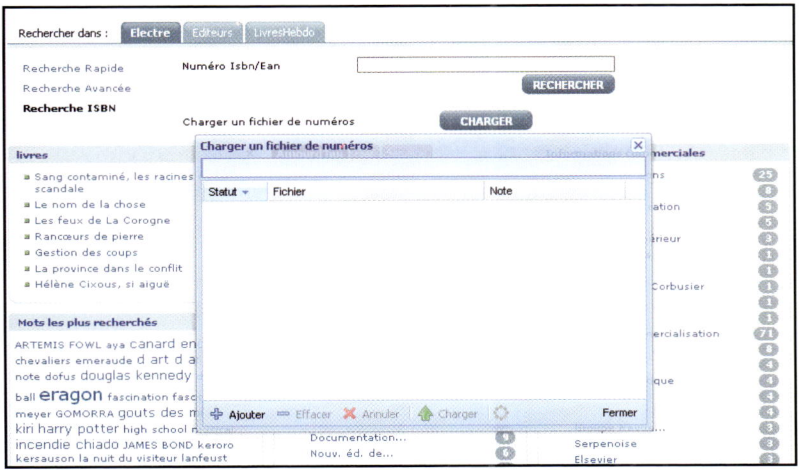

Figure 2.55.

En cliquant sur le bouton + Ajouter, vous êtes invité à spécifier le fichier contenant des codes ISBN ou EAN.

Vous avez la possibilité d'ajouter ou de retirer un ou plusieurs autres fichiers en une fois.

En cliquant sur le bouton Charger, le moteur de recherche Electre identifie les codes ISBN ou EAN contenus dans chaque fichier spécifié (Figure 2.56).

Figure 2.56.

Notez que, lorsqu'un ouvrage a été réédité, le moteur de recherche Electre vous propose également la dernière édition de ce titre.

Il est possible de combiner des ouvrages « douchés » avec des fichiers chargés.

3

Affiner les résultats de recherche

Dans ce chapitre :

- Affiner les résultats de recherches rapide, avancée et ISBN/EAN : les ventilateurs.
- Outils d'affinage spécifiques à la recherche avancée : les filtres.

Vous êtes devant la porte d'une grande librairie ou d'une grande bibliothèque. Passé l'entrée, vous vous dirigez vers le secteur, le rayon, l'étage, etc., contenant les ouvrages que vous recherchez. Vous parvenez progressivement aux titres précis recherchés.

Electre vous propose, virtuellement, de suivre le même chemin et met à votre disposition plusieurs outils pour parvenir à une bibliographie pertinente.

Affiner les résultats de recherches rapide, avancée ou ISBN/EAN : les ventilateurs

Les *ventilateurs* sont des outils qui s'activent automatiquement lorsque vous appelez un résultat. Le fonctionnement est le même que vous fassiez une recherche rapide, avancée ou ISBN/EAN.

ATTENTION

Le principe des ventilateurs consiste à trier (ventiler) vos résultats de recherche pour dégager une sélection bibliographique réduite correspondant à votre attente.

Par exemple, vous effectuez une Recherche rapide « victor hugo » (Figure 3.1).

Figure 3.1.

Vous obtenez 1 309 notices contenant ces termes. Comme il s'agit d'une Recherche rapide, les termes « victor hugo » sont recherchés dans tous les champs des notices (pas uniquement en Auteur). L'espace entre les deux termes est considéré comme l'opérateur booléen « ET ».

Le ventilateur permet d'isoler rapidement parmi ces 1 309 notices concernant de près ou de loin Victor Hugo les ouvrages de fiction destinés à la jeunesse (de 0 à 13 ans,

108 notices), les beaux livres (36 notices), les bandes dessinées (22 notices), etc.

Cet exemple de recherche sera repris tout au long des chapitres liés à la ventilation (Figure 3.2).

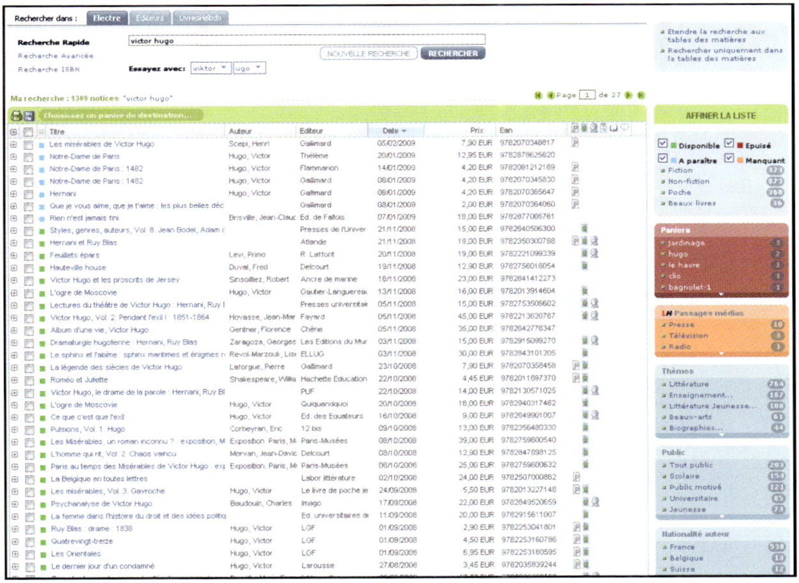

Figure 3.2.

Les ventilateurs sont les bandeaux de couleurs bleue, orange et rouge situés à droite des résultats de recherche.

Notez que les ventilations sont triées par importance de représentation. Dans l'exemple ci-dessus, les titres Tout public liés à Victor Hugo sont les plus nombreux, avant les titres scolaires, etc. Dans le cas où un ventilateur contiendrait plusieurs champs, le moteur de recherche Electre restituera par défaut les champs les plus significatifs en vous offrant la possibilité de dérouler les moins représentés.

La ventilation par disponibilité, par catégorie et par format

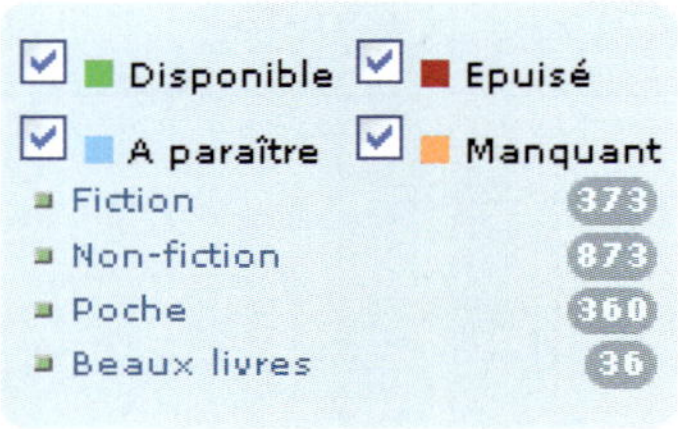

Figure 3.3.

Ce ventilateur (Figure 3.3)vous permet de limiter vos recherches suivant la disponibilité des ouvrages. Vous pouvez ainsi limiter votre recherche uniquement aux ouvrages disponibles et à paraître en décochant les cases Epuisé et Manquant.

Les ouvrages repérés par le carré vert sont les ouvrages disponibles.

Les ouvrages repérés par le carré bleu sont les ouvrages annoncés. La date de parution prévue est mentionnée dans les vues Liste et Notice.

Les ouvrages repérés par le carré orange sont les ouvrages indisponibles provisoirement (généralement en réimpression ou en attente de nouvelle édition).

Les ouvrages repérés par le carré rouge, Epuisé, sont les ouvrages à plus long terme ou définitivement indisponibles.

Ce ventilateur vous permet également de distinguer et de quantifier les ouvrages de fiction (littérature romanesque), les documents (livres de vulgarisation, universitaires ou professionnels), les ouvrages au format poche ou les beaux livres.

La ventilation par Paniers

Lors d'une recherche, electre.com vous permet d'identifier rapidement les éventuels paniers contenant des notices incluses dans votre résultat (Figure 3.4).

Figure 3.4.

Ce ventilateur vous permet d'isoler les paniers contenant un ou plusieurs titres inclus dans votre résultat de recherche. La ou les quantités sont spécifiées. Vous trouverez dans la quatrième partie, *Traiter et développer les résultats*, Chapitre 2, « Les paniers », toutes les explications relatives au fonctionnement des paniers.

La petite flèche située au bas de cette case indique qu'il existe davantage de paniers. Vous visualisez tous les paniers triés par ordre décroissant de quantités en cliquant sur cette flèche.

La ventilation par Passages médias

Le nouveau site Electre vous permet d'identifier les éventuels passages dans les médias des ouvrages correspondant au résultat de votre recherche. Cette information est issue de *Livres Hebdo* et est accessible aux abonnés du magazine.

La ventilation est classée par ordre décroissant de quantités (Figure 3.5). La petite flèche située au bas de cette case indique qu'il existe davantage de médias.

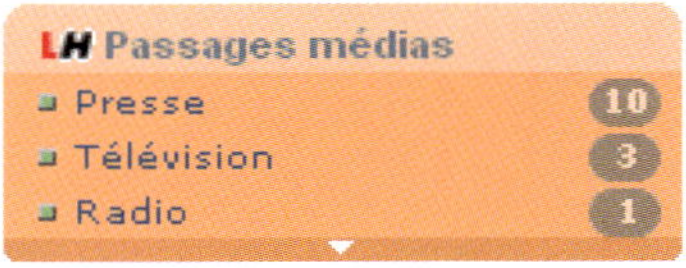

Figure 3.5.

Parmi ces médias, *Livres Hebdo* distingue la presse, la télévision, la radio et Internet. Vous visualisez tous les médias en cliquant sur cette flèche.

Notre exemple indique que 10 notices de ce résultat de recherche ont fait l'objet d'un passage dans la presse. En cliquant sur ce lien, la liste des résultats est réduite à ces 10 notices (Figure 3.6).

Figure 3.6.

Le ventilateur étant toujours activé, il permet de spécifier les titres des médias concernés.

Dans notre exemple, 4 notices parmi ces 10 résultats ont fait l'objet d'un article dans le magazine *Le Nouvel Observateur*. Vous visualisez tous les titres en cliquant sur la flèche située au bas de la case Passages médias (Figure 3.7).

Figure 3.7.

En cliquant sur le lien *Le Nouvel Observateur*, vous accédez à un nouveau résultat correspondant aux notices ayant fait l'objet d'un article dans ce magazine (Figure 3.8).

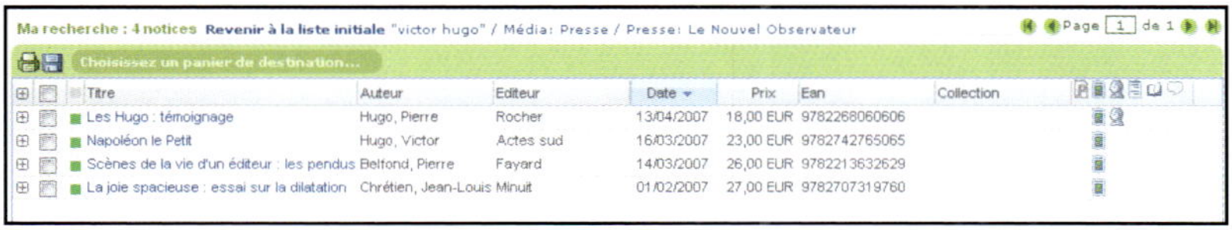

Figure 3.8.

En cliquant sur un titre, vous accédez à une notice présentant (entre autres) le détail des passages de celle-ci dans les médias (Figure 3.9).

Figure 3.9.

Vous visualisez l'agenda Médias en haut à droite de votre page.

La ventilation par Meilleures ventes

Nous utiliserons exceptionnellement la recherche rapide « blas de roblès » (Figure 3.10).

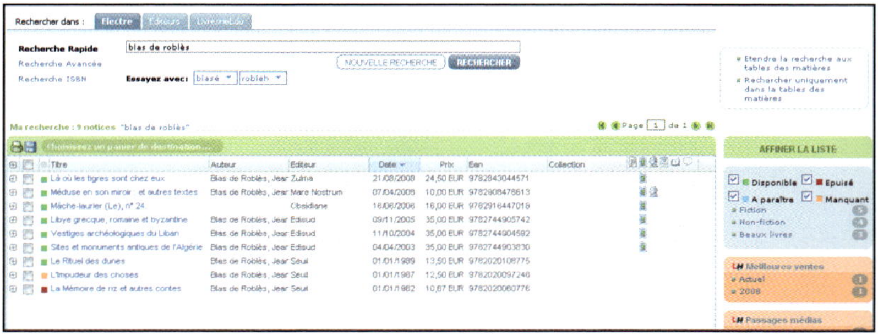

Figure 3.10.

Le ventilateur Meilleures ventes (information fournie par *Livres Hebdo*) vous informe :

- si un ouvrage de cet auteur fait partie des meilleures ventes actuelles ;
- si un ouvrage de cet auteur a fait partie des meilleures ventes en 2008.

Dans ce cas, il peut s'agir du même ouvrage.

Cliquer sur Actuel vous permet de connaître le ou les ouvrages concernés par les Meilleures ventes actuelles (Figure 3.11).

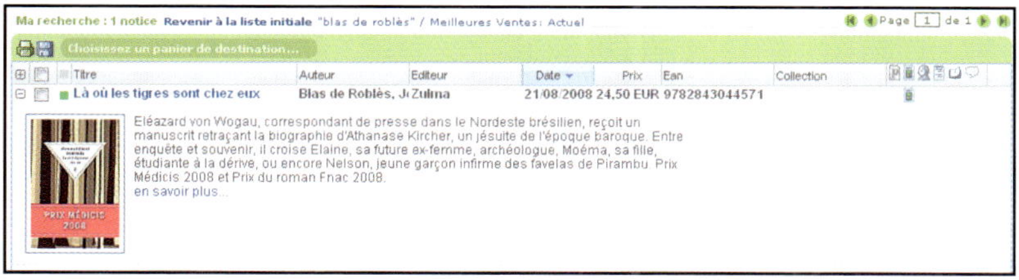

Figure 3.11.

La notice vous permet enfin de connaître l'évolution des ventes de ce titre (Figure 3.12).

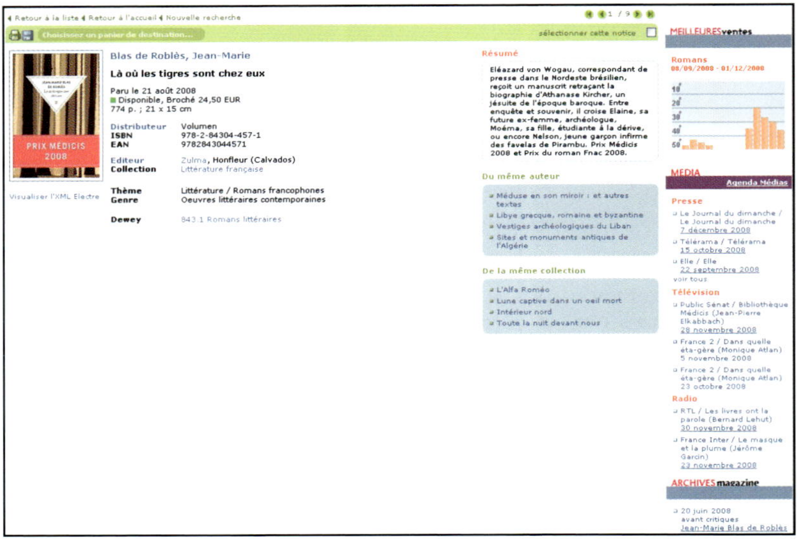

Figure 3.12.

Dans cet exemple, vous visualisez un histogramme présentant les meilleures ventes. Notez également la large couverture médiatique de cet ouvrage ainsi que la présence d'un article dans les archives de *Livres Hebdo*.

La ventilation par Thèmes

Ce ventilateur (Figure 3.13) vous permet d'isoler les titres correspondant à un thème précis. La signification des thèmes est détaillée dans le Chapitre 2, « Rechercher un titre ou une bibliographie », de cette partie.

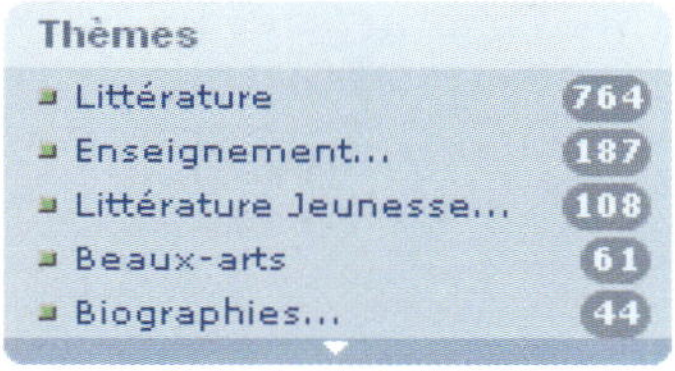

Figure 3.13.

TRUC

La petite flèche située au bas de cette case indique qu'il existe davantage de thèmes. Vous visualisez tous les thèmes triés par ordre décroissant de quantités en cliquant sur cette flèche Figure 3.14).

Figure 3.14.

Dans notre exemple, vous pouvez isoler les 108 notices en Littérature Jeunesse (Fiction) contenant les termes « victor hugo ».

Ces 108 notices isolées, vous pouvez à nouveau les ventiler par sous-niveaux de thème pour obtenir une bibliographie affinée (Figure 3.15).

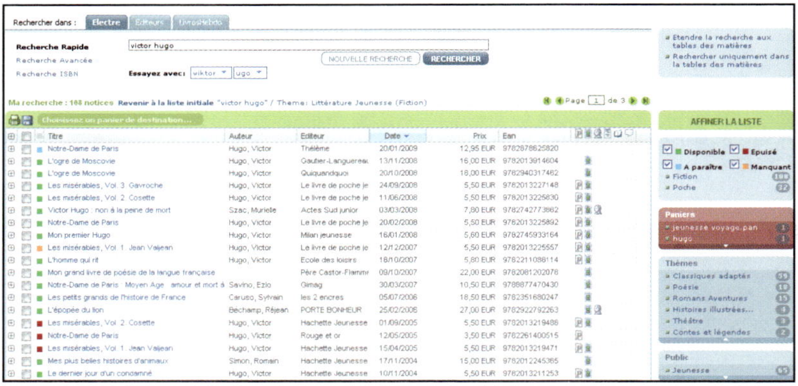

Figure 3.15.

En cliquant sur le lien Poésie, vous parvenez à 18 titres de recueils, liés de près ou de loin à Victor Hugo, destinés à un public jeunesse (de 0 à 13 ans).

Vous pouvez enfin limiter le résultat aux notices disponibles en décochant les champs A paraître, Epuisé et Manquant dans le ventilateur dédié (Figure 3.16).

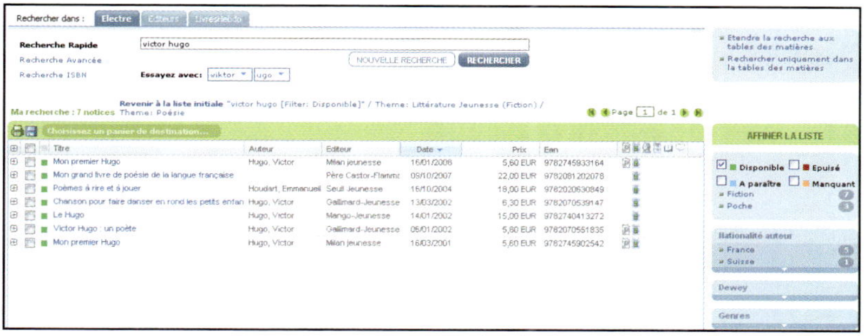

Figure 3.16.

La ventilation par Public

Ce ventilateur (Figure 3.17) vous permet d'isoler les ouvrages destinés à un public identifié.

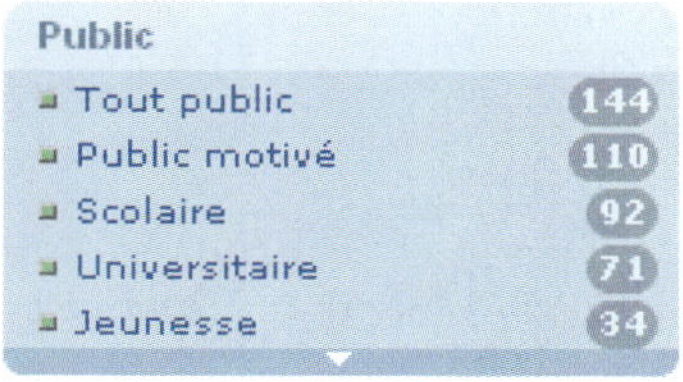

Figure 3.17.

Parmi les publics, Electre distingue les champs suivants :

- autoformation (tous niveaux, débutants et perfectionnement) ;
- professionnel, spécialiste ;
- formation (niveau de lecture : tous niveaux, niveau 3e, niveau Bac, niveau Bac+2 ;

- jeunesse (0 à 3 ans, 3 à 6 ans, 6 à 9 ans, 9 à 13 ans, tous) ;
- grands caractères ;
- scolaire (maternelle, primaire, secondaire, technique et commercial, collège, CAP et BEP, lycée, lycée technique, lycée professionnel) ;
- tout public ;
- public motivé (ouvrages de vulgarisation) ;
- universitaire (niveau universitaire, cycles courts, BTS, 1er cycle–prépas et DEUG, 1er et 2e cycles, 2e cycle, 3e cycle et recherche).

ATTENTION

La petite flèche située au bas de cette case indique qu'il existe davantage de publics concernés. Vous visualisez tous les publics triés par ordre décroissant de quantités en cliquant sur cette flèche (Figure 3.18).

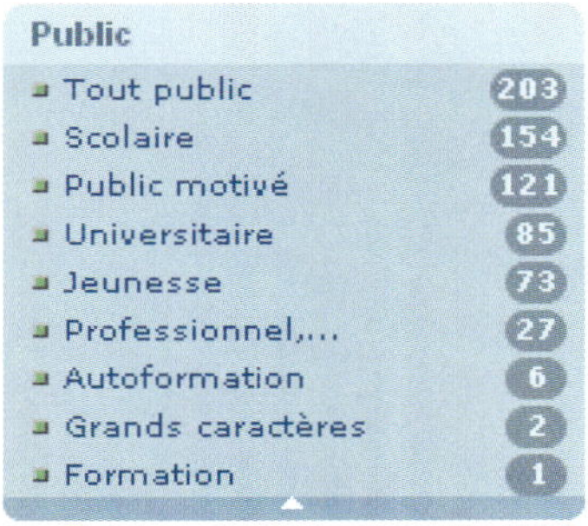

Figure 3.18.

Dans cet exemple, il est possible d'identifier les deux ouvrages liés de près ou de loin à Victor Hugo imprimés en grands caractères (Figure 3.19).

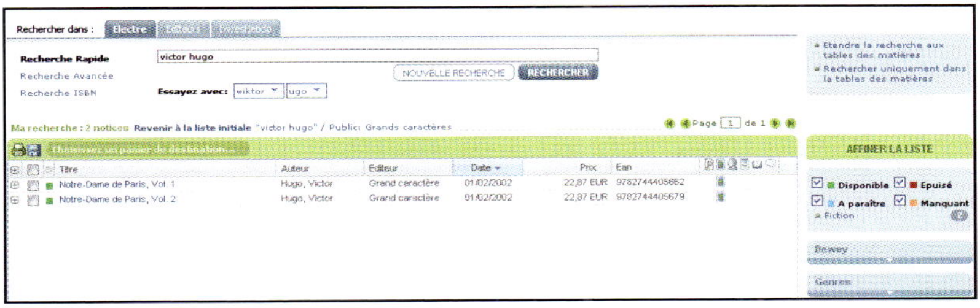

Figure 3.19.

La ventilation par Auteur

Comme nous effectuons une recherche « victor hugo » en Recherche rapide, il est fort possible que plusieurs titres ne soient pas des ouvrages de l'auteur de *Ruy Blas* mais des essais, des biographies ou tout autre titre lié à l'écrivain. La ventilation par Auteur (Figure 3.20) permet d'isoler l'auteur correspondant à votre choix.

Figure 3.20.

Cliquer sur Drouet, Juliette permet de visualiser les ouvrages de la maîtresse de Victor Hugo (Figure 3.21).

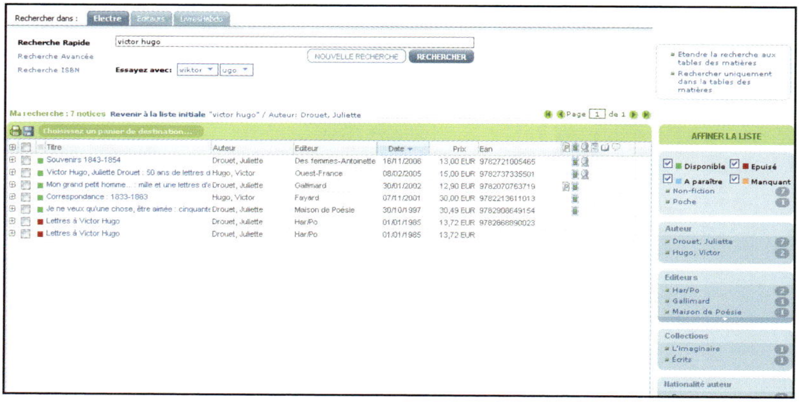

Figure 3.21.

Dans ce résultat, nous voyons quelques titres auxquels Victor Hugo a également collaboré avec Juliette Drouet, comme leur correspondance.

La ventilation par Editeurs

Electre vous offre la possibilité d'isoler les ouvrages par Éditeurs (Figure 3.22). En cliquant par exemple sur l'éditeur Honoré Champion, vous accédez aux ouvrages de cet éditeur liés à « victor hugo » (Figure 3.23).

Figure 3.22.

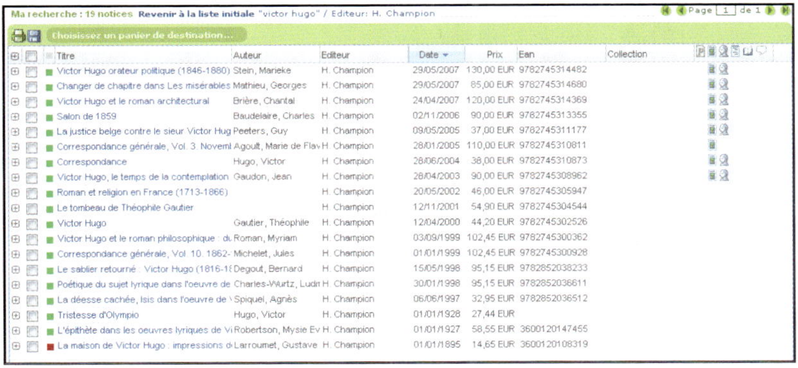

Ma recherche : 19 notices Revenir à la liste initiale "victor hugo" / Editeur: H. Champion Page 1 de 1

Choisissez un panier de destination...

Titre	Auteur	Editeur	Date	Prix	Ean	Collection
Victor Hugo orateur politique (1846-1880)	Stein, Marieke	H. Champion	29/05/2007	130,00 EUR	9782745314482	
Changer de chapitre dans Les misérables	Mathieu, Georges	H. Champion	29/05/2007	85,00 EUR	9782745314680	
Victor Hugo et le roman architectural	Brière, Chantal	H. Champion	24/04/2007	120,00 EUR	9782745314369	
Salon de 1859	Baudelaire, Charles	H. Champion	02/11/2006	90,00 EUR	9782745313355	
La justice belge contre le sieur Victor Hug	Peeters, Guy	H. Champion	09/05/2005	37,00 EUR	9782745311177	
Correspondance générale, Vol. 3. Novem!	Agoult, Marie de Flav	H. Champion	28/01/2005	110,00 EUR	9782745310811	
Correspondance	Hugo, Victor	H. Champion	28/06/2004	38,00 EUR	9782745310873	
Victor Hugo, le temps de la contemplation	Gaudon, Jean	H. Champion	28/04/2003	90,00 EUR	9782745308962	
Roman et religion en France (1713-1866)		H. Champion	20/05/2002	46,00 EUR	9782745305947	
Le tombeau de Théophile Gautier		H. Champion	12/11/2001	54,90 EUR	9782745304544	
Victor Hugo	Gautier, Théophile	H. Champion	12/04/2000	44,20 EUR	9782745302526	
Victor Hugo et le roman philosophique : du	Roman, Myriam	H. Champion	03/09/1999	102,45 EUR	9782745300362	
Correspondance générale, Vol. 10. 1862-	Michelet, Jules	H. Champion	01/01/1999	102,45 EUR	9782745300928	
Le sablier retourné : Victor Hugo (1816-18	Degout, Bernard	H. Champion	15/05/1998	95,15 EUR	9782852038233	
Poétique du sujet lyrique dans l'oeuvre de	Charles-Wurtz, Ludm	H. Champion	30/01/1998	95,15 EUR	9782852036611	
La déesse cachée, Isis dans l'oeuvre de V	Spiquel, Agnès	H. Champion	06/06/1997	32,95 EUR	9782852036512	
Tristesse d'Olympio	Hugo, Victor	H. Champion	01/01/1928	27,44 EUR		
L'épithète dans les oeuvres lyriques de Vi	Robertson, Mysie Ev	H. Champion	01/01/1927	58,55 EUR	3600120147455	
La maison de Victor Hugo : impressions d	Larroumet, Gustave	H. Champion	01/01/1895	14,65 EUR	3600120108319	

Figure 3.23.

Vous obtenez 19 notices.

La ventilation par Collections

Electre vous offre la possibilité d'isoler les ouvrages par Collections. Si vous cliquez sur la collection « Librio » (Figure 3.24), vous accédez aux ouvrages de cette collection liés à Victor Hugo (Figure 3.25).

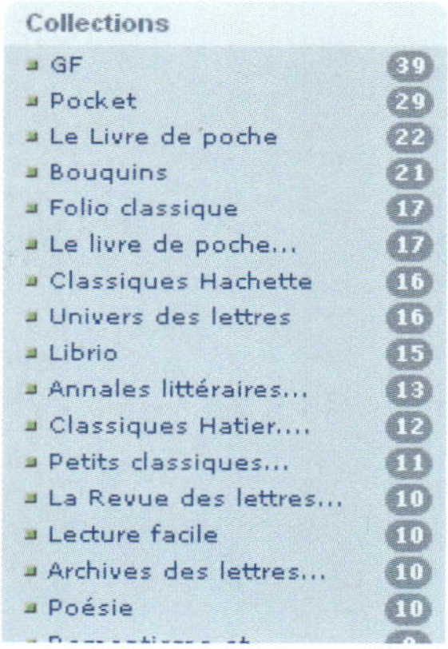

Figure 3.24.

Ma recherche : 15 notices Revenir à la liste initiale "victor hugo" / Collections: Librio — Page 1 de 1

Choisissez un panier de destination...

Titre	Auteur	Editeur	Date	Prix	Ean	Collection
Le roi Lear	Shakespeare, William	Librio	15/05/2008	2,00 EUR	9782290343746	
Hamlet	Shakespeare, William	Librio	15/03/2008	2,00 EUR	9782290335291	
Hernani	Hugo, Victor	Librio	15/03/2008	2,00 EUR	9782290354513	
Othello	Shakespeare, William	Librio	15/03/2008	2,00 EUR	9782290338889	
Macbeth	Shakespeare, William	Librio	15/03/2008	2,00 EUR	9782290339138	
Le songe d'une nuit d'été	Shakespeare, William	Librio	17/08/2007	2,00 EUR	9782290003954	
Ruy Blas	Hugo, Victor	Librio	19/08/2005	2,00 EUR	9782290348666	
Lucrèce Borgia	Hugo, Victor	Librio	01/12/2004	2,00 EUR	9782290335222	
Richard III	Shakespeare, William	Librio	10/08/2004	2,00 EUR	9782290339084	
Le dernier jour d'un condamné	Hugo, Victor	Librio	25/11/2003	2,00 EUR	9782290334751	
Le livre de la paix intérieure		Librio	25/09/2003	2,00 EUR	9782290336786	
Roméo et Juliette	Shakespeare, William	Librio	23/09/2003	2,00 EUR	9782290334829	
La légende des siècles : morceaux choisis	Hugo, Victor	Librio	15/05/2003	2,00 EUR	9782290334713	
La dimension fantastique, Vol. 3. Dix nouv		Librio	15/05/2003	2,00 EUR	9782290334706	
Le dernier jour d'un condamné	Hugo, Victor	Librio	16/07/2001	2,00 EUR	9782290314784	

Figure 3.25.

Vous obtenez 15 notices.

La ventilation par Nationalité d'auteur

Electre vous permet d'isoler des auteurs par Nationalité (Figure 3.26). En cliquant sur Egypte, vous accédez aux ouvrages d'auteurs égyptiens liés à Victor Hugo (Figure 3.27).

Figure 3.26.

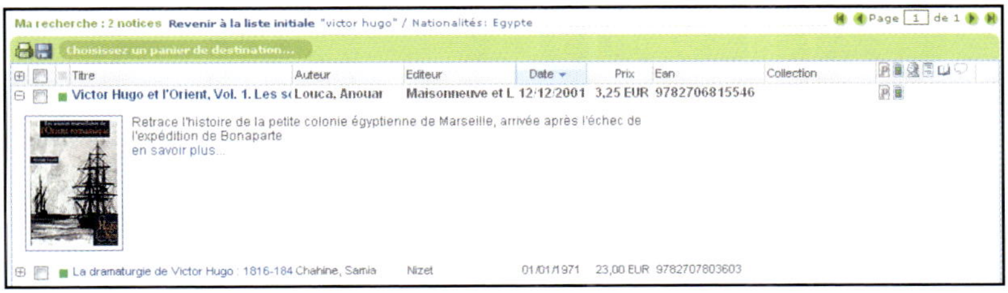

Figure 3.27.

Vous obtenez 2 notices.

La ventilation par Langue originale

Electre vous permet d'isoler les ouvrages en fonction de leur langue d'origine (Figure 3.28). En cliquant sur Espagnol, vous accédez aux ouvrages traduits de cette langue et liés à Victor Hugo (Figure 3.29).

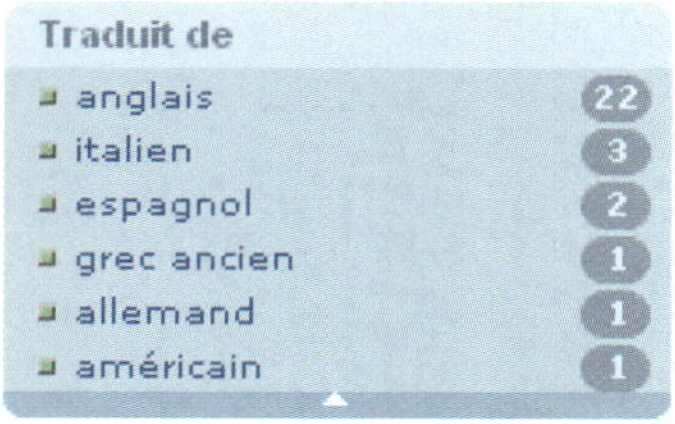

Figure 3.28.

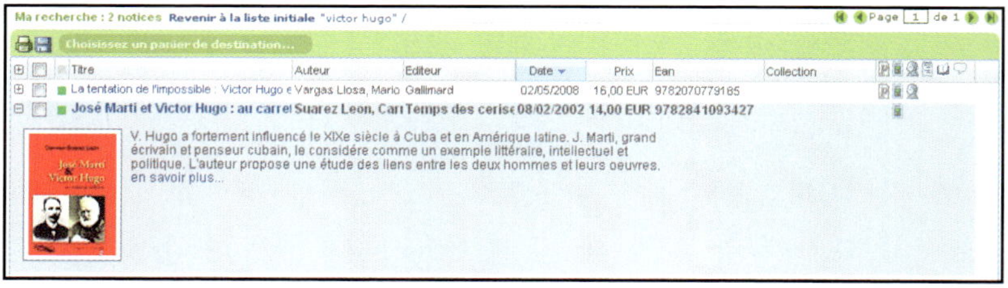

Figure 3.29.

Vous obtenez 2 notices.

La ventilation par Auteur en sujet

Ce ventilateur (Figure 3.30) vous permet d'isoler les ouvrages dont un auteur est cité en sujet du livre. Dans notre cas, Hugo, Victor apparaît à plusieurs reprises car, à chaque fois, il est lié à un contexte comme un titre. C'est-à-dire qu'un sujet peut être précisément *Les Misérables* de Victor Hugo.

Figure 3.30.

TRUC

Pour connaître ce contexte, il vous suffit de survoler le lien avec le curseur. Dans notre cas, le premier lien (273 notices) correspond aux ouvrages dont Victor Hugo en tant que personnage apparaît en sujet. Le second lien correspond aux ouvrages dont *Les Misérables* de Victor Hugo apparaît en sujet (Figure 3.31).

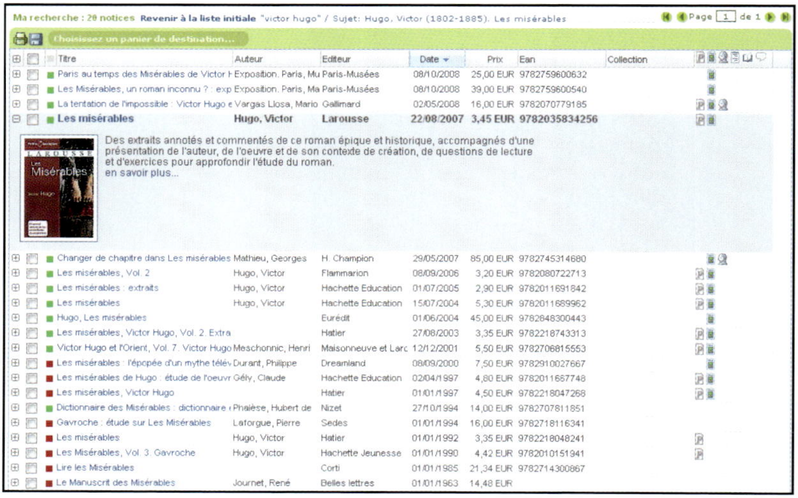

Ma recherche : 20 notices Revenir à la liste initiale "victor hugo" / Sujet: Hugo, Victor (1802-1885). Les misérables — Page 1 de 1

Choisissez un panier de destination...

Titre	Auteur	Editeur	Date	Prix	Ean	Collection
Paris au temps des Misérables de Victor H	Exposition. Paris, Mu	Paris-Musées	08/10/2008	25,00 EUR	9782759600632	
Les Misérables, un roman inconnu ? : exp	Exposition. Paris, Ma	Paris-Musées	08/10/2008	39,00 EUR	9782759600540	
La tentation de l'impossible : Victor Hugo e	Vargas Llosa, Mario	Gallimard	02/05/2008	16,00 EUR	9782070779185	
Les misérables	**Hugo, Victor**	**Larousse**	**22/08/2007**	**3,45 EUR**	**9782035834256**	
Des extraits annotés et commentés de ce roman épique et historique, accompagnés d'une présentation de l'auteur, de l'oeuvre et de son contexte de création, de questions de lecture et d'exercices pour approfondir l'étude du roman. en savoir plus...						
Changer de chapitre dans Les misérables	Mathieu, Georges	H. Champion	29/05/2007	85,00 EUR	9782745314680	
Les misérables, Vol. 2	Hugo, Victor	Flammarion	08/09/2006	3,20 EUR	9782080722713	
Les misérables : extraits	Hugo, Victor	Hachette Education	01/07/2005	2,90 EUR	9782011691842	
Les misérables	Hugo, Victor	Hachette Education	15/07/2004	5,30 EUR	9782011689962	
Hugo, Les misérables		Eurédit	01/06/2004	45,00 EUR	9782848300443	
Les misérables, Victor Hugo, Vol. 2. Extra		Hatier	27/08/2003	3,35 EUR	9782218743313	
Victor Hugo et l'Orient, Vol. 7. Victor Hugo	Meschonnic, Henri	Maisonneuve et Larc	12/12/2001	5,50 EUR	9782706815553	
Les misérables : l'épopée d'un mythe télév	Durant, Philippe	Dreamland	08/09/2000	7,50 EUR	9782910027667	
Les misérables de Hugo : étude de l'oeuvr	Gély, Claude	Hachette Education	02/04/1997	4,80 EUR	9782011667748	
Les misérables, Victor Hugo		Hatier	01/01/1997	4,50 EUR	9782218047268	
Dictionnaire des Misérables : dictionnaire (	Phaïèse, Hubert de	Nizet	27/10/1994	14,00 EUR	9782707811851	
Gavroche : étude sur Les Misérables	Laforgue, Pierre	Sedes	01/01/1994	16,00 EUR	9782718116341	
Les misérables	Hugo, Victor	Hatier	01/01/1992	3,35 EUR	9782218048241	
Les Misérables, Vol. 3. Gavroche	Hugo, Victor	Hachette Jeunesse	01/01/1990	4,42 EUR	9782010151941	
Lire les Misérables		Corti	01/01/1985	21,34 EUR	9782714300867	
Le Manuscrit des Misérables	Journet, René	Belles lettres	01/01/1963	14,48 EUR		

Figure 3.31.

Vous obtenez 20 notices (études, essais, etc.) liées au Titre *Les Misérables* de Victor Hugo.

La ventilation par Dewey

Cet outil est essentiellement utilisé par les bibliothécaires.

Ce ventilateur (Figure 3.32) vous permet d'isoler les ouvrages correspondant à un niveau Dewey précis. Cliquer sur 3 Sciences sociales vous permet de visualiser les ouvrages liés à Victor Hugo correspondant à ce niveau (Figure 3.33).

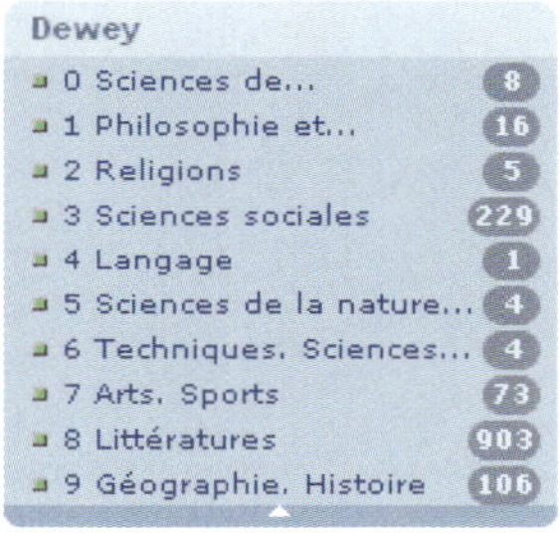

Figure 3.32.

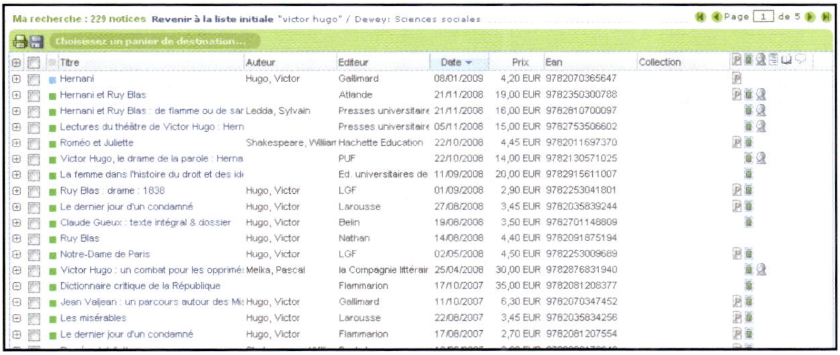

Ma recherche : 229 notices **Revenir à la liste initiale** "victor hugo" / Dewey: Sciences sociales — Page 1 de 5

Choisissez un panier de destination...

Titre	Auteur	Editeur	Date	Prix	Ean	Collection
Hernani	Hugo, Victor	Gallimard	08/01/2009	4,20 EUR	9782070365647	
Hernani et Ruy Blas		Atlande	21/11/2008	19,00 EUR	9782350300788	
Hernani et Ruy Blas : de flamme ou de sar	Ledda, Sylvain	Presses universitaire	21/11/2008	16,00 EUR	9782810700097	
Lectures du théâtre de Victor Hugo : Hern		Presses universitaire	05/11/2008	15,00 EUR	9782753506602	
Roméo et Juliette	Shakespeare, William	Hachette Education	22/10/2008	4,45 EUR	9782011697370	
Victor Hugo, le drame de la parole : Herna		PUF	22/10/2008	14,00 EUR	9782130571025	
La femme dans l'histoire du droit et des id		Ed. universitaires de	11/09/2008	20,00 EUR	9782915611007	
Ruy Blas : drame : 1838	Hugo, Victor	LGF	01/09/2008	2,90 EUR	9782253041801	
Le dernier jour d'un condamné	Hugo, Victor	Larousse	27/08/2008	3,45 EUR	9782035839244	
Claude Gueux : texte intégral & dossier	Hugo, Victor	Belin	19/08/2008	3,50 EUR	9782701148809	
Ruy Blas	Hugo, Victor	Nathan	14/08/2008	4,40 EUR	9782091875194	
Notre-Dame de Paris	Hugo, Victor	LGF	02/05/2008	4,50 EUR	9782253009689	
Victor Hugo : un combat pour les opprimé	Melka, Pascal	la Compagnie littérair	25/04/2008	30,00 EUR	9782876831940	
Dictionnaire critique de la République		Flammarion	17/10/2007	35,00 EUR	9782081208377	
Jean Valjean : un parcours autour des Mi	Hugo, Victor	Gallimard	11/10/2007	6,30 EUR	9782070347452	
Les misérables	Hugo, Victor	Larousse	22/08/2007	3,45 EUR	9782035834256	
Le dernier jour d'un condamné	Hugo, Victor	Flammarion	17/08/2007	2,70 EUR	9782081207554	

Figure 3.33.

Vous obtenez 229 notices. Il est à nouveau possible de segmenter ce nouveau résultat en sous-niveaux Dewey (Figure 3.34).

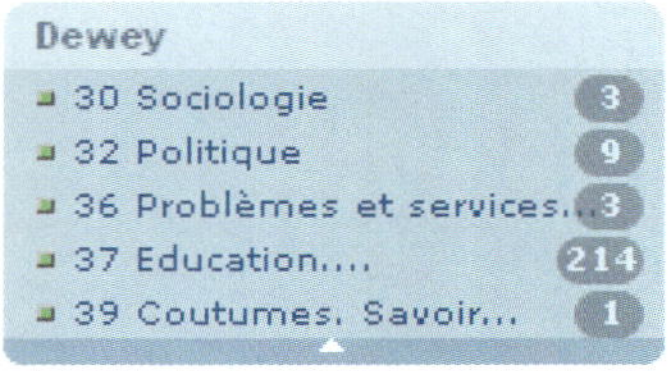

Figure 3.34.

Cliquer sur 32 Politique vous permet d'isoler les ouvrages politiques liés à Victor Hugo (Figure 3.35.).

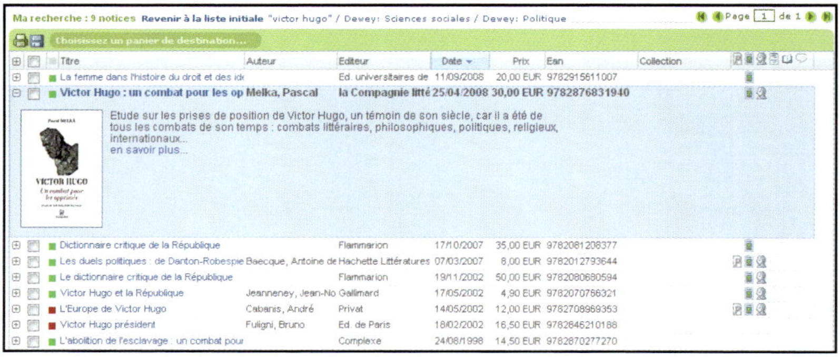

Figure 3.35.

Vous obtenez 9 notices.

La ventilation par Genres

Le ventilateur par genre (Figure 3.36) vous permet d'isoler rapidement les ouvrages correspondant à un domaine commercial particulier. Cliquer sur le lien Beaux livres vous permet d'isoler les ouvrages de ce genre liés à Victor Hugo (Figure 3.37).

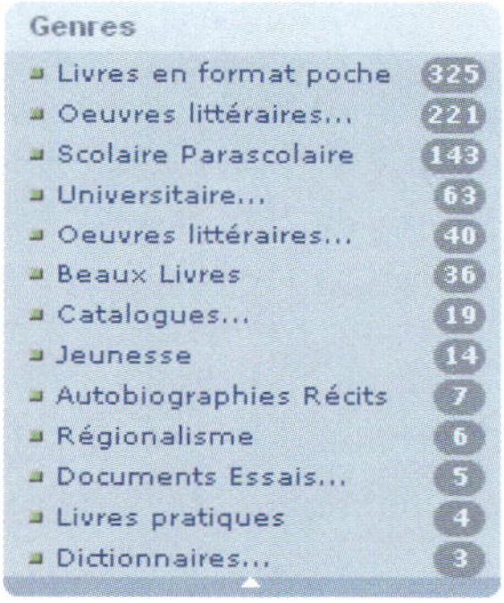

Figure 3.36.

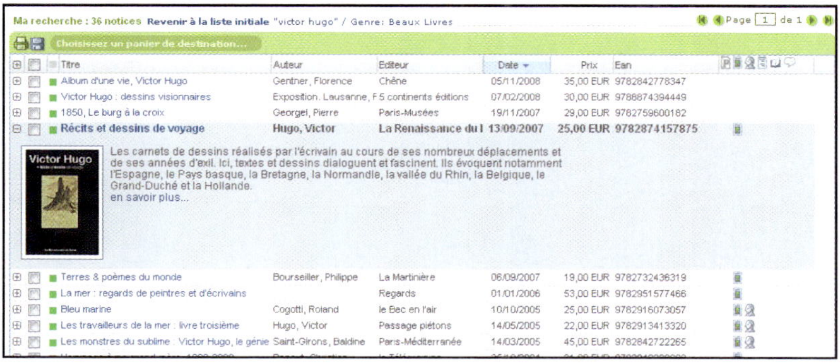

Figure 3.37.

Vous obtenez 36 notices.

Limiter la recherche à la Table des matières

Comme vu dans le Chapitre 2, « Rechercher un titre ou une bibliographie », de cette partie, la Recherche rapide inclut tous les index de la base de données Electre sauf la Table des matières.

Cet outil est particulier, car il ne s'agit pas à proprement parler d'une ventilation. Electre vous propose un accès par le contenu des tables des matières pour les ouvrages scientifiques, techniques, de médecine et de certaines sciences humaines.

Cette recherche peut s'avérer particulièrement efficace dans le cas d'une recherche à partir de termes complexes ; par exemple, des termes non trouvés dans le titre ou dans le résumé d'un ouvrage.

Vous effectuez par exemple une recherche sur la maladie d'Alzheimer (Figure 3.38).

Figure 3.38.

Dans cet exemple, la recherche « Alzheimer » a été effectuée dans tous les champs de la notice sauf dans les tables des matières (ce qui ne signifie pas, *a priori*, que le terme en soit absent).

L'outil suivant, situé en haut à droite de votre page (Figure 3.39), vous permet de limiter votre recherche à la table des matières (ou de l'élargir à ce champ, comme nous le verrons plus loin).

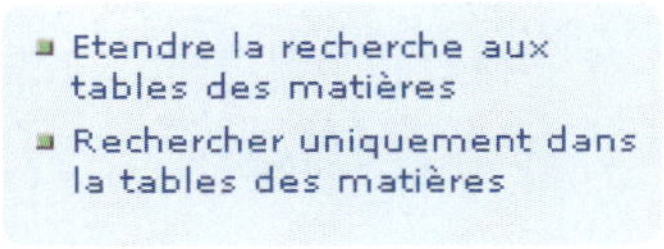

Figure 3.39.

En cliquant sur le lien Rechercher uniquement dans la Table des matières, vous obtenez le résultat affiché sur la Figure 3.40.

Figure 3.40.

Ce résultat restitue les notices contenant le terme « Alzheimer » dans leur table des matières. Il est possible que ce terme soit présent dans un autre champ de la notice.

Outils d'affinage spécifiques à la recherche avancée : les filtres

Grâce aux filtres, lors d'une Recherche avancée, vous avez la possibilité d'affiner (et d'élargir comme nous le verrons plus loin) vos résultats de recherche.

Les filtres s'affichent automatiquement lorsque vous appelez la Recherche avancée (Figure 3.41).

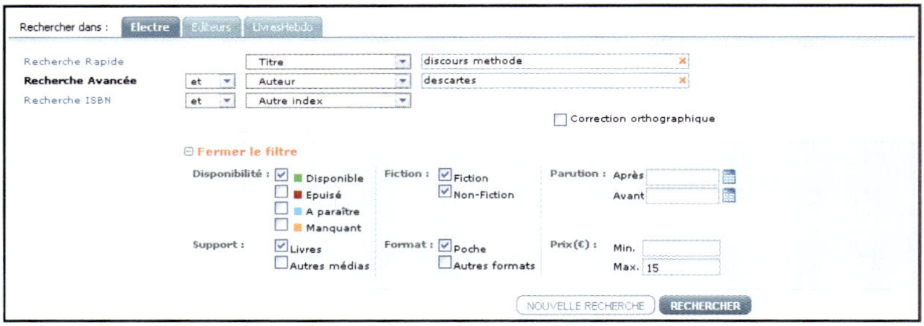

Figure 3.41.

Vous pouvez filtrer votre recherche en amont, afin d'obtenir un premier résultat, comme c'est le cas dans l'exemple ci-dessus. On recherche un titre contenant les termes « discours méthode » d'un auteur (ou d'un collaborateur) « descartes ». Les filtres spécifient que l'ouvrage doit être disponible, qu'il s'agit d'un livre (et non d'un texte lu ou d'un CD-ROM, par exemple) au format poche et n'excédant pas 15 euros.

Vous pouvez filtrer votre recherche en aval, après avoir obtenu un résultat. Si vous lancez la même recherche sans avoir filtré au préalable, vous obtenez de la Figure 3.42.

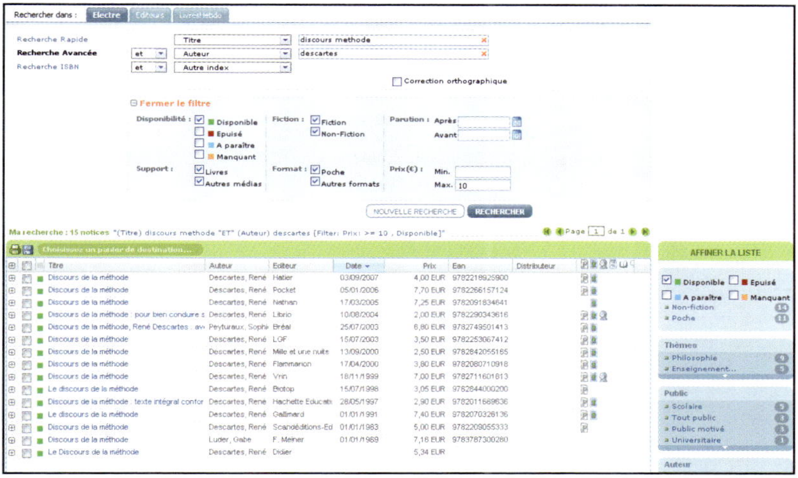

Figure 3.42.

Soit 37 notices.

Si vous souhaitez maintenant limiter le résultat aux ouvrages disponibles uniquement et n'excédant pas 10 euros, vous pouvez afficher les filtres en cliquant sur le lien suivant :

Les filtres ainsi déroulés, vous pouvez désormais filtrer (ou refiltrer) votre résultat sans oublier de relancer la recherche modifiée grâce au bouton Rechercher (Figure 3.43).

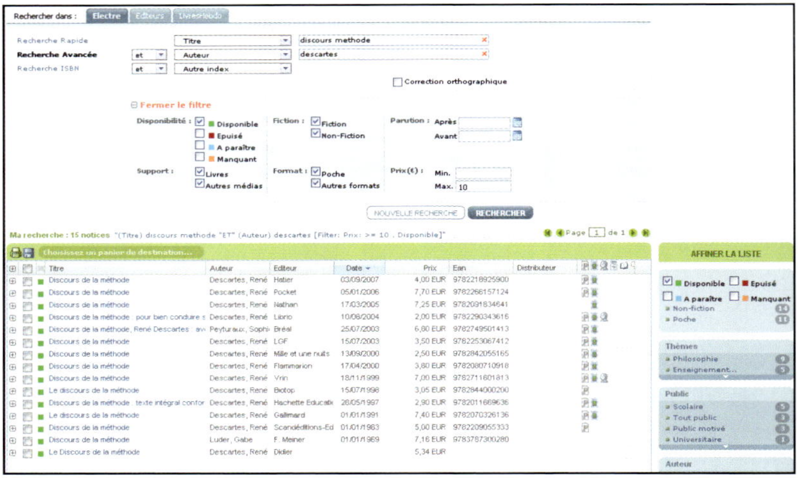

Figure 3.43.

Vous obtenez 15 notices.

Filtrer par Disponibilité

Ce filtre vous permet de trier les résultats selon la disponibilité des ouvrages (Figure 3.44).

Figure 3.44.

L'état de la disponibilité est repérable grâce aux codes couleurs que vous retrouvez à gauche de chaque titre lorsque vous obtenez un résultat de recherche.

Vous pouvez ainsi combiner les états suivants :

Disponible ;

Epuisé ;

À paraître ;

Manquant (provisoirement).

Filtrer par Support

La base Electre référençant également les livres lus ainsi que certains CD-ROM ou DVD-ROM à caractère ludique ou éducatif, vous avez la possibilité de spécifier le type de médium que vous souhaitez retenir (Figure 3.45).

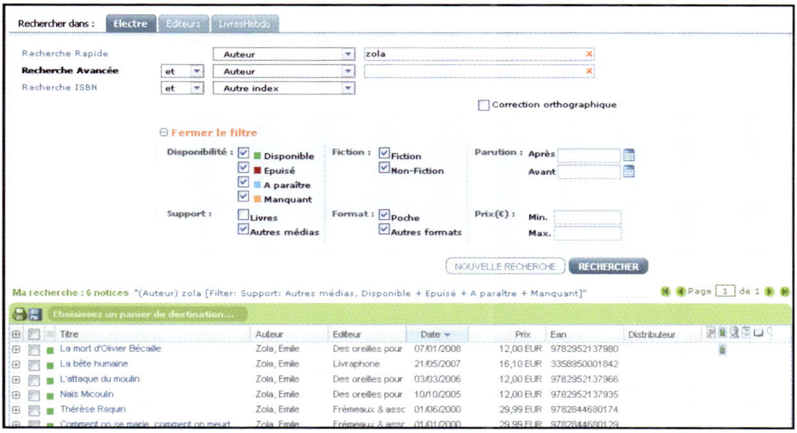

Figure 3.45.

Cette recherche permet de retenir les livres lus d'Emile Zola.

Filtrer par Fiction

Ce filtre vous permet de spécifier la nature des ouvrages que vous recherchez (Figure 3.46).

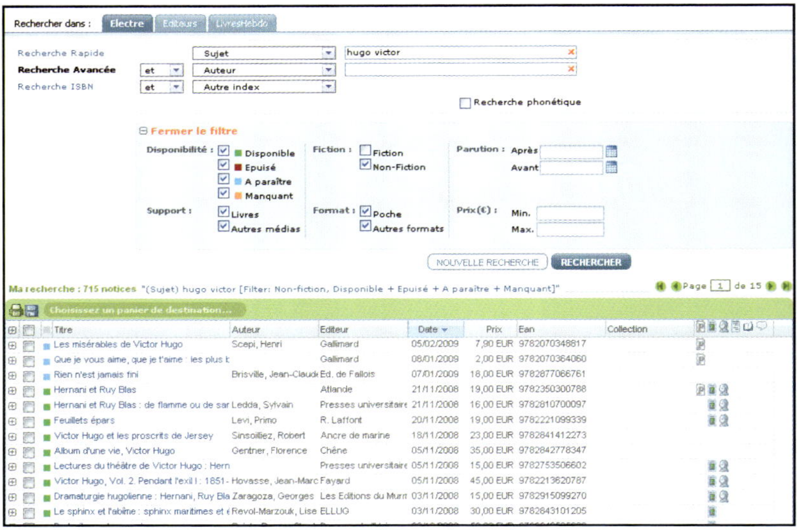

Figure 3.46.

Il s'agit d'une recherche d'ouvrages non romancés concernant Victor Hugo.

Filtrer par Format

Cet outil vous permet de réaliser vos recherches en fonction du format souhaité (Figure 3.47).

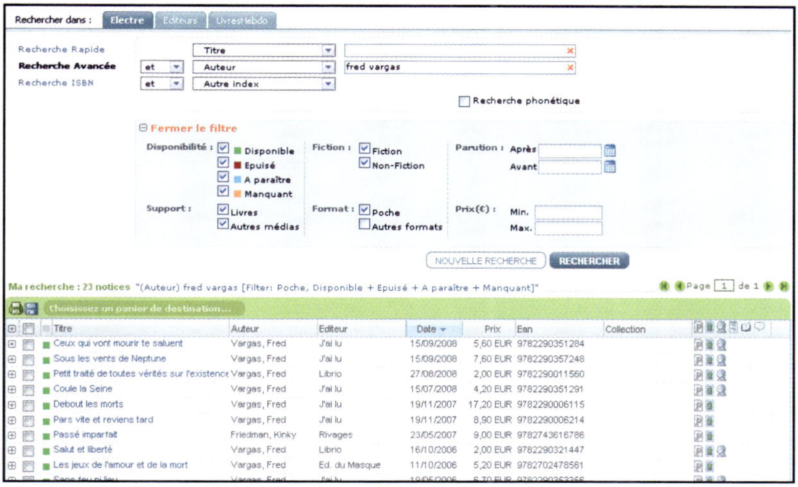

Figure 3.47.

Vous trouvez dans cet exemple tous les titres de Fred Vargas (en qualité d'auteur ou de collaboratrice) édités au format poche.

Filtrer par Parution

Cet outil vous permet de situer la date de parution de votre ouvrage (Figure 3.48).

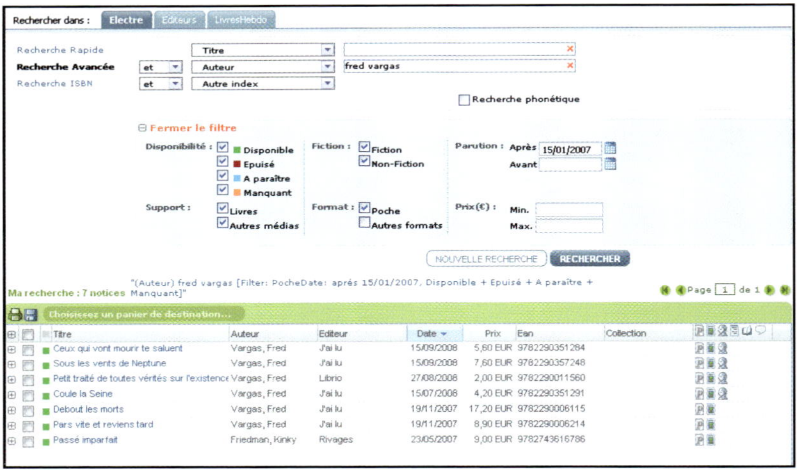

Figure 3.48.

Ce résultat restitue les ouvrages au format poche de Fred Vargas (auteur ou collaboratrice) parus après le 15 janvier 2007.

Filtrer par Prix

Cet outil vous permet de limiter les prix minimum et maximum des bibliographies que vous recherchez (Figure 3.49).

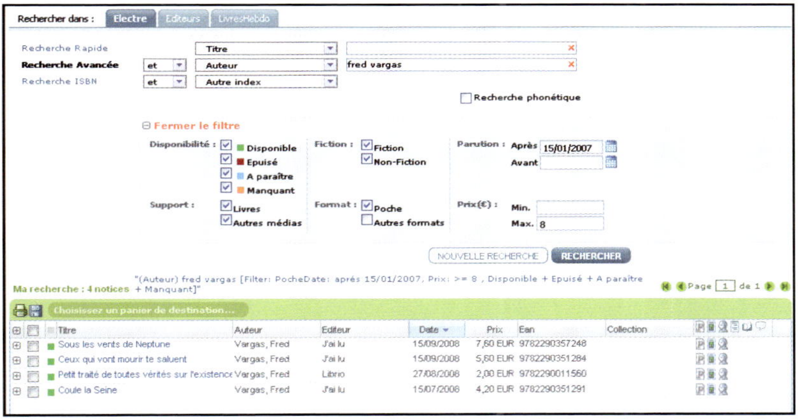

Figure 3.49.

Ce résultat restitue les ouvrages au format poche de Fred Vargas (auteur ou collaboratrice) parus après le 15 janvier 2007 et n'excédant pas 8 euros.

4

Elargir les résultats de recherche

Dans ce chapitre :

- Outils d'élargissement communs aux recherches rapide, avancée et ISBN/EAN.
- Outils d'élargissement spécifiques à la recherche avancée : les filtres.

Il s'agit de la manipulation inverse de l'affinage. Élargir une recherche vous permet, par exemple, de retrouver rapidement les ouvrages annoncés d'une recherche initialement limitée aux disponibles.

Outils d'élargissement communs aux recherches rapide, avancée et ISBN/EAN

Revenir à la liste initiale

Après avoir effectué une ou plusieurs opérations d'affinage, vous pourriez souhaiter revenir au résultat initial (Figure 4.1).

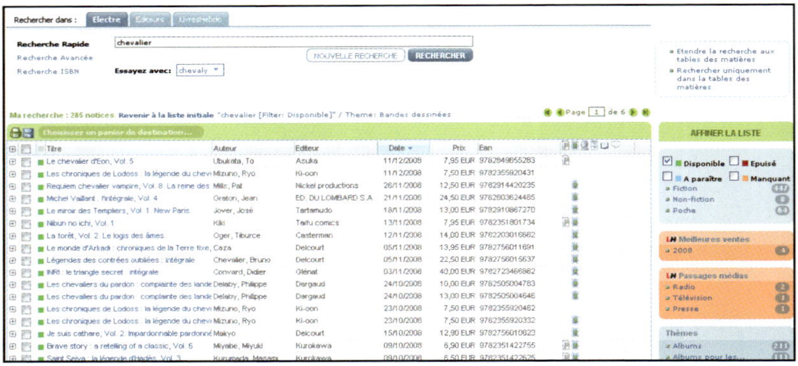

Figure 4.1.

Dans cet exemple, vous avez effectué une recherche rapide « chevalier » que vous avez limitée aux Bandes dessinées, puis aux disponibles uniquement. Vous souhaitez maintenant retrouver les ouvrages correspondant au même terme de recherche « chevalier » mais destinés à la jeunesse et étendus aux À paraître.

Vous cliquez sur le lien Revenir à la liste initiale (Figure 4.2).

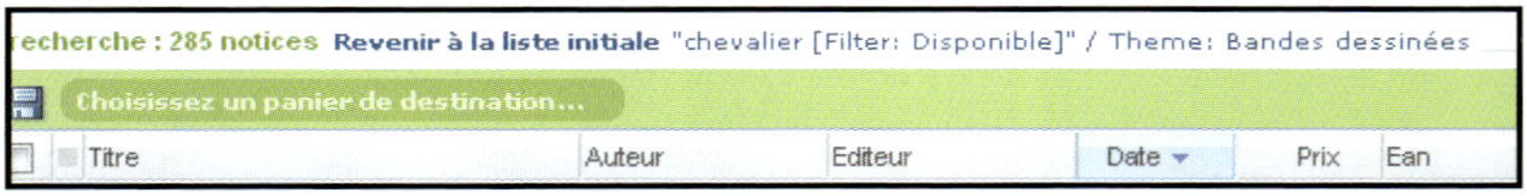

Figure 4.2.

Vous revenez alors à votre premier résultat de recherche (Figure 4.3).

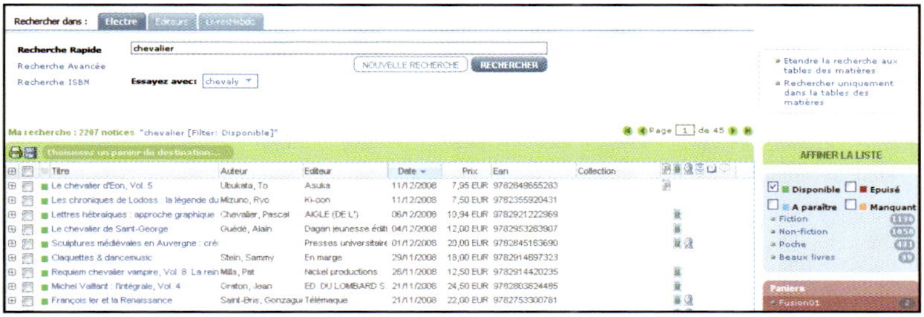

Figure 4.3.

Notez que le choix des filtres a été maintenu (résultat correspondant aux ouvrages uniquement disponibles). À partir de ce résultat initial, vous pouvez à nouveau affiner votre recherche en ne retenant que les ouvrages destinés à la jeunesse (grâce aux thèmes comme sur la Figure 4.4).

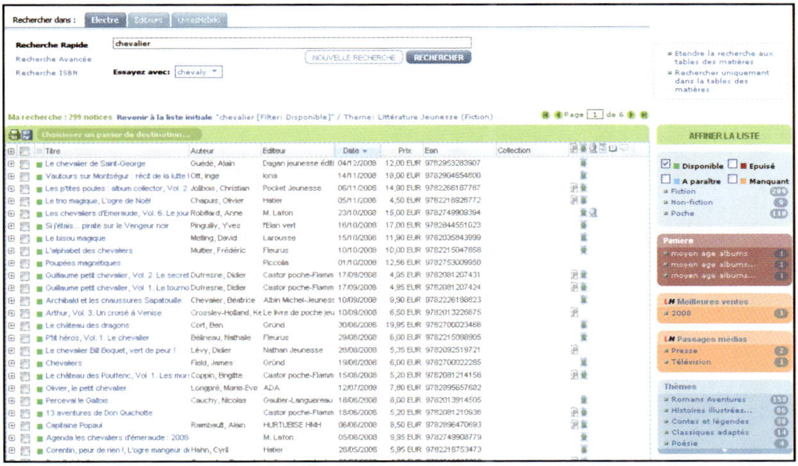

Figure 4.4.

Dans les exemples précédents et à partir d'un résultat de recherche initial, un premier affinage vous a permis de visualiser les bandes dessinées liées (de près ou de loin) au terme « chevalier » et un second de visualiser la littérature jeunesse (de 0 à 13 ans) liée au même terme.

Electre vous permet ainsi de « naviguer » dans l'univers de l'édition francophone en suivant des « fils d'Ariane » correspondant à vos attentes.

Elargir par la disponibilité

Vous avez la possibilité d'élargir ou d'affiner votre recherche en fonction de la disponibilité des titres.

À la suite de l'exemple précédent (recherche rapide par le terme « chevalier » limitée aux ouvrages disponibles), vous souhaitez maintenant retrouver les ouvrages à paraître correspondant aux mêmes critères. Il vous suffit de recocher la case À paraître (Figure 4.5).

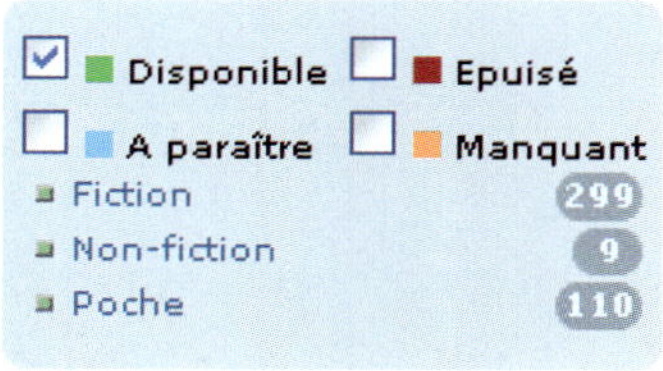

Figure 4.5.

Vous obtenez le résultat de la Figure 4.6.

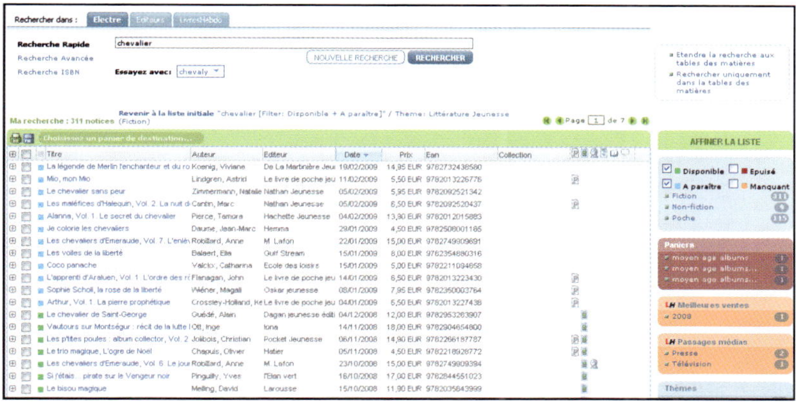

Figure 4.6.

Ce résultat correspond aux ouvrages liés (de près ou de loin) au terme « chevalier », en littérature de jeunesse (fiction), disponibles et à paraître.

Elargir les résultats de recherche à la Table des matières

Par défaut, lorsque vous effectuez une recherche rapide, celle-ci ne concerne pas la Table des matières (les termes ne sont pas recherchés dans ce champ). Nous reprenons la recherche précédente : « Alzheimer » (Figure 4.7).

Figure 4.7.

TRUC

Vous pouvez choisir d'ajouter à ce résultat les notices contenant le terme « alzheimer » dans leur Table des matières en cliquant sur le lien « Étendre la recherche aux tables des matières », situé en haut à droite de votre page (Figure 4.8).

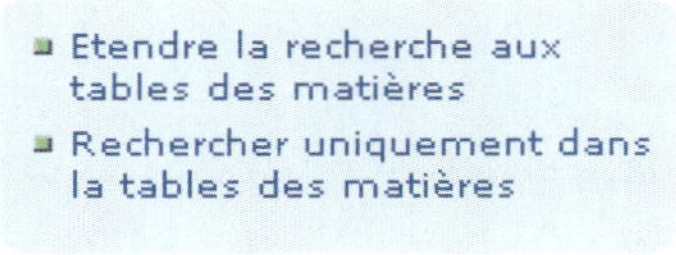

Figure 4.8.

Vous obtenez ainsi 717 notices contenant le terme « Alzheimer » (Figure 4.9) dans tous leurs champs, y compris la Table des matières (contre 398 précédemment).

Figure 4.9.

Outils d'élargissement spécifiques à la recherche avancée : les filtres

Précédemment, nous avons vu qu'il était possible de limiter les résultats de recherche grâce aux filtres de la Recherche avancée. À l'inverse, il est également possible d'élargir un résultat de recherche grâce à ces mêmes filtres. Par exemple, vous effectuez une recherche dont le sujet est « urbanisation », que vous avez limitée aux ouvrages parus après le 1er janvier 2008 (Figure 4.10).

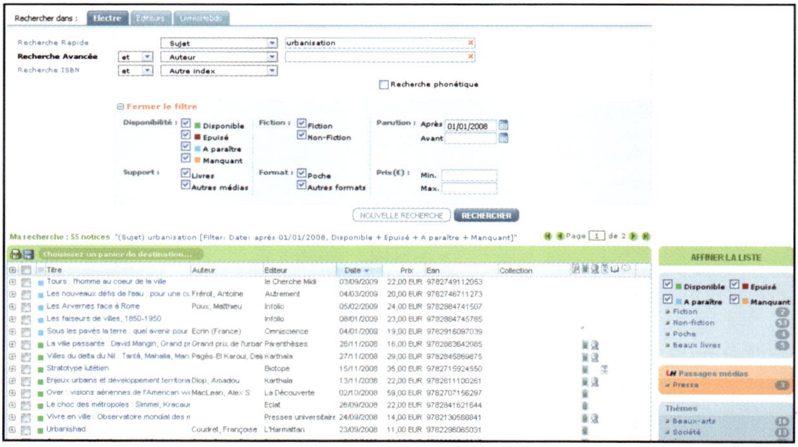

Figure 4.10.

Il vous est à tout moment possible de supprimer cette limite pour élargir les résultats de recherche (Figure 4.11).

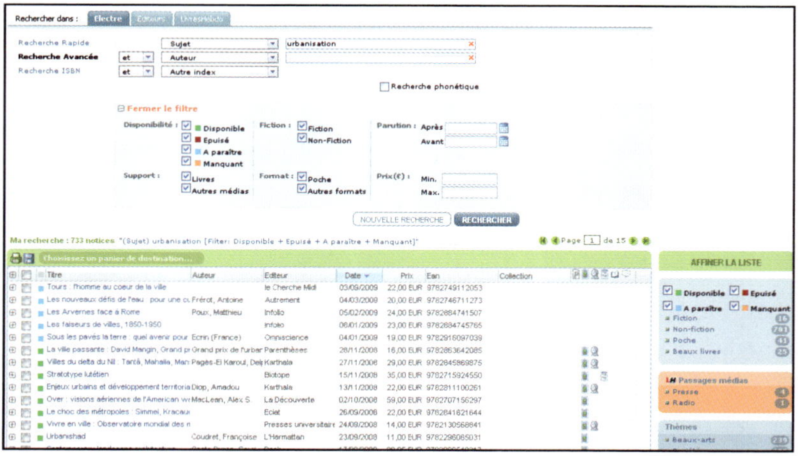

Figure 4.11.

Vous obtenez 733 notices (contre 55 précédemment).

TRUC

Cette méthode d'élargissement est valable pour tous les filtres.

5

Obtenir des résultats corollaires

Dans ce chapitre :

- Trouver les titres du même auteur.
- Trouver tous les ouvrages d'un éditeur.
- Trouver les ouvrages d'une collection.
- Trouver tous les titres correspondant à un même niveau Dewey.
- Trouver les ouvrages sur le même sujet.
- Trouver d'autres informations corollaires.

Vous souhaitez enrichir votre bibliographie thématique ? Vous souhaitez trouver tous les titres connus d'un auteur ou à propos d'un sujet ? Electre vous permet d'enrichir votre recherche afin de trouver, par exemple, des ouvrages corollaires à un auteur connu ou à un sujet donné.

ATTENTION

Obtenir des résultats corollaires n'est ni un affinage ni un élargissement de recherche : il s'agit d'une nouvelle recherche à partir d'un élément d'une notice (Figure 5.1).

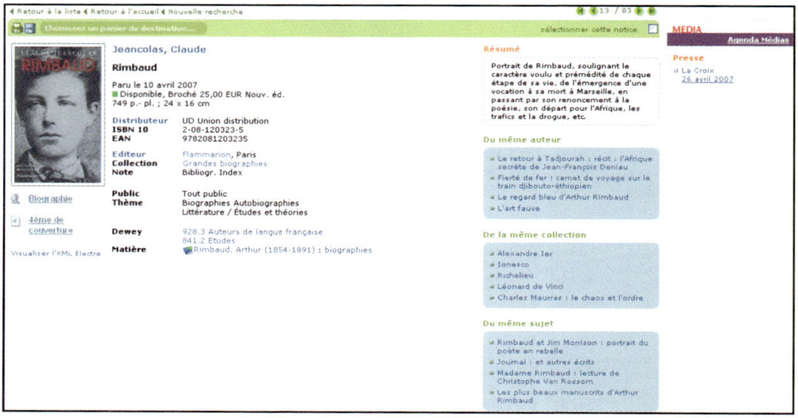

Figure 5.1.

TRUC Dans une notice Electre apparaissent en bleu clair plusieurs liens dont la plupart vous dirigent vers des résultats corollaires.

Trouver les titres du même auteur

Trouver tous les titres du même auteur

Suivant la notice de la biographie de Rimbaud présentée ci-dessus, vous souhaitez trouver tous les ouvrages de son auteur « Jeancolas Claude ». Il vous suffit de cliquer sur son nom.

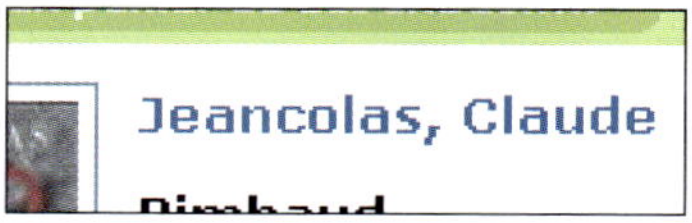

Vous obtenez alors tous les ouvrages de cet auteur (Figure 5.2).

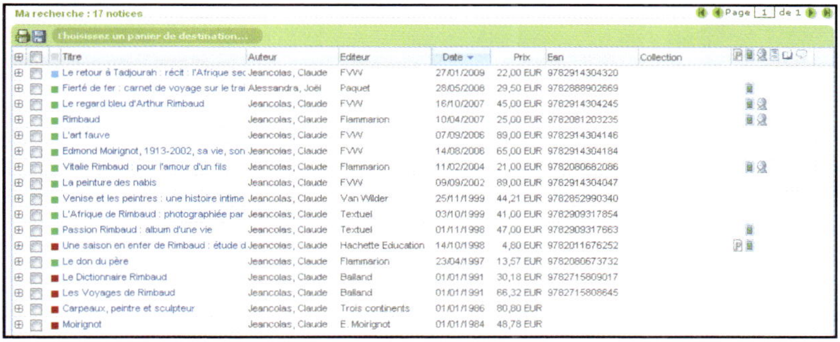

Ma recherche : 17 notices — Page 1 de 1

Choisissez un panier de destination...

Titre	Auteur	Editeur	Date	Prix	Ean	Collection
Le retour à Tadjourah : récit : l'Afrique sec	Jeancolas, Claude	FVW	27/01/2009	22,00 EUR	9782914304320	
Fierté de fer : carnet de voyage sur le trai	Alessandra, Joël	Paquet	28/05/2008	29,50 EUR	9782888902669	
Le regard bleu d'Arthur Rimbaud	Jeancolas, Claude	FVW	16/10/2007	45,00 EUR	9782914304245	
Rimbaud	Jeancolas, Claude	Flammarion	10/04/2007	25,00 EUR	9782081203235	
L'art fauve	Jeancolas, Claude	FVW	07/09/2006	89,00 EUR	9782914304146	
Edmond Moirignot, 1913-2002, sa vie, son	Jeancolas, Claude	FVW	14/08/2006	65,00 EUR	9782914304184	
Vitalie Rimbaud : pour l'amour d'un fils	Jeancolas, Claude	Flammarion	11/02/2004	21,00 EUR	9782080682086	
La peinture des nabis	Jeancolas, Claude	FVW	09/09/2002	89,00 EUR	9782914304047	
Venise et les peintres : une histoire intime	Jeancolas, Claude	Van Wilder	25/11/1999	44,21 EUR	9782852990340	
L'Afrique de Rimbaud : photographiée par	Jeancolas, Claude	Textuel	03/10/1999	41,00 EUR	9782909317854	
Passion Rimbaud : album d'une vie	Jeancolas, Claude	Textuel	01/11/1998	47,00 EUR	9782909317663	
Une saison en enfer de Rimbaud : étude d	Jeancolas, Claude	Hachette Education	14/10/1998	4,80 EUR	9782011676252	
Le don du père	Jeancolas, Claude	Flammarion	23/04/1997	13,57 EUR	9782080673732	
Le Dictionnaire Rimbaud	Jeancolas, Claude	Balland	01/01/1991	30,18 EUR	9782715809017	
Les Voyages de Rimbaud	Jeancolas, Claude	Balland	01/01/1991	66,32 EUR	9782715808645	
Carpeaux, peintre et sculpteur	Jeancolas, Claude	Trois continents	01/01/1986	80,80 EUR		
Moirignot	Jeancolas, Claude	E. Moirignot	01/01/1984	48,78 EUR		

Figure 5.2.

Il est possible de trouver également les ouvrages auxquels « Jeancolas Claude » a collaboré.

Trouver les quatre derniers titres du même auteur

Vous pouvez, à partir d'une notice, connaître rapidement les quatre derniers ouvrages du même auteur (Figure 5.3).

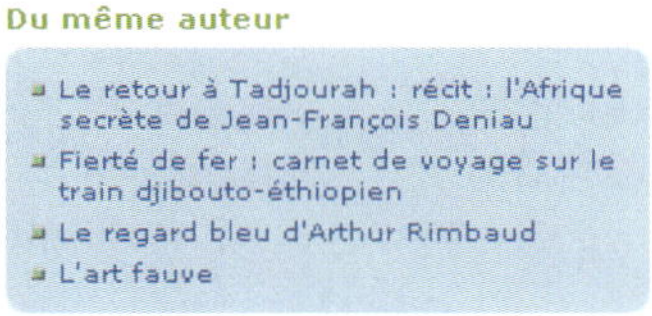

Figure 5.3.

Cliquer sur l'un de ces titres vous dirige vers sa notice (Figure 5.4).

Figure 5.4.

Trouver tous les ouvrages d'un éditeur

Vous pouvez, à partir d'une notice, trouver tous les ouvrages d'un éditeur en cliquant sur sa raison sociale.

Cliquer sur ce lien vous dirige vers l'ensemble des ouvrages de l'éditeur Flammarion (Figure 5.5).

Ma recherche : 11062 notices — Page 1 de 222

Choisissez un panier de destination...

Titre	Auteur	Editeur	Date	Prix	Ean	Collection
Prendre soin, Vol. 2	Stiegler, Bernard	Flammarion	02/01/2010	23,00 EUR	9782081220034	
Michel Foucault	Eribon, Didier	Flammarion	14/10/2009	10,00 EUR	9782081218000	
Dessous féminins	Zazzo, Anne	Flammarion	01/10/2009	49,00 EUR	9782081217263	
History of lingerie	Zazzo, Anne	Flammarion	01/10/2009	49,00 EUR	9782080300720	
Ou va la gauche ?	Semprun, Jorge	Flammarion	23/09/2009	15,00 EUR	9782081217911	
Manuel d'institutions européennes	Clapié, Michel	Flammarion	02/09/2009	10,00 EUR	9782081223127	
Petit bréviaire situationniste à l'usage de le	Vaneigem, Raoul	Flammarion	01/09/2009	19,00 EUR	9782081217102	
L'effroi du présent : figurer la violence	Baqué, Dominique	Flammarion	19/08/2009	22,00 EUR	9782081210219	
En souvenir du futur : poétique de la créat	Berio, Luciano	Flammarion	03/06/2009	22,00 EUR	9782081203426	
Par le sang de l'ermite	Solanes, Martin	Flammarion	06/05/2009	18,00 EUR	9782080690739	
Merci 68 : comment nos désirs sont dever	Van de Putte, Christi	Flammarion	21/04/2009	19,00 EUR	9782081209008	
Zao Wou-Ki (2008)	Abadie, Daniel	Flammarion	21/04/2009	50,00 EUR	9782081217393	
Itinéraires bis dans l'univers de la bande d	Leclerc, Michel-Edou	Flammarion	21/04/2009	25,00 EUR	9782080689221	
Snob society	Dorléans, Francis	Flammarion	08/04/2009	25,00 EUR	9782081223615	
Les textes fondateurs		Flammarion	25/03/2009	2,90 EUR	9782081219748	

Figure 5.5.

ATTENTION

Veillez à bien cliquer sur la raison sociale de l'éditeur pour effectuer ce genre de recherche. Si vous cliquez sur le lien Editeur, vous aboutissez à la signalétique (adresse, téléphone, courriel, etc.) de celui-ci.

Trouver les titres d'une collection

Trouver tous les titres d'une collection

Suivant la notice de la biographie de Rimbaud présentée ci-dessus, vous souhaitez trouver tous les ouvrages de la collection Grandes biographies. Il vous suffit de cliquer sur ce lien.

lection	Grandes biographies

Vous visualisez alors tous les titres relevant de cette collection (Figure 5.6).

Ma recherche : 135 notices — Page 1 de 3

Choisissez un panier de destination...

Titre	Auteur	Editeur	Date	Prix	Ean
Alexandre Ier	Rey, Marie-Pierre	Flammarion	28/01/2009	27,00 EUR	9782082101073
Ionesco	Le Gall, André	Flammarion	14/01/2009	25,00 EUR	9782081219915
Richelieu	Hildesheimer, Françoise	Flammarion	12/11/2008	27,00 EUR	9782081221086
Léonard de Vinci	Vecce, Carlo	Flammarion	12/11/2008	26,00 EUR	9782081221093
Charles Maurras : le chaos et l'ordre	Giocanti, Stéphane	Flammarion	12/11/2008	28,00 EUR	9782081221109
Alexis Léger dit Saint-John Perse	Meltz, Renaud	Flammarion	22/10/2008	35,00 EUR	9782081205826
Saladin	Eddé, Anne-Marie	Flammarion	15/10/2008	26,00 EUR	9782082100588
Hitler	Kershaw, Ian	Flammarion	24/09/2008	32,00 EUR	9782081211964
George Orwell	Crick, Bernard	Flammarion	10/09/2008	26,00 EUR	9782081220270
Marie Curie	Gidel, Henry	Flammarion	03/09/2008	24,00 EUR	9782081211599
Pierre Bourdieu : vers une économie du bonheur	Lescourret, Marie-Anne	Flammarion	11/03/2008	27,00 EUR	9782082105156
Boris Godounov à Michel Romanov : biographie	Troyat, Henri	Flammarion	22/02/2008	18,00 EUR	9782081211575
Jung : une biographie	Bair, Deirdre	Flammarion	09/11/2007	39,00 EUR	9782082103640
Thiers : bourgeois et révolutionnaire	Valance, Georges	Flammarion	24/10/2007	26,00 EUR	9782082100465
Simone de Beauvoir : biographie	Bouchardeau, Huguette	Flammarion	24/10/2007	22,00 EUR	9782080689962
Rimbaud	Jeancolas, Claude	Flammarion	10/04/2007	25,00 EUR	9782081203235
Marcel Duchamp : la vie à crédit : biographie	Marcadé, Bernard	Flammarion	23/02/2007	27,00 EUR	9782080682260
Charles Maurras : le chaos et l'ordre	Giocanti, Stéphane	Flammarion	01/09/2006	27,00 EUR	9782082104951
Coco Chanel	Gidel, Henry	Flammarion	27/01/2006	23,00 EUR	9782080676719

Figure 5.6.

Trouver les cinq derniers titres d'une collection

Vous pouvez, à partir d'une même notice, connaître rapidement les cinq derniers ouvrages parus dans la même collection (Figure 5.7).

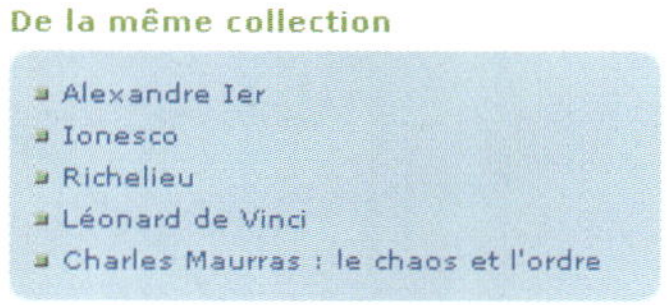

Figure 5.7.

Cliquer sur l'un de ces titres vous dirige vers sa notice (Figure 5.8).

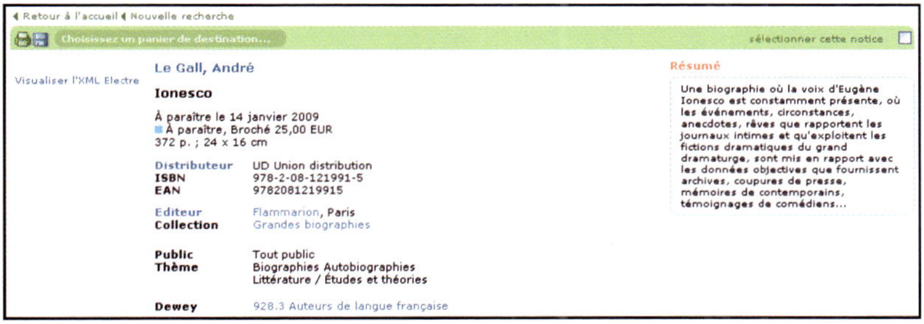

Figure 5.8.

ATTENTION

Comme il s'agit d'un ouvrage annoncé (au jour de la rédaction de ce manuel), la couverture n'a pas encore été scannée par les catalogueurs d'Electre.

Trouver tous les titres correspondant à un même niveau Dewey

Vous pouvez, à partir d'une notice, trouver tous les ouvrages correspondant à un même niveau Dewey.

En cliquant sur le premier lien, vous retrouvez les ouvrages correspondant au niveau Dewey 928.3 Biographies d'auteurs de langue française (Figure 5.9).

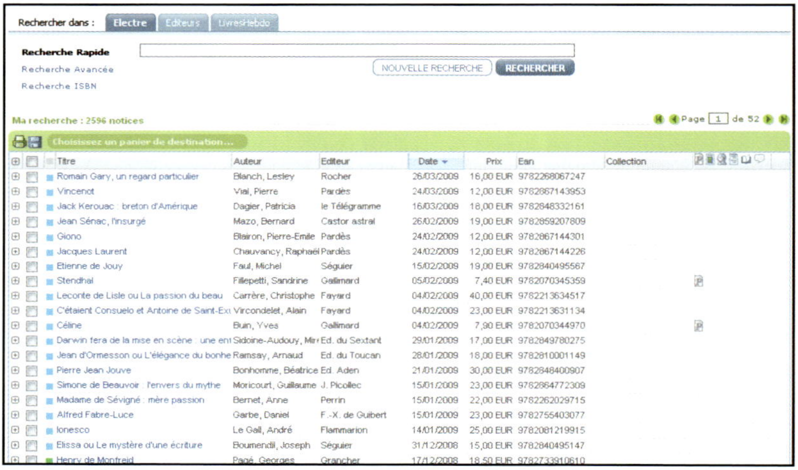

Titre	Auteur	Editeur	Date	Prix	Ean	Collection
Romain Gary, un regard particulier	Blanch, Lesley	Rocher	26/03/2009	16,00 EUR	9782268067247	
Vincenot	Vial, Pierre	Pardès	24/03/2009	12,00 EUR	9782867143953	
Jack Kerouac : breton d'Amérique	Dagier, Patricia	le Télégramme	16/03/2009	18,00 EUR	9782848332161	
Jean Sénac, l'insurgé	Mazo, Bernard	Castor astral	26/02/2009	19,00 EUR	9782859207809	
Giono	Blairon, Pierre-Emile	Pardès	24/02/2009	12,00 EUR	9782867144301	
Jacques Laurent	Chauvancy, Raphaël	Pardès	24/02/2009	12,00 EUR	9782867144226	
Etienne de Jouy	Faul, Michel	Séguier	15/02/2009	19,00 EUR	9782840495567	
Stendhal	Fillepetti, Sandrine	Gallimard	05/02/2009	7,40 EUR	9782070345359	
Leconte de Lisle ou La passion du beau	Carrère, Christophe	Fayard	04/02/2009	40,00 EUR	9782213634517	
C'étaient Consuelo et Antoine de Saint-Ex	Vircondelet, Alain	Fayard	04/02/2009	23,00 EUR	9782213631134	
Céline	Buin, Yves	Gallimard	04/02/2009	7,90 EUR	9782070344970	
Darwin fera de la mise en scène : une ent	Sidoine-Audouy, Mir	Ed. du Sextant	29/01/2009	17,00 EUR	9782849780275	
Jean d'Ormesson ou L'élégance du bonhe	Ramsay, Arnaud	Ed. du Toucan	28/01/2009	18,00 EUR	9782810001149	
Pierre Jean Jouve	Bonhomme, Béatrice	Ed. Aden	21/01/2009	30,00 EUR	9782848400907	
Simone de Beauvoir : l'envers du mythe	Moricourt, Guillaume	J. Picollec	15/01/2009	23,00 EUR	9782864772309	
Madame de Sévigné : mère passion	Bernet, Anne	Perrin	15/01/2009	22,00 EUR	9782262029715	
Alfred Fabre-Luce	Garbe, Daniel	F.-X. de Guibert	15/01/2009	23,00 EUR	9782755403077	
Ionesco	Le Gall, André	Flammarion	14/01/2009	25,00 EUR	9782081219915	
Elissa ou Le mystère d'une écriture	Boumendil, Joseph	Séguier	31/12/2008	15,00 EUR	9782840495147	
Henry de Monfreid	Pagé, Georges	Grancher	17/12/2008	18,50 EUR	9782733910610	

Figure 5.9.

Trouver les ouvrages sur le même sujet (suivant RAMEAU)

Trouver tous les ouvrages sur le même sujet (suivant RAMEAU)

Suivant la notice de la biographie de Rimbaud présentée ci-dessus, vous souhaitez trouver tous les ouvrages portant sur le même sujet. Il vous suffit de cliquer sur ce lien.

Vous visualisez alors tous les titres correspondant à ces mots matière Rameau (Figure 5.10).

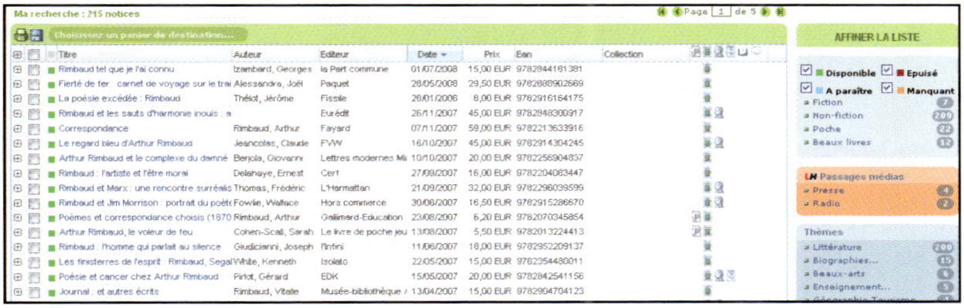

Figure 5.10.

Il existe 215 biographies d'Arthur Rimbaud.

Trouver les quatre derniers ouvrages sur le même sujet

Vous pouvez, à partir d'une notice, connaître rapidement les quatre derniers ouvrages parus sur le même sujet (Figure 5.11).

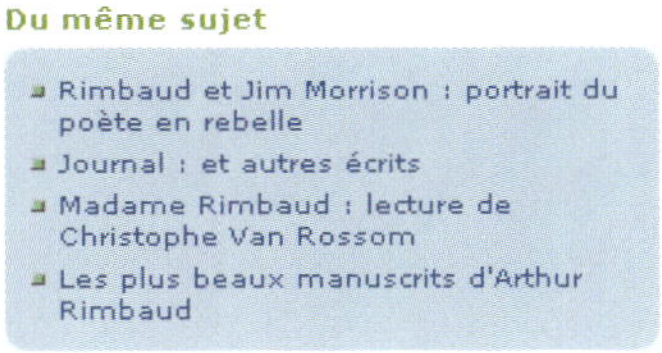

Figure 5.11.

Cliquer sur l'un de ces titres vous dirige vers sa notice (Figure 5.12).

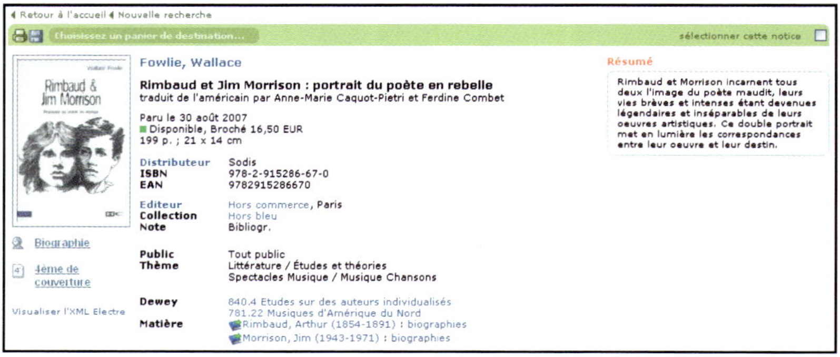

Figure 5.12.

Trouver d'autres informations corollaires

Une notice Electre peut vous diriger également vers d'autres informations. Vous pouvez, par exemple, connaître les coordonnées d'un éditeur ou d'un distributeur, lire une courte biographie d'un auteur, lire la quatrième de couverture, etc. L'ensemble des liens d'une notice est détaillé dans le Chapitre 7, « Les différentes vues des résultats de recherche », de cette partie.

6

Visualiser les résultats de recherche (généralités)

Dans ce chapitre :

- Signes liés à la disponibilité (communs aux trois vues).
- Signes liés au format des ouvrages (communs aux trois vues).
- Divers signes (communs aux trois vues).
- Options communes aux trois vues.

Pour répondre à vos besoins, electre.com met à votre disposition trois types de visualisation.

TRUC

Si vous souhaitez, par exemple, la bibliographie d'un auteur, la vue Liste pourrait vous convenir.

Si l'un de vos lecteurs souhaite choisir un titre parmi une sélection d'ouvrages (pour distinguer, par exemple, une couverture qu'il aurait vue dans les médias), la vue Aperçu ou Notice déroulée est alors adaptée.

Si enfin vous souhaitez visualiser tous les détails d'une notice, la vue Notice est la plus appropriée.

Des symboles et des fonctions sont communs à ces trois vues ainsi qu'à d'autres que nous verrons plus loin dans cet ouvrage.

Après une recherche, nous avons vu qu'il existe de nombreux moyens d'affiner les résultats (par référence, par disponibilité, par éditeur, etc.). Les informations qui suivent restent valables dans le cas de résultats d'une recherche affinée.

Le moteur de recherche Electre utilise plusieurs signes qui ont chacun leur signification.

Signes liés à la disponibilité (communs aux trois vues)

Grâce à ces signes, vous êtes immédiatement informé de la disponibilité d'un ouvrage chez un distributeur (Figure 6.1).

Ma recherche : 16 notices "john reed" — Page 1 de 1

Choisissez un panier de destination...

Titre	Auteur	Editeur	Date	Prix	Ean
Pancho Villa	Reed, John	Allia	29/01/2009	3,00 EUR	9782844852977
Yankee	Chambaz, Bernard	Ed. du Panama	28/08/2008	20,00 EUR	9782755703658
Si Dieu dort : une enquête du lieutenant Solomor	Henshaw, Mark	Gallimard	22/11/2007	7,90 EUR	9782070306633
Au sud d'Eden : des Américains dans le sud de	Rotily, Jocelyne	Association culturelle Fı	15/02/2006	25,00 EUR	9782952425902
The velvet underground : up-tight	Bockris, Victor	Camion blanc	15/11/2004	26,00 EUR	9782910196370
Si Dieu dort	Henshaw, Mark	Bourgois	09/06/2004	25,00 EUR	9782267017281
Balkans en feu à l'aube du XXe siècle		Omnibus	04/03/2004	24,50 EUR	9782258059290
Sur les pas de Smiley	Cross, Amanda	Rivages	19/11/1999	7,95 EUR	9782743605643
Sur les pas de Smiley	Cross, Amanda	Rivages	03/01/1997	15,09 EUR	9782743601553
Le Mexique insurgé	Reed, John	Seuil	03/10/1996	20,60 EUR	9782020261722
La guerre dans les Balkans	Reed, John	Seuil	03/10/1996	20,60 EUR	9782020282291
Au film de mes jours : 50 ans de cinéma et de té	Wronecki, Daniel	D. Wronecki	15/01/1996	15,24 EUR	9782950988706
Dix jours qui ébranlèrent le monde	Reed, John	Scandéditions-Ed. socie	01/01/1982	10,98 EUR	9782209054947
John Reed	Rosenstone, Robert	Seuil	01/01/1982	9,15 EUR	9782020061643
Le Mexique insurgé	Reed, John	La Découverte	01/01/1979	6,10 EUR	9782707110800
John Reed, le romantisme révolutionnaire	Rosenstone, Robert	La Découverte	01/01/1976	11,59 EUR	9782707108951

Figure 6.1.

Le signe concernant la disponibilité d'un ouvrage est situé par défaut à gauche de chaque titre :

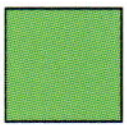

Disponible ;

Epuisé ;

À paraître ;

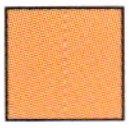

Manquant (provisoirement).

Signes liés au format des ouvrages (communs aux trois vues)

Le moteur de recherche Electre distingue trois formats différents :

Format Poche ;

Format CD-Rom ou DVD-Rom ;

Format Livres lus.

Divers signes (communs aux trois vues)

Les signes suivants vous informent de caractéristiques importantes liées à chaque titre ou à chaque notice :

Présence d'une représentation de la couverture ;

Présence d'une biographie de l'auteur ;

Feuilletage possible ;

Présence d'une table des matières ;

Présence d'une critique de l'ouvrage.

Options communes aux trois vues

Lorsque vous obtenez un résultat de recherche, vous pouvez être amené à isoler plusieurs notices dans la perspective d'une bibliographie partielle à imprimer, à intégrer dans un panier ou à exporter. La signification des différentes rubriques de chaque vue est détaillée dans le Chapitre 7, « Les différentes vues des résultats de recherche », de cette partie.

Sélectionner une notice dans un résultat

Dans toutes les vues, electre.com vous offre la possibilité de sélectionner une notice en cochant la case à cocher située à gauche de chaque titre (Figure 6.2).

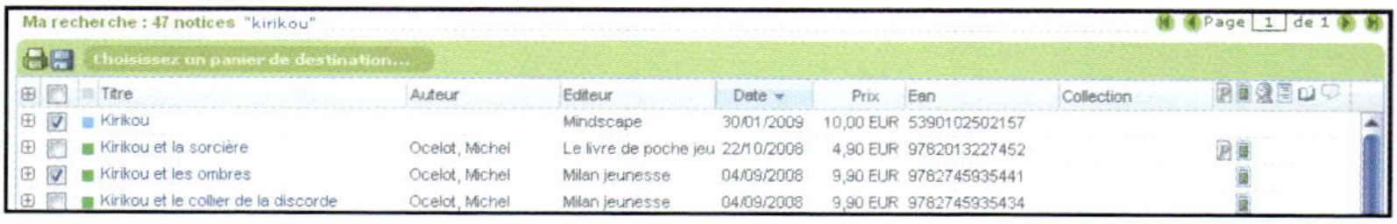

Figure 6.2.

TRUC

Vous pouvez ainsi sélectionner plusieurs titres dispersés dans un résultat de recherche.

Sélectionner toutes les notices ou aucune notice dans un résultat

Dans les vues Liste ou Aperçu, vous pouvez également sélectionner ou désélectionner toutes les notices en cochant ou en décochant la première case à cocher située en haut à gauche sur la ligne des intitulés (Figure 6.3).

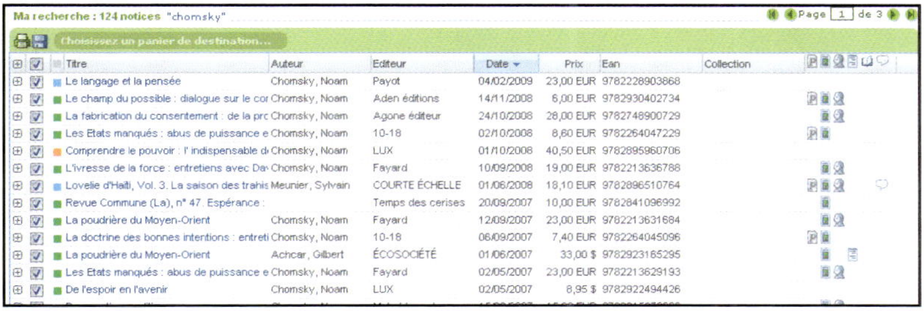

Figure 6.3.

Supprimer les notices sélectionnées ou non sélectionnées

Vous avez la possibilité de n'afficher qu'une partie des notices de votre résultat de recherche grâce aux liens Supprimer les notices sélectionnées ou non sélectionnées (Figure 6.4).

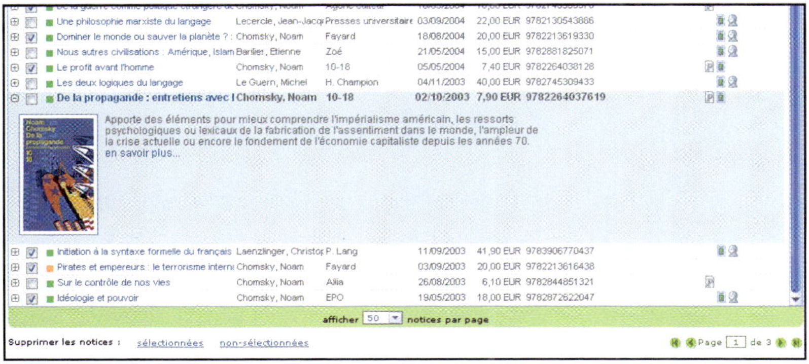

Figure 6.4.

7

Les différentes vues des résultats de recherche

Dans ce chapitre :

- La vue Liste.
- La vue Aperçu (vue Liste déroulée).
- La vue Notice.

Le moteur de recherche Electre vous propose trois vues afin de visualiser vos résultats de recherche. La vue Liste permet de visualiser une liste brute ; c'est celle qui vous est proposée par défaut lorsque vous obtenez un résultat et dont les champs sont paramétrables (cinquième partie : *Paramétrer et personnaliser electre.com*). La vue Aperçu ou Liste déroulée vous permet d'obtenir plus d'informations sur un titre, à savoir un aperçu de la couverture ainsi que le résumé. La vue Aperçu est un prolongement de la vue Liste. Vous avez la possibilité de visualiser l'aperçu d'un titre précis ou de tout votre résultat de recherche.

La vue Liste

La vue Liste est la vue proposée par défaut pour restituer un résultat de recherche bibliographique (Figure 7.1), initial, affiné, élargi ou corollaire.

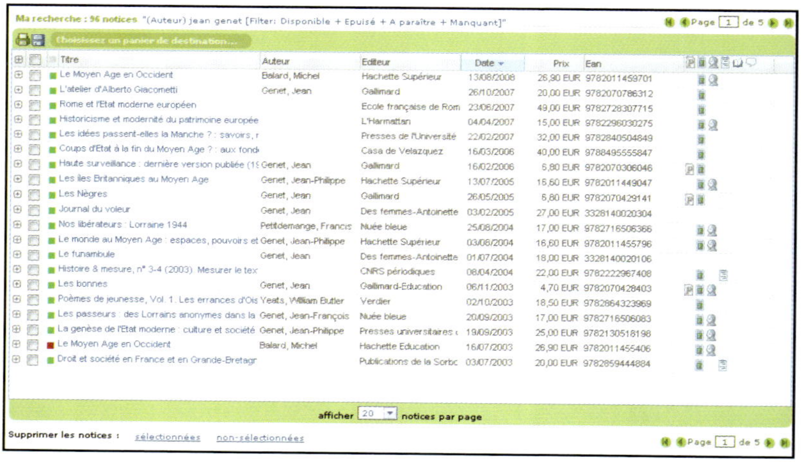

Ma recherche : 96 notices "(Auteur) jean genet [Filter: Disponible + Epuisé + A paraître + Manquant]" Page 1 de 5

Choisissez un panier de destination...

Titre	Auteur	Editeur	Date	Prix	Ean
Le Moyen Age en Occident	Balard, Michel	Hachette Supérieur	13/08/2008	26,90 EUR	9782011459701
L'atelier d'Alberto Giacometti	Genet, Jean	Gallimard	26/10/2007	20,00 EUR	9782070786312
Rome et l'Etat moderne européen		Ecole française de Rom	23/06/2007	49,00 EUR	9782728307715
Historicisme et modernité du patrimoine européen		L'Harmattan	04/04/2007	15,00 EUR	9782296030275
Les idées passent-elles la Manche ? : savoirs, r		Presses de l'Université	22/02/2007	32,00 EUR	9782840504849
Coups d'Etat à la fin du Moyen Age ? : aux fond		Casa de Velazquez	16/03/2006	40,00 EUR	9788495555847
Haute surveillance : dernière version publiée (1§	Genet, Jean	Gallimard	16/02/2006	6,80 EUR	9782070306046
Les îles Britanniques au Moyen Age	Genet, Jean-Philippe	Hachette Supérieur	13/07/2005	16,60 EUR	9782011449047
Les Nègres	Genet, Jean	Gallimard	26/05/2005	6,80 EUR	9782070429141
Journal du voleur	Genet, Jean	Des femmes-Antoinette	03/02/2005	27,00 EUR	3328140020304
Nos libérateurs : Lorraine 1944	Petitdemange, Francis	Nuée bleue	25/08/2004	17,00 EUR	9782716506366
Le monde au Moyen Age : espaces, pouvoirs et	Genet, Jean-Philippe	Hachette Supérieur	03/08/2004	16,60 EUR	9782011455796
Le funambule	Genet, Jean	Des femmes-Antoinette	01/07/2004	18,00 EUR	3328140020106
Histoire & mesure, n° 3-4 (2003). Mesurer le tex		CNRS périodiques	08/04/2004	22,00 EUR	9782222967408
Les bonnes	Genet, Jean	Gallimard-Education	06/11/2003	4,70 EUR	9782070428403
Poèmes de jeunesse, Vol. 1. Les errances d'Ois	Yeats, William Butler	Verdier	02/10/2003	18,50 EUR	9782864323969
Les passeurs : des Lorrains anonymes dans la	Genet, Jean-François	Nuée bleue	20/09/2003	17,00 EUR	9782716506083
La genèse de l'Etat moderne : culture et société	Genet, Jean-Philippe	Presses universitaires (	19/09/2003	25,00 EUR	9782130518198
Le Moyen Age en Occident	Balard, Michel	Hachette Education	16/07/2003	26,90 EUR	9782011455406
Droit et société en France et en Grande-Bretagr		Publications de la Sorbc	03/07/2003	20,00 EUR	9782859444884

afficher 20 notices par page

Supprimer les notices : sélectionnées non-sélectionnées

Page 1 de 5

Figure 7.1.

Les caractéristiques de votre recherche

À tout moment, vous pouvez visualiser les caractéristiques de votre recherche. Cette information est particulièrement utile lorsque vous avez effectué plusieurs recherches affinées, élargies ou corollaires.

Notez que vous avez toujours la possibilité de revenir à votre premier résultat de recherche (non affiné) en cliquant sur le lien correspondant (Revenir à la liste initiale).

Naviguer entre les pages

Vos résultats de recherche pouvant contenir des milliers de notices, il peut être nécessaire de naviguer entre plusieurs pages.

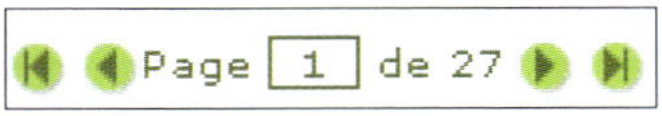

Vous avez ainsi la possibilité d'avancer ou de reculer page par page ou d'accéder directement à la première ou à la dernière page.

Cet outil est accessible en haut ou en bas de liste.

Spécifier le nombre de notices affichées par page

Electre vous permet de spécifier le nombre de notices qui vont s'afficher sur une page. Vous avez le choix entre 10, 20, 30, 40, 50 ou 100 notices par page.

La modification de ces paramètres est mémorisée.

Supprimer une ou plusieurs notices de la liste

Il est possible de supprimer (avec prudence) les notices sélectionnées ou non sélectionnées, ce qui correspond à un affinage manuel (Figure 7.2).

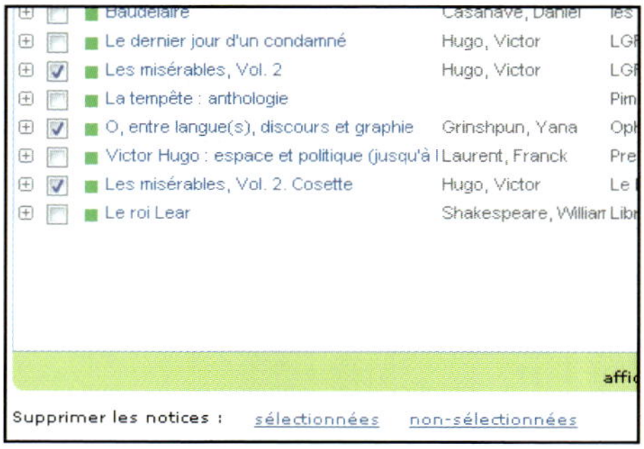

Figure 7.2.

Cet outil est situé en bas à gauche de chaque liste.

Les champs de la vue Liste

Par défaut, les champs affichés sont :

- Titre ;

  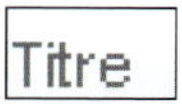

- Auteur ;

- Editeur ;

- Date ;

- Prix ;

  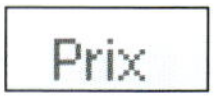

- EAN.

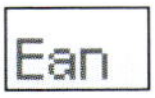

Ces champs sont paramétrables. Vous pouvez (avec prudence) ajouter ou retirer des champs complémentaires (comme la collection, l'ISBN, etc.) ou ajuster la longueur des colonnes. Ce paramétrage est détaillé dans la cinquième partie, *Paramétrer et personnaliser electre.com*.

Le tri des champs de la vue Liste

Par défaut, les résultats sont classés par ordre chronologique inversé (du plus récent au plus ancien) de date de parution. Néanmoins, il est possible de changer cet ordre ou de trier à partir d'un autre champ (Titre, Auteur, etc.) en cliquant sur le nom du champ souhaité (Figure 7.3).

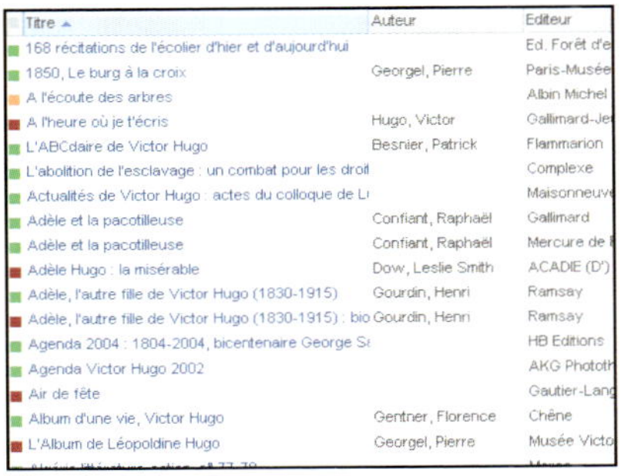

Titre ▲	Auteur	Editeur
168 récitations de l'écolier d'hier et d'aujourd'hui		Ed. Forêt d'e
1850, Le burg à la croix	Georgel, Pierre	Paris-Musée
A l'écoute des arbres		Albin Michel
A l'heure où je t'écris	Hugo, Victor	Gallimard-Je
L'ABCdaire de Victor Hugo	Besnier, Patrick	Flammarion
L'abolition de l'esclavage : un combat pour les droi		Complexe
Actualités de Victor Hugo : actes du colloque de L		Maisonneuv
Adèle et la pacotilleuse	Confiant, Raphaël	Gallimard
Adèle et la pacotilleuse	Confiant, Raphaël	Mercure de
Adèle Hugo : la misérable	Dow, Leslie Smith	ACADIE (D')
Adèle, l'autre fille de Victor Hugo (1830-1915)	Gourdin, Henri	Ramsay
Adèle, l'autre fille de Victor Hugo (1830-1915) : bio	Gourdin, Henri	Ramsay
Agenda 2004 : 1804-2004, bicentenaire George S		HB Editions
Agenda Victor Hugo 2002		AKG Phototh
Air de fête		Gautier-Lang
Album d'une vie, Victor Hugo	Gentner, Florence	Chêne
L'Album de Léopoldine Hugo	Georgel, Pierre	Musée Victo

Figure 7.3.

Dans cet exemple, la liste des résultats de recherche est triée par ordre alphabétique de Titre grâce à la petite flèche à droite de l'intitulé.

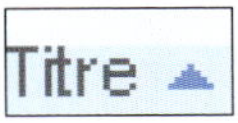

Les signes de la vue Liste

Disponible ;

Epuisé ;

À paraître ;

Manquant (provisoirement) ;

Format Poche ;

Format CD-Rom ou DVD-Rom ;

Format Livres lus ;

Présence d'une représentation de la couverture ;

Présence d'une biographie de l'auteur ;

Feuilletage possible ;

Présence d'une table des matières ;

Présence d'une critique de l'ouvrage.

La signification de chaque pictogramme de la vue Liste est détaillée dans le Chapitre 6, « Visualiser les résultats de recherche (généralités) », de cette partie.

Les options de la vue Liste

Imprimer (quatrième partie, Traiter et développer les résultats) ;

Exporter (quatrième partie, Traiter et développer les résultats).

Vous avez également la possibilité de créer ou alimenter un panier grâce au lien suivant :

La manipulation des paniers est détaillée dans la quatrième partie, *Traiter et développer les résultats*.

La vue Aperçu (vue Liste déroulée)

La vue Aperçu, qui est un prolongement de la vue Liste, vous permet de visualiser rapidement la couverture et le résumé des notices susceptibles de vous intéresser. Vous avez la possibilité de visualiser l'aperçu d'une notice individuelle ou tous les aperçus de votre résultat de recherche. Les champs de la vue Liste restent bien sûr visibles dans la vue Aperçu.

La vue Aperçu individuelle

Si vous souhaitez obtenir plus de détails sur une ou plusieurs notices du résultat de votre recherche, il vous suffit de cliquer sur le pictogramme ci-contre.

Dans cet exemple, deux notices ont été « déroulées » (Figure 7.4).

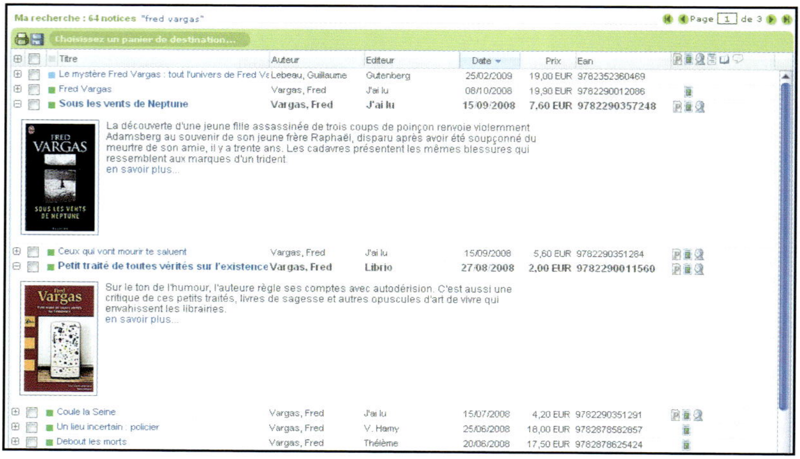

Figure 7.4.

Cliquez sur ce pictogramme pour refermer l'Aperçu.

La vue Aperçu générale

Si vous souhaitez visualiser l'Aperçu de toutes les notices de votre résultat de recherche, vous devez cliquer sur le premier pictogramme ⊞ situé en haut à gauche de votre liste.

Cette action vous permet de visualiser tous les Aperçus (Figure 7.5).

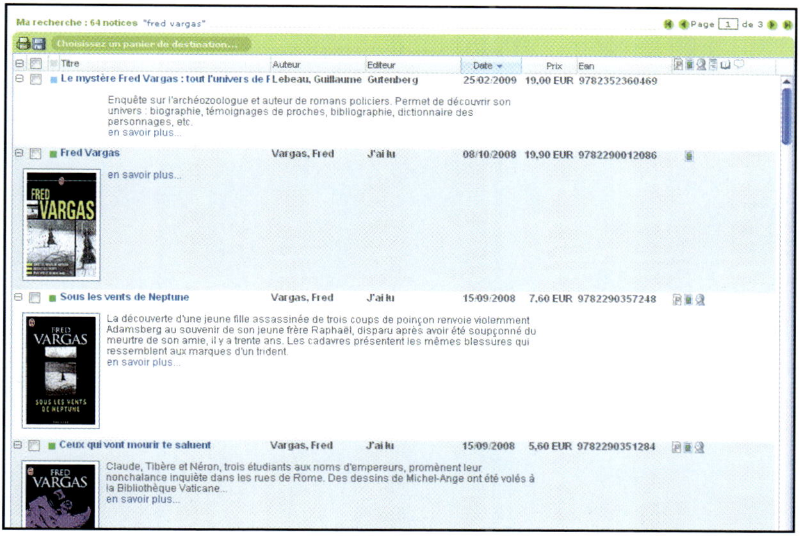

Figure 7.5.

Vous pouvez refermer tous les Aperçus en cliquant sur le premier pictogramme ⊟ en haut à gauche de chaque liste.

Agrandir la couverture

Dans une vue Aperçu, cliquer sur la vignette de la couverture permet de visualiser cette dernière en grand format (Figure 7.6).

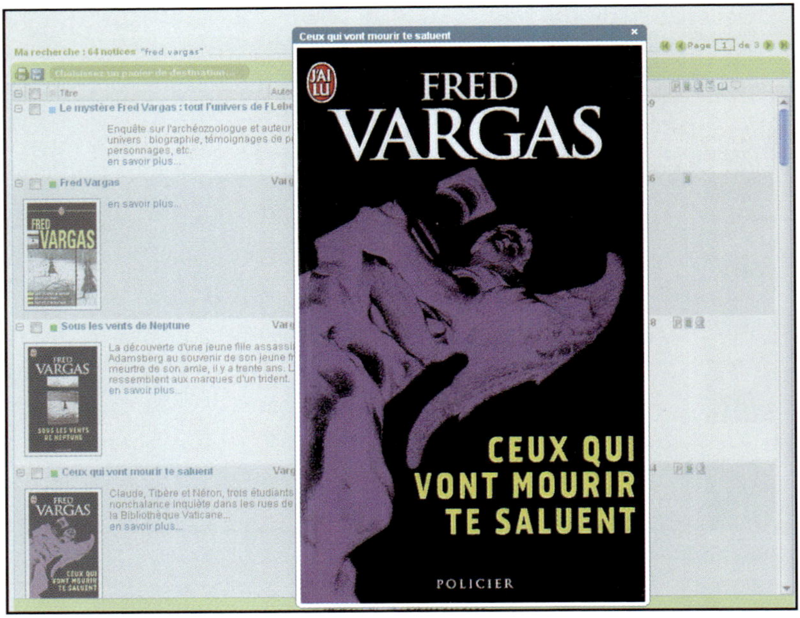

Figure 7.6.

La vue Notice

Cliquer sur le titre ou sur le lien En savoir plus (dans la vue Aperçu) permet d'accéder à la notice détaillée (Figure 7.7).

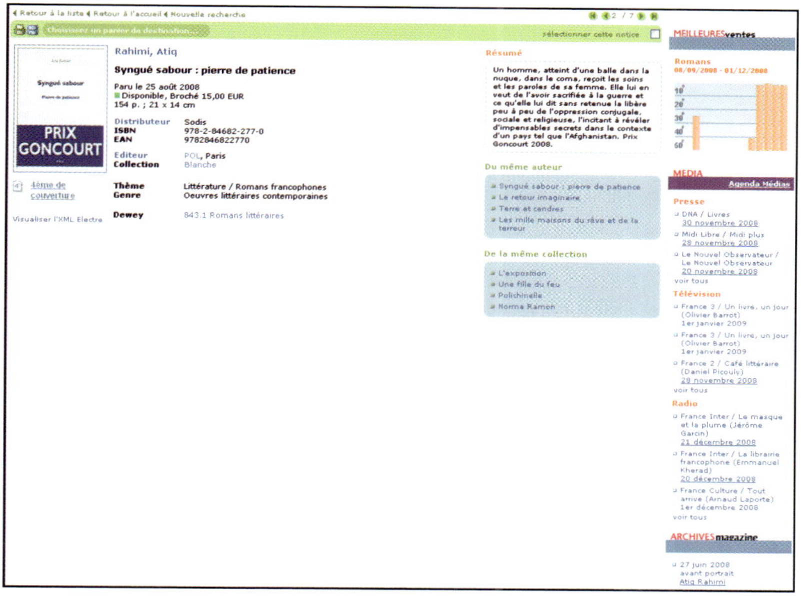

Figure 7.7.

Il s'agit de l'affichage le plus complet. Il recense l'ensemble des informations recueillies, rédigées et compilées par les catalogueurs d'Electre.

Les signes de la vue Notice

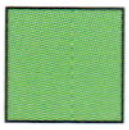

Disponible ;

Epuisé ;

À paraître ;

Manquant (provisoirement) ;

Format Poche ;

Format CD-Rom ou DVD-Rom ;

Format Livres lus ;

Présence d'une représentation de la couverture ;

Présence d'une biographie de l'auteur ;

Feuilletage possible ;

Présence d'une table des matières ;

Présence d'une critique de l'ouvrage.

La signification de chaque pictogramme de la vue Liste est détaillée dans le Chapitre 6, « Visualiser les résultats de recherche (généralités) ».

Naviguer entre les notices

Vos résultats de recherche pouvant contenir des milliers de titres, il peut être nécessaire de naviguer entre plusieurs notices.

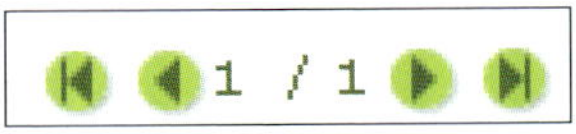

Vous avez ainsi la possibilité d'avancer ou de reculer notice par notice ou d'accéder directement à la première ou à la dernière notice.

Les options de la vue Notice : impression, exportation et paniers

- Imprimer (quatrième partie, *Traiter et développer les résultats*) ;
- Exporter (quatrième partie, *Traiter et développer les résultats*).

Vous avez également la possibilité de créer ou alimenter un panier grâce au lien suivant :

La manipulation des paniers est détaillée dans la quatrième partie, *Traiter et développer les résultats.*

Les champs principaux de la notice

Vous retrouvez ici les informations complètes réalisées par les catalogueurs d'Electre. Lorsque ces champs apparaissent en bleu clair, il s'agit de liens vous permettant d'accéder à des informations complémentaires.

- L'*Auteur* (incluant les différents collaborateurs).
- Le *Titre complet* (incluant les sous-titres).

- La *Disponibilité* : en plus des notés

  Disponible,

  Epuisé,

  À paraître,

  Manquant (provisoirement), electre.com vous fournit les informations : en réimpression, manque provisoirement, manque sans date, arrêt commercialisation et non paru.

- Le *Prix* : cette information indique le prix et le format (poche, relié, broché et luxe).
- L'*ISBN* : le code ISBN est fourni sous sa forme à 13 chiffres (réglementation depuis le 1er janvier 2007).
- Le *Gencod* : il s'agit du code EAN à 13 chiffres.
- Le *Distributeur* : cette information indique le distributeur de l'édition concernée. Cliquer sur Distributeur permet d'accéder à la fiche de celui-ci dans laquelle sont contenus ses coordonnées, son Gencod, les éditions distribuées et/ou diffusées, etc.
- L'*Editeur* : cette information indique l'éditeur concerné et sa ville. Cliquer sur le lien Editeur permet d'accéder aux informations relatives à celui-ci : coordonnées, circuit de distribution et de diffusion, etc. Cliquer sur le nom de l'édition permet d'accéder à l'ensemble des ouvrages édités par celle-ci.
- La *Collection* : cette information indique la collection qui contient la notice concernée (éventuellement la sous-collection) et le numéro dans cette collection (ou sous-collection). Cliquer sur le nom de la collection permet d'accéder à l'ensemble des ouvrages intégrant celle-ci.

- La *Description* : il s'agit d'une description physique de l'ouvrage : dimension et nombre de pages.
- Le *Résumé* : il s'agit du résumé de l'ouvrage rédigé par electre.com.
- *RAMEAU* : les mots matières RAMEAU sont affichés ici. Cliquer sur un mot matière vous permet d'accéder à l'ensemble des ouvrages concernés par celui-ci.
- *Dewey* : l'indexation Dewey est affichée ici. En cliquant sur le numéro Dewey, l'utilisateur accède à l'ensemble des ouvrages concernés par cette indexation particulière.
- Le *Thème* : vous retrouvez ici la classification de l'ouvrage concerné suivant son thème (domaine de connaissance).
- Le *Genre* : l'utilisateur retrouve ici la classification de l'ouvrage suivant son genre (format et/ou but).

Les informations complémentaires liées à la notice

La notice Electre, le cas échéant, vous fournit des informations supplémentaires susceptibles de compléter votre connaissance du titre.

La biographie de l'auteur

De plus en plus souvent, Electre vous permet d'accéder à une succincte biographie d'un auteur (Figure 7.8)en cliquant sur le lien Biographie représenté par le pictogramme ci-contre.

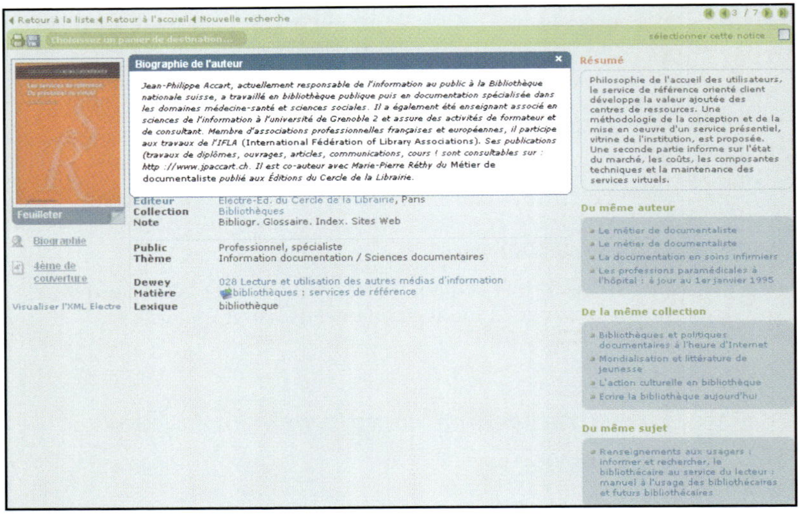

Figure 7.8.

Il s'agit d'une information transmise par l'éditeur.

Dès les vues Liste ou Aperçu, vous êtes informé, grâce aux pictogrammes, de la présence d'une biographie.

La quatrième de couverture

Electre vous propose de visualiser la quatrième de couverture (Figure 7.9)en cliquant sur le pictogramme ci-contre.

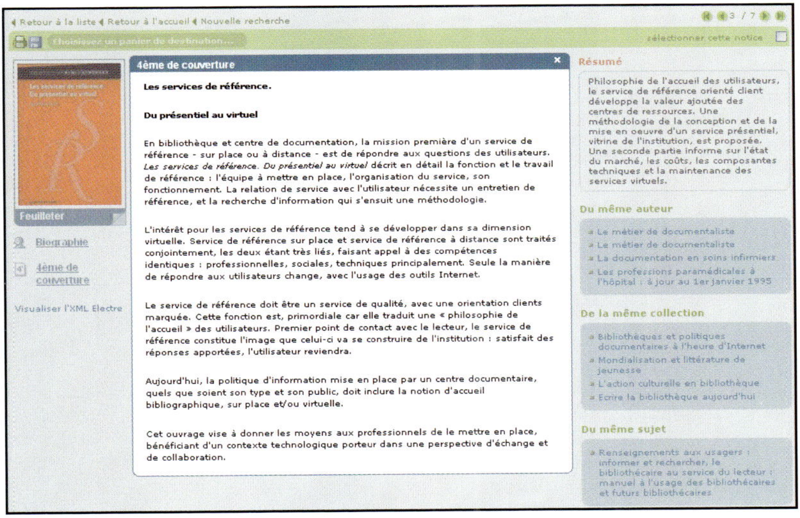

Figure 7.9.

Cette information est fournie par l'éditeur.

La table des matières

Electre vous offre la possibilité de visualiser la table des matières (Figure 7.10) grâce au pictogramme ci-contre.

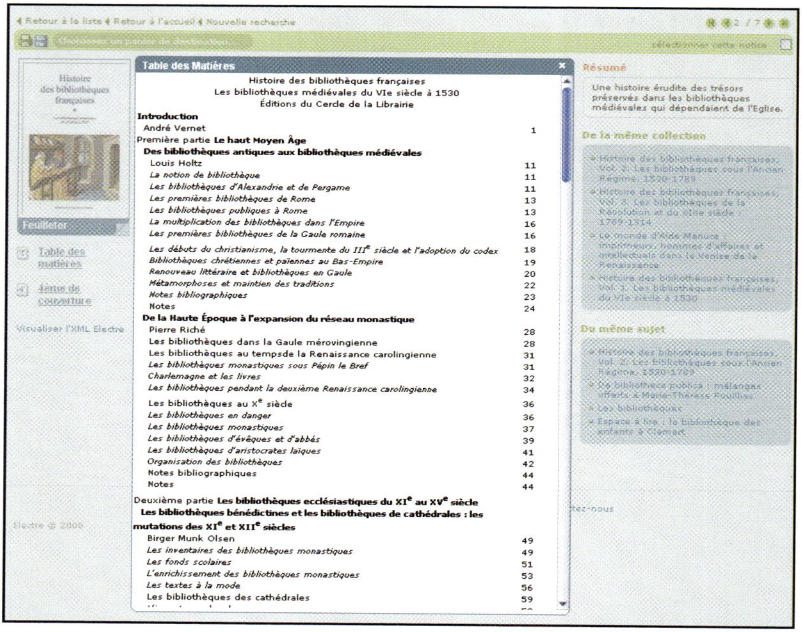

Figure 7.10.

Cette information est transmise par l'éditeur.

Dès les vues Liste ou Aperçu, vous êtes informé de la présence d'une table des matières grâce aux pictogrammes.

TRUC

Dans une Table des matières, la combinaison de touches Ctrl + F (recherche) permet d'identifier l'emplacement du terme recherché.

Le feuilletage

Depuis 2008, Electre propose progressivement le feuilletage des ouvrages référencés. Ce feuilletage, limité, vous offre une information supplémentaire sur le contenu d'un ouvrage en vous permettant de débuter la lecture d'un roman ou d'apprécier le dessin d'une bande dessinée, par exemple. Vous accédez au feuilletage en cliquant sur le lien suivant Feuilleter.

Vous accédez ainsi à une nouvelle fenêtre (Figure 7.11).

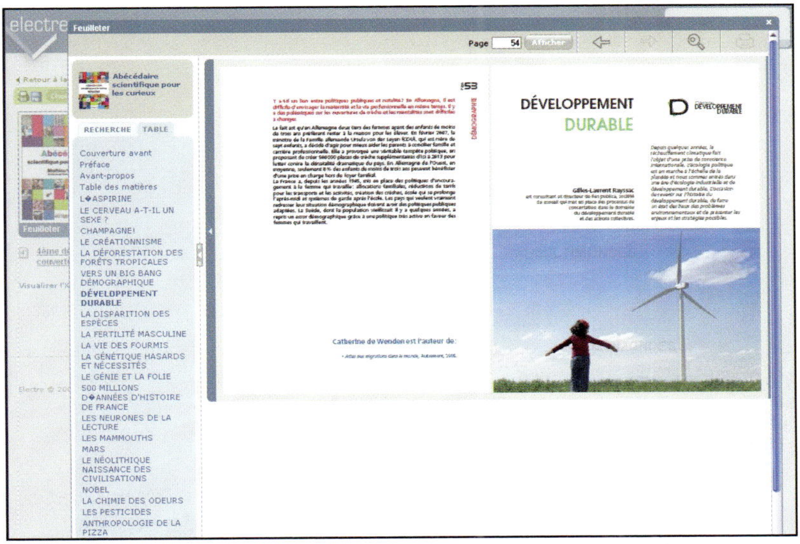

Figure 7.11.

TRUC Le feuilletage vous permet de consulter un ouvrage (chaque première page de chapitre dans notre exemple), de faire des recherches dans l'intégralité des textes, etc. Le présent manuel est feuilletable en ligne, en intégralité.

Les critiques

Certaines notices étant accompagnées de critiques (Figure 7.12), vous pouvez les consulter en cliquant sur le lien correspondant.

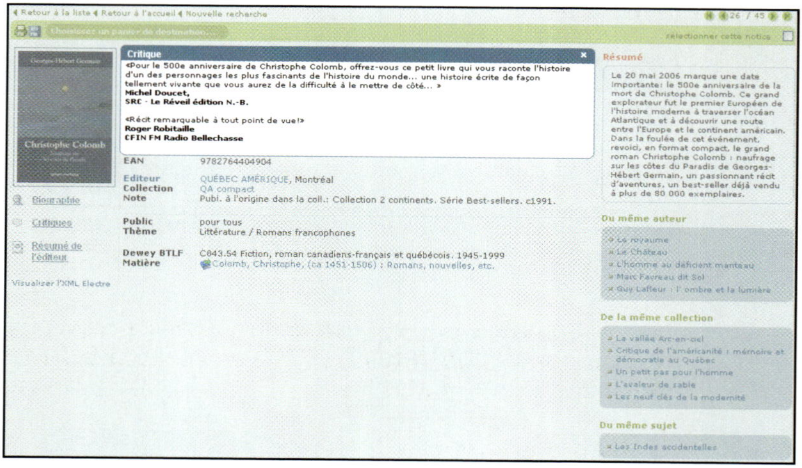

Figure 7.12.

Les informations issues de *Livres Hebdo*

L'interfaçage entre la base de données Electre et *Livres Hebdo* vous permet de visualiser plusieurs informations liées à la notice et fournies par le magazine (Figure 7.13.).

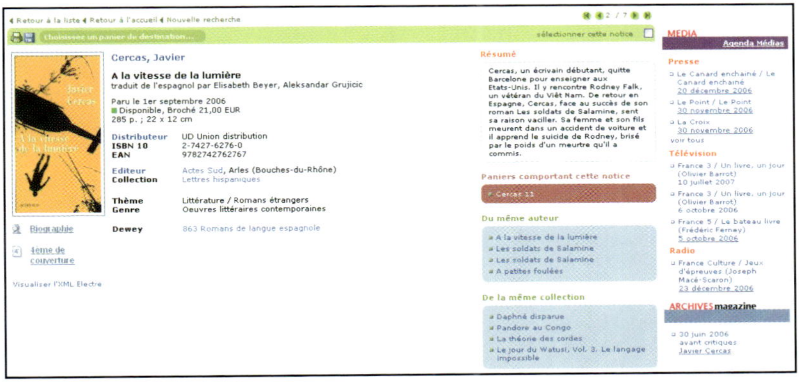

Figure 7.13.

Les informations sur la droite de votre écran sont alimentées par *Livres Hebdo* et sont accessibles aux abonnés du magazine.

L'agenda Médias

Les sites electre.com et livreshebdo.fr vous informent des passages médias lorsqu'un ouvrage a fait l'objet d'un ou plusieurs articles ou d'une ou plusieurs rubriques dans une émission (radiophonique ou télévisée) ou dans un titre de la presse périodique (Figure 7.14).

Figure 7.14.

Dans notre exemple, la rubrique nous informe que le quotidien *La Croix* dans son édition du 30 novembre 2006 a consacré un article à Javier Cercas et son titre *A la vitesse de la lumière*. Cet outil est accessible aux abonnés du magazine.

Les archives Livres Hebdo

Lorsqu'un ouvrage a fait l'objet d'un article dans *Livres Hebdo* (Avant-critique, Avant-portrait, etc.), la notice vous le rappelle dans sa rubrique Archives magazine.

En cliquant sur le nom de l'auteur, vous accédez à l'article (au format PDF, dans une nouvelle fenêtre).

NOTE TECHNIQUE

Le *format PDF* (Portable Document Format) est un format de fichier conçu par Adobe permettant de visualiser et d'imprimer un document sur tout type de micro et d'imprimante via l'outil Acrobat Reader distribué gratuitement par le constructeur Adobe.

Les meilleures ventes

Les sites electre.com et livreshebdo.fr vous informent lorsqu'un titre a fait partie des meilleures ventes, suivant le classement du magazine *Livres Hebdo* (Figure 7.15).

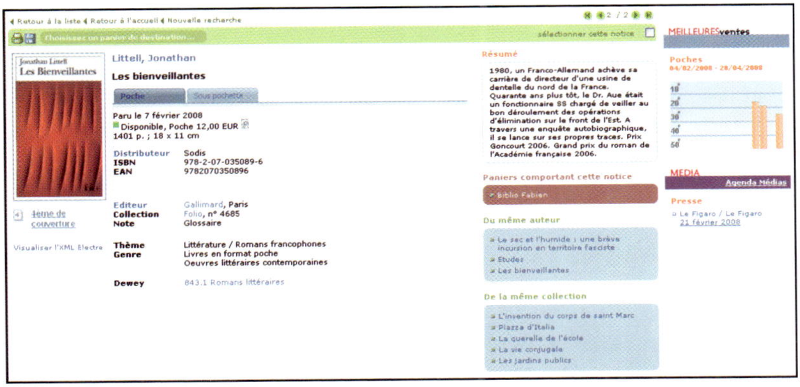

Figure 7.15.

La rubrique Meilleures ventes en haut à droite de la notice vous informe du classement de cet ouvrage parmi les indices de vente des ouvrages au format poche.

8

La recherche Paniers et la recherche Périmètre

Dans ce chapitre :

- La recherche Paniers.
- La recherche Périmètre.

Cette nouvelle version vous permet d'effectuer des recherches parmi les notices contenues dans vos paniers ou dans un périmètre que vous avez défini (exemple : les romans policiers). Vous utilisez pour cela les mêmes outils que dans les recherches rapide ou avancée que nous avons vues précédemment.

La recherche Paniers

Grâce à l'onglet Mes Paniers, electre.com vous propose de réaliser des recherches dans l'ensemble de vos paniers (Figure 8.1) dont l'utilisation est détaillée dans la quatrième partie, *Traiter et développer les résultats*.

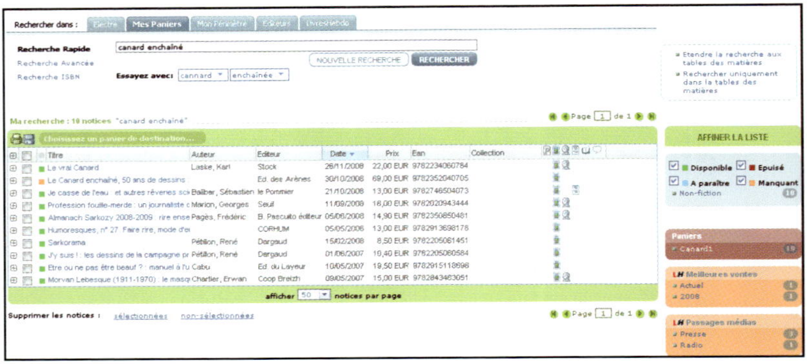

Figure 8.1.

Dans cet exemple, les termes canard («et») enchaîné sont recherchés uniquement dans les paniers. Le ventilateur situé à droite de votre écran vous informe des paniers contenant les termes recherchés.

Dans une recherche Paniers, vous pouvez utiliser les outils de recherches rapide, avancée et ISBN/EAN, ainsi qu'affiner ou élargir vos résultats de la même manière que lors d'une recherche classique.

La recherche Paniers s'effectue dans les paniers personnels de chaque utilisateur (identifié par son login et son mot de passe) ainsi que dans les paniers communs, mais pas dans les paniers personnels d'autres utilisateurs (quatrième partie, *Traiter et développer les résultats*).

La recherche Périmètre

Grâce à l'onglet Mon Périmètre, electre.com vous propose de réaliser des recherches dans un périmètre que vous avez défini préalablement et dont l'utilisation est détaillée dans la quatrième partie, *Traiter et développer les résultats*.

Vous pouvez, par exemple, rechercher le terme « algérie » dans le périmètre Bandes dessinées que vous avez préalablement créé (Figure 8.2).

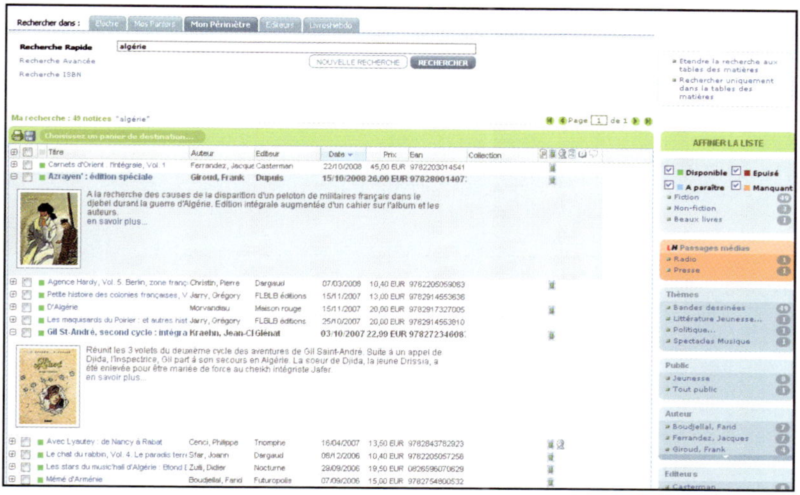

Figure 8.2.

TRUC

Dans une recherche Périmètre, vous pouvez utiliser les outils de recherches rapide, avancée et ISBN/EAN ainsi qu'affiner ou élargir vos résultats de la même manière que lors d'une recherche classique.

9

Rechercher un éditeur

Dans ce chapitre :

- La fiche Éditeur.
- Recherche d'un éditeur par sa raison sociale.
- Recherche d'un éditeur par son indicatif ISBN.
- Recherche d'éditeurs d'après leur code postal.
- Recherche d'éditeurs d'après leur ville.
- Recherche d'éditeurs d'après leur pays.
- Recherche d'éditeurs suivant leurs spécialités.

La recherche d'un éditeur permet de rechercher un ou plusieurs éditeurs suivant plusieurs critères détaillés ci-dessous. Cette recherche obéit aux mêmes règles que les recherches rapide et avancée concernant les opérateurs booléens (ET, OU et SAUF) et les corrections orthographiques. Vous accédez à la recherche Éditeurs en cliquant sur l'onglet correspondant (Figure 9.1).

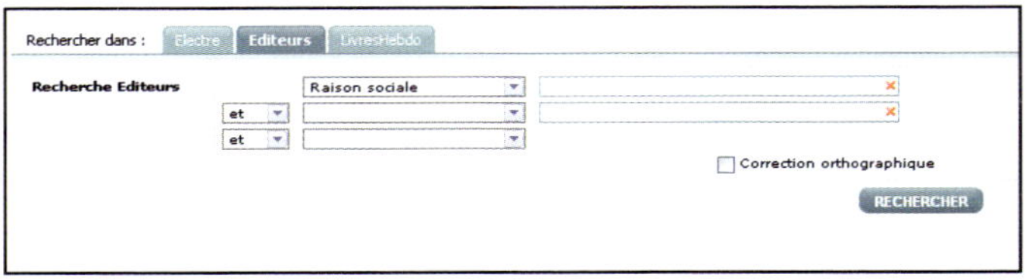

Figure 9.1.

TRUC

À partir d'une notice, vous pouvez également accéder à la fiche Éditeur en cliquant sur le lien Éditeur (Figure 9.2).

Figure 9.2.

ATTENTION

Veillez à bien cliquer sur le lien Éditeur. Dans notre exemple, cliquer sur Stock nous renvoie vers les notices de cet éditeur.

La fiche Editeur

La fiche Editeur d'electre.com fournit toutes les informations utiles (Figure 9.3).

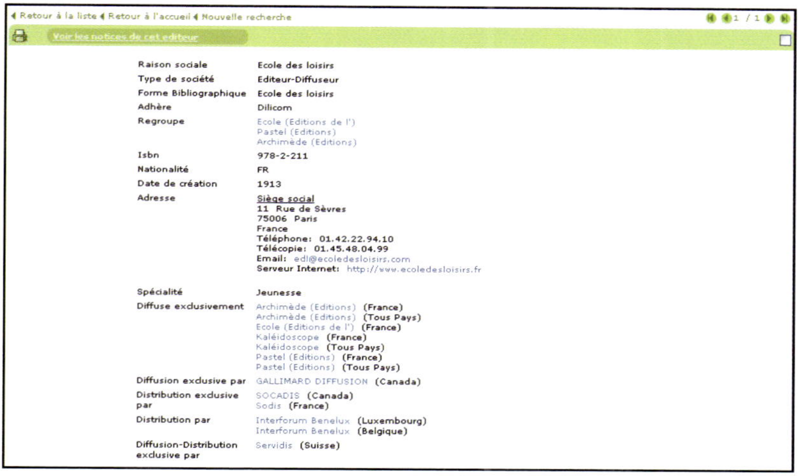

Figure 9.3.

Le site electre.com vous fournit les informations suivantes :

- Raison sociale ;
- Type de société ;
- Forme bibliographique ;
- Adhère (ou non) à Dilicom ;
- Regroupe : les éditeurs liés sont présentés sous forme de liens vous dirigeant vers la fiche Éditeur de chacun d'eux ;
- ISBN ;
- Nationalité ;
- Date de création ;
- Adresse : le cas échéant, electre.com vous fournit sous forme de liens le courriel ainsi que l'adresse Internet de cet éditeur ;

- Spécialité(s) ;
- Éditeurs diffusés : les éditeurs diffusés sont présentés sous forme de liens vous dirigeant vers la fiche Éditeur de chacun d'eux ;
- Diffuseur et distributeur : ceux-ci sont présentés sous forme de liens vous dirigeant vers les fiches Diffuseur ou Distributeur. Les informations sont précisées en fonction de la zone de diffusion ou de distribution.

Vous avez la possibilité d'imprimer cette fiche Editeur grâce au bouton ci-contre.

Vous pouvez visualiser les notices de chaque éditeur en cliquant sur le lien suivant :

Recherche d'un éditeur par sa raison sociale

Vous pouvez retrouver un éditeur en introduisant sa raison sociale (Figure 9.4).

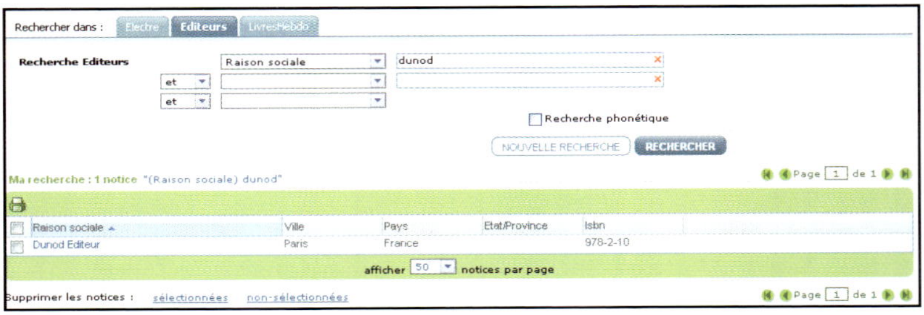

Figure 9.4.

Exemple : Raison sociale : « dunod », 1 fiche Éditeur trouvée.

En cliquant sur la raison sociale, vous accédez à la fiche de cet éditeur (Figure 9.5).

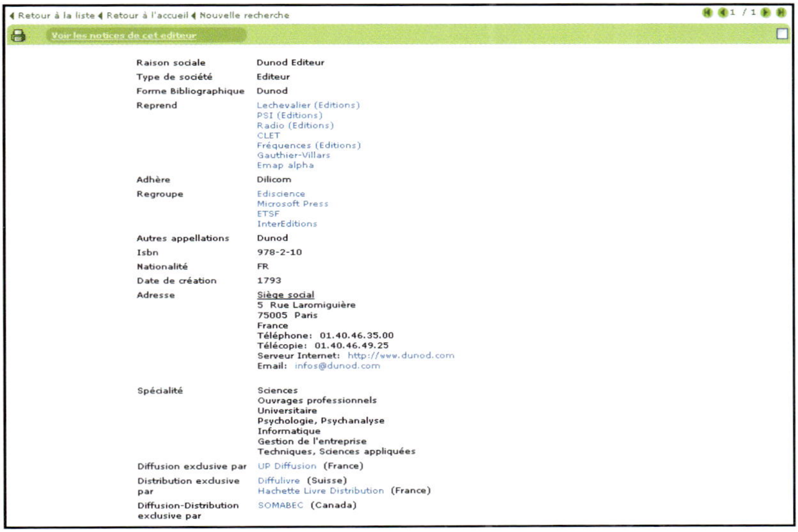

Retour à la liste Retour à l'accueil Nouvelle recherche 1 / 1

Voir les notices de cet editeur

Raison sociale	Dunod Editeur
Type de société	Editeur
Forme Bibliographique	Dunod
Reprend	Lechevalier (Editions) PSI (Editions) Radio (Editions) CLET Fréquences (Editions) Gauthier-Villars Emap alpha
Adhère	Dilicom
Regroupe	Ediscience Microsoft Press ETSF InterEditions
Autres appellations	Dunod
Isbn	978-2-10
Nationalité	FR
Date de création	1793
Adresse	Siège social 5 Rue Laromiguière 75005 Paris France Téléphone: 01.40.46.35.00 Télécopie: 01.40.46.49.25 Serveur Internet: http://www.dunod.com Email: infos@dunod.com
Spécialité	Sciences Ouvrages professionnels Universitaire Psychologie, Psychanalyse Informatique Gestion de l'entreprise Techniques, Sciences appliquées
Diffusion exclusive par	UP Diffusion (France)
Distribution exclusive par	Diffulivre (Suisse) Hachette Livre Distribution (France)
Diffusion-Distribution exclusive par	SOMABEC (Canada)

Figure 9.5.

Une fiche Éditeur est également un outil d'ouverture vous permettant d'accéder à des informations corollaires grâce aux liens détaillés précédemment.

Recherche d'un éditeur par son indicatif ISBN

En introduisant l'indicatif d'un éditeur (8 chiffres), vous pouvez retrouver les coordonnées de celui-ci (Figure 9.6).

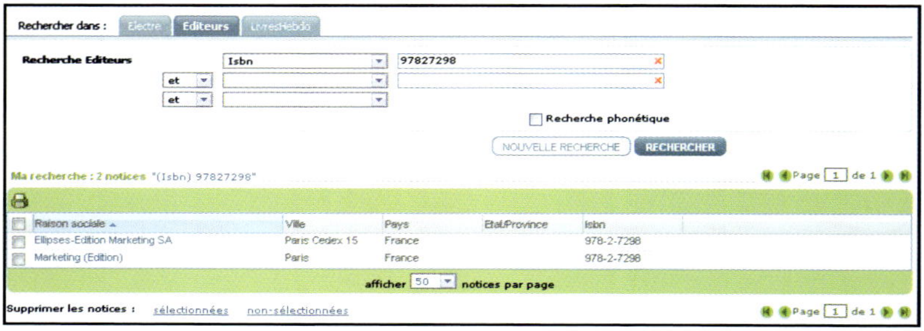

Figure 9.6.

Exemple : ISBN « 97827298 », 2 fiches Éditeur trouvées.

Les deux fiches correspondent au même éditeur Ellipses.

Recherche d'éditeurs d'après leur code postal

Vous pouvez retrouver un ou plusieurs éditeurs d'une ville ou d'un département en introduisant leur code postal à 2 ou 5 chiffres (Figure 9.7).

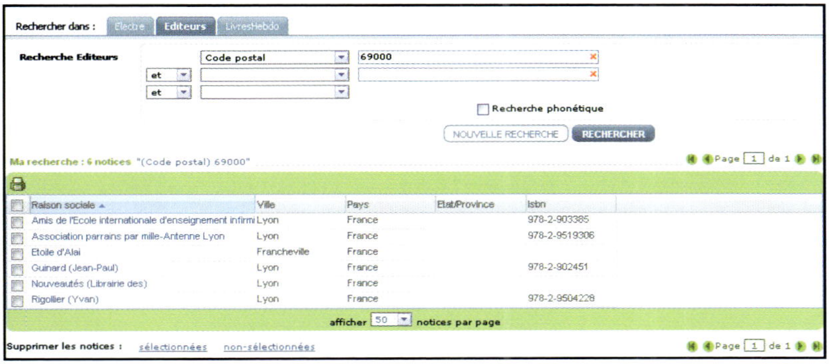

Figure 9.7.

Exemple : Code postal « 69000 », 6 fiches Éditeur trouvées.

Recherche d'éditeurs d'après leur ville

Vous pouvez retrouver un ou plusieurs éditeurs en spécifiant leur ville (Figure 9.8).

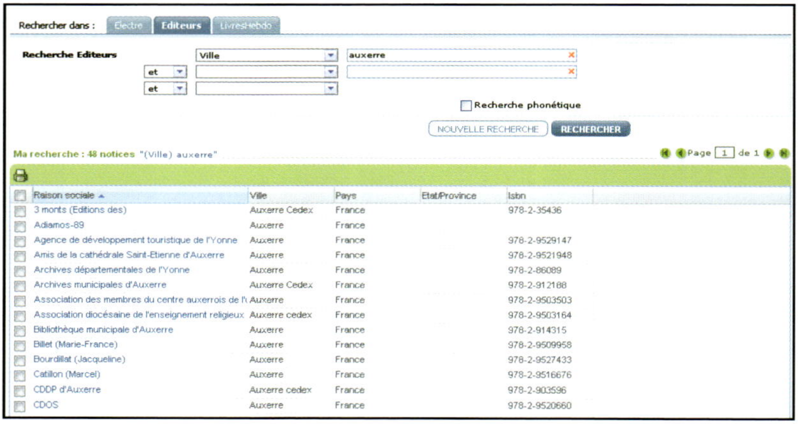

Figure 9.8.

Exemple : Ville « auxerre », 48 fiches Éditeur trouvées.

Recherche d'éditeurs d'après leur pays

Vous pouvez retrouver un ou plusieurs éditeurs en spécifiant leur pays (Figure 9.9).

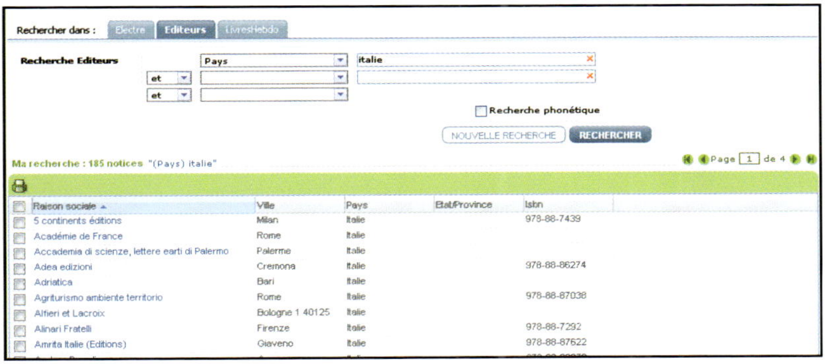

Figure 9.9.

Exemple : Pays « Italie », 185 fiches Éditeur trouvées.

Recherche d'éditeurs suivant leurs spécialités

Vous pouvez retrouver un ou plusieurs éditeurs en spécifiant leurs spécialités. Cette recherche peut s'avérer particulièrement fructueuse dans le cas de spécialités rares (ouvrages en grands caractères ou en braille par exemple).

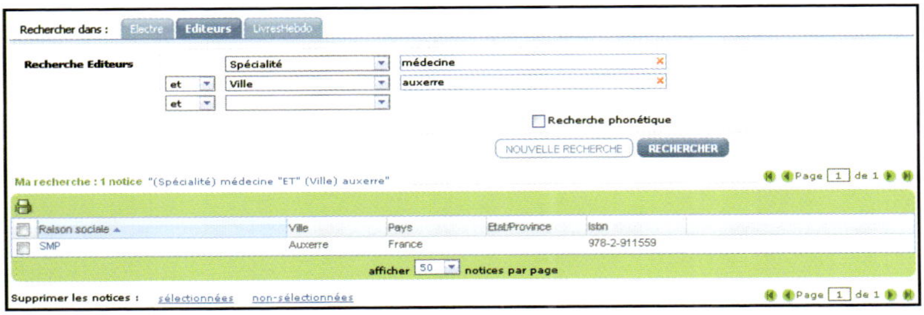

Figure 9.10.

Exemple : Spécialité « médecine » “ET” Ville « auxerre », 1 fiche Éditeur trouvée.

Le résultat correspond à un éditeur d’ouvrages de médecine demeurant à Auxerre.

10

Rechercher un article archivé de livres hebdo

Dans ce chapitre :

- De récents développements ont permis de lier electre.com aux diverses informations du magazine *Livres Hebdo*. Les abonnés au magazine peuvent ainsi consulter les articles parus depuis 2005 grâce au moteur de recherche *Livres Hebdo*, accessible depuis electre.com et livreshebdo.fr.
- Vous avez la possibilité d'accéder aux archives du magazine *Livres Hebdo* depuis 2005 en cliquant sur l'onglet correspondant (Figure 10.1).

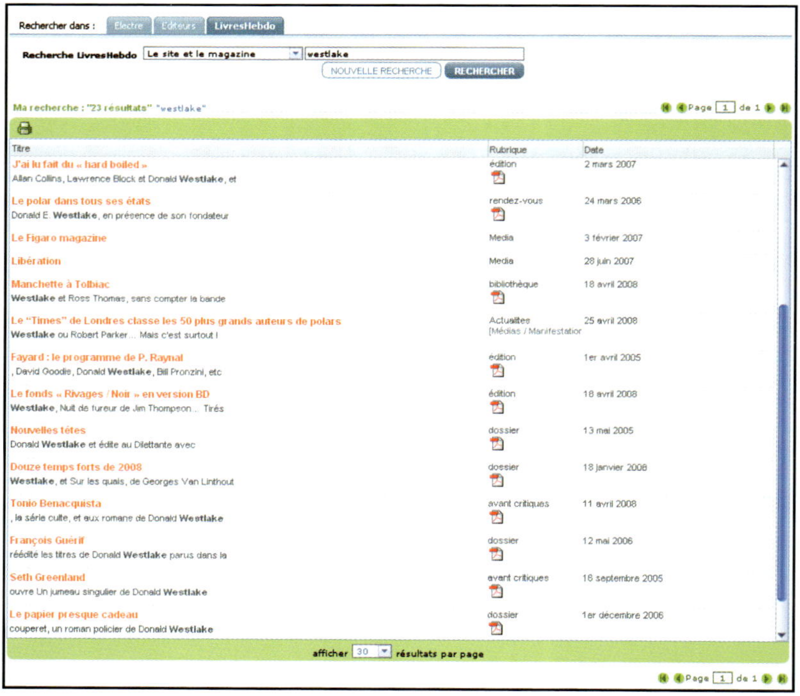

Figure 10.1.

La recherche « westlake » vous permet d'accéder aux différents articles ou rubriques de *Livres Hebdo* ayant mentionné (de près ou de loin) l'écrivain. En cliquant sur le titre de l'article, vous accédez à celui-ci dans une nouvelle fenêtre au format PDF. Le logiciel gratuit Acrobat Reader doit pour cela être installé sur votre ordinateur.

Quatrième partie

Traiter et développer les résultats

Dans cette partie…

Que faire de vos résultats de recherche ? Electre vous propose plusieurs outils vous permettant de les exploiter. Vous avez ainsi la possibilité :

- *De sauvegarder les critères de votre recherche* : pratique pour retrouver facilement une recherche complexe ou pour créer un périmètre limité à un fonds que vous définissez vous-même. De plus, electre.com vous propose d'être alerté lorsqu'un ouvrage correspondant à un critère précis paraît et/ou est annoncé. Cette veille bibliographique vous permet par exemple de suivre l'actualité des comics d'auteurs américains ou des contes pour enfants liés à la Bretagne.
- *D'utiliser les paniers* : vous pouvez ainsi conserver une bibliographie, l'imprimer pour un lecteur, l'exporter pour alimenter votre système de gestion, réaliser un bon de commande ou un devis que vous transmettez immédiatement à votre fournisseur ou votre client par courriel, contrôler vos livraisons, etc.

Cette partie détaille l'ensemble de ces possibilités.

1

Les sauvegardes

Dans ce chapitre :

- L'onglet Mes recherches.
- L'historique de recherche.
- Mes recherches sauvées.
- Mes alertes (ou veille bibliographique).
- Mon périmètre (ou sous-base Electre).

Les sauvegardes permettent de mémoriser des critères de recherche, contrairement au panier qui mémorise un contenu (de notices identifiées). De fait, les résultats de recherche suivant ces critères sont variables et s'enrichissent progressivement des nouveautés correspondantes.

Il existe deux principales utilisations de cet outil : l'alerte (ou veille bibliographique) et le périmètre (ou sous-base Electre). Afin d'utiliser ces outils, vous devez retrouver l'historique des recherches de votre session de travail en cours grâce au bouton Mes recherches.

L'onglet Mes recherches

Vous accédez aux outils de sauvegarde en cliquant sur le pictogramme (Mes recherches) situé à gauche de votre écran (Figure 1.1).

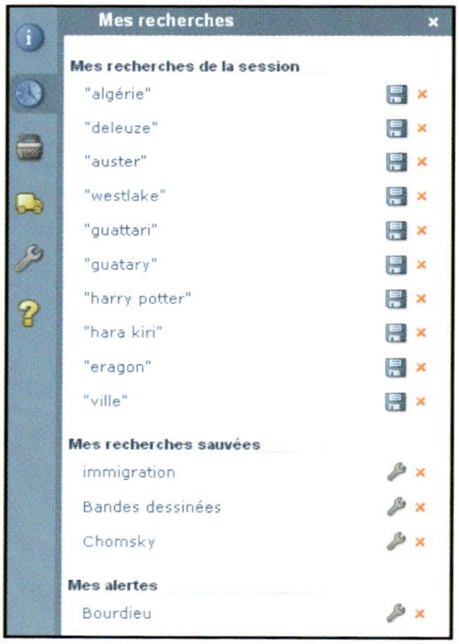

Figure 1.1.

Ce lien vous ouvre l'onglet Mes recherches, segmenté en trois rubriques : Mes recherches de la session, Mes recherches sauvées et Mes alertes.

L'historique de recherche

Vous accédez aux outils de sauvegarde en cliquant sur le pictogramme (Mes recherches) situé à gauche de votre écran.

Le lien vous dirige vers l'historique (Figure 1.2), qui correspond à l'ensemble des recherches effectuées durant votre session en cours (depuis votre entrée dans electre.com à l'aide des codes d'accès, jusqu'à votre sortie par le biais du lien Quitter).

Figure 1.2.

Sous la rubrique Mes recherches de la session, vous retrouvez l'historique de vos dernières recherches, triées de la plus récente à la plus ancienne.

Par défaut, ces recherches ne sont pas sauvegardées d'une session à l'autre.

Pour sauvegarder une sélection, il faut cliquer sur l'icone situé à droite de la sélection souhaitée (voir chapitre suivant).

Vous avez également la possibilité de supprimer une recherche en cliquant sur la croix.

Lorsque vous avez effectué plus de 10 recherches durant votre session de travail, vous accédez aux plus anciennes en cliquant sur Autres recherches.

Dans notre exemple, si vous cliquez sur « chomsky », vous retrouvez toutes les notices correspondant à cette recherche, éventuellement enrichies des nouveautés.

Vous refermez l'onglet Sauvegarde en cliquant sur la croix de fermeture.

Mes recherches sauvées

Suivant notre exemple, vous avez sauvegardé la recherche « chomsky » en cliquant sur le pictogramme situé en marge.

Une nouvelle fenêtre apparaît et vous êtes invité à nommer cette recherche avant de la sauvegarder (Figure 1.3).

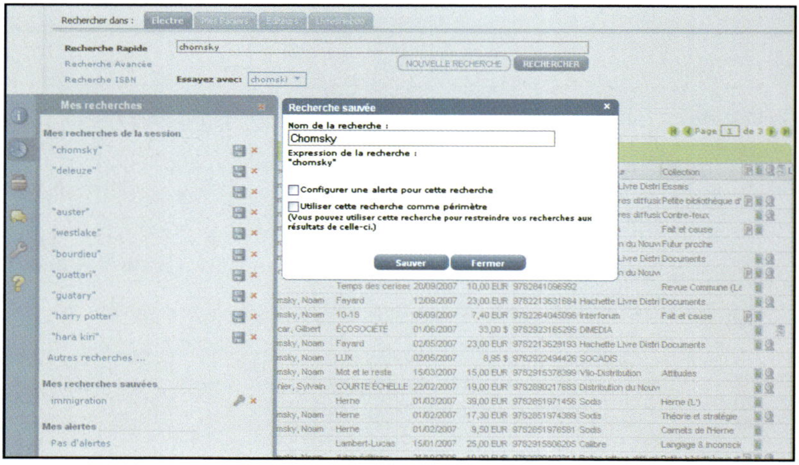

Figure 1.3.

Votre nouvelle recherche sauvegardée apparaît alors sous la rubrique Mes recherches sauvées (Figure 1.4).

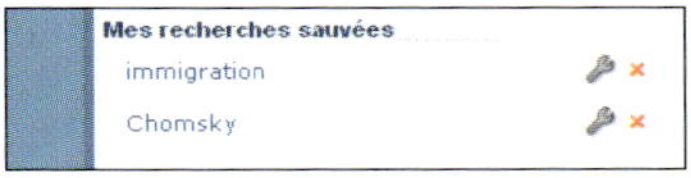

Figure 1.4.

Dans notre exemple, il existe ainsi 2 recherches sauvées que vous retrouverez lors de vos sessions futures : *immigration* et *Chomsky*.

Vous avez la possibilité de supprimer une recherche sauvée en cliquant sur la croix.

Avant de créer une alerte ou un périmètre, vous devez sauvegarder la recherche correspondante.

Mes alertes (ou veille bibliographique)

Le site electre.com vous offre la possibilité de créer des alertes bibliographiques suivant des critères de recherche. Vous êtes ainsi prévenu des nouveautés liées à un Sujet, un Thème, un Auteur, une Collection, etc., que vous suivez de près.

Suivant notre exemple, vous souhaitez suivre de près les ouvrages liés à la recherche « bourdieu ». Comme il s'agit d'une recherche rapide, le terme « bourdieu » peut aussi bien apparaître en Auteur, dans le Résumé ou dans n'importe quel autre champ de la notice, sauf dans la Table des matières.

En cliquant sur le pictogramme de sauvegarde de la recherche, vous accédez à une nouvelle fenêtre (que vous connaissez déjà [Figure 1.5]).

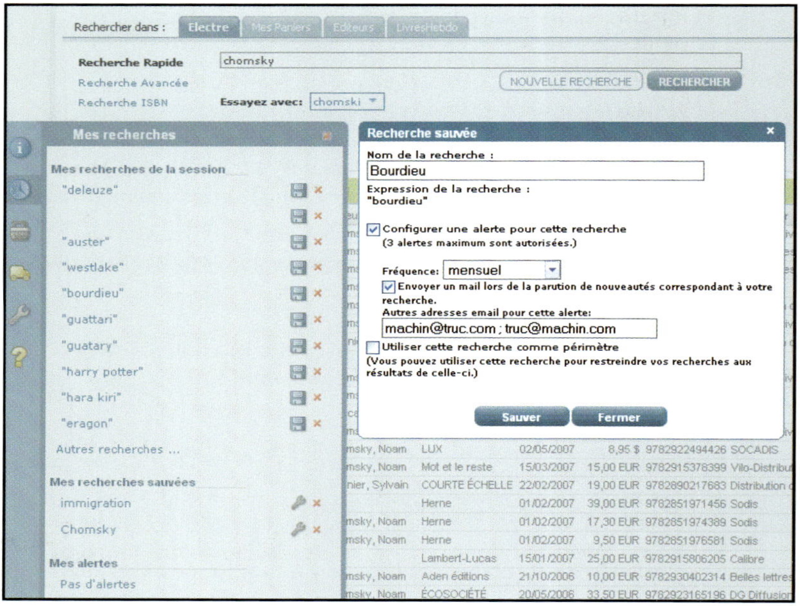

Figure 1.5.

Après avoir nommé votre recherche *Bourdieu*, vous pouvez configurer une alerte pour cette recherche en cochant la case correspondante. Vous devez alors spécifier la régularité des alertes (quotidiennes, hebdomadaires ou mensuelles).

Vous pouvez spécifier, si nécessaire, les adresses électroniques supplémentaires susceptibles de recevoir également cette alerte (jusqu'à cinq adresses électroniques séparées par des points-virgules).

Notez que les alertes sont systématiquement expédiées à l'identifiant de la session de travail.

Ne créez pas d'alerte sur les ouvrages au format poche ! Vous risquez d'être inondé d'alertes !

Les alertes sont utiles pour suivre l'actualité liée à des critères précis. Vous pouvez ainsi être alerté des ouvrages paraissant sur votre ville (« dijon »), sur votre région (« bourgogne ») ou sur des thématiques particulières (littérature de jeunesse liée aux magiciens).

Vous pouvez activer ou désactiver une alerte en cliquant sur le pictogramme ci-contre et en cochant ou en décochant la case Configurer une alerte pour cette recherche.

Mon périmètre (ou sous-base Electre)

Le site electre.com vous permet de créer des périmètres (ou sous-bases) vous permettant d'effectuer des recherches parmi une sélection de notices comme les bandes dessinées, les romans policiers ou le cinéma. Cet outil a été développé essentiellement pour les bibliothèques ou les librairies spécialisées, mais il est souvent utilisé par les structures grand public.

Vous souhaitez, par exemple, créer un périmètre Romans policiers. Vous devez d'abord réaliser une recherche Romans et nouvelles policiers (en passant par l'index Thème [Figure 1.6] de la recherche avancée).

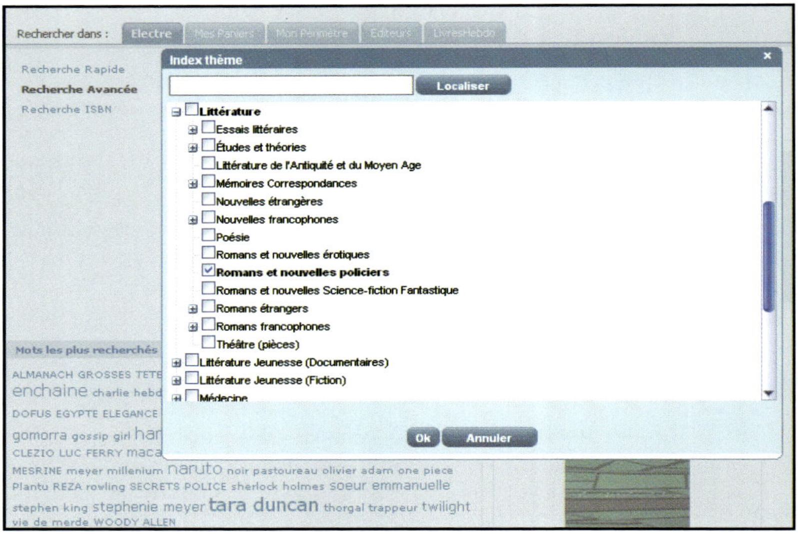

Figure 1.6.

Vous obtenez 24 614 notices de romans ou nouvelles policiers.

Notez que vous pouvez affiner votre recherche grâce aux filtres si vous souhaitez, par exemple, créer un périmètre de romans policiers disponibles (Figure 1.7).

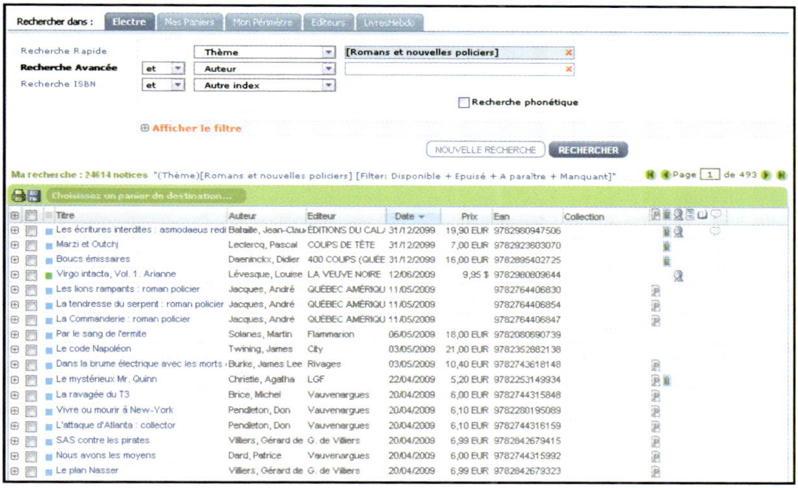

Figure 1.7.

En cliquant sur le pictogramme Mes recherches, vous retrouvez, parmi les recherches de votre session en cours, votre recherche Romans et nouvelles policiers (Figure 1.8).

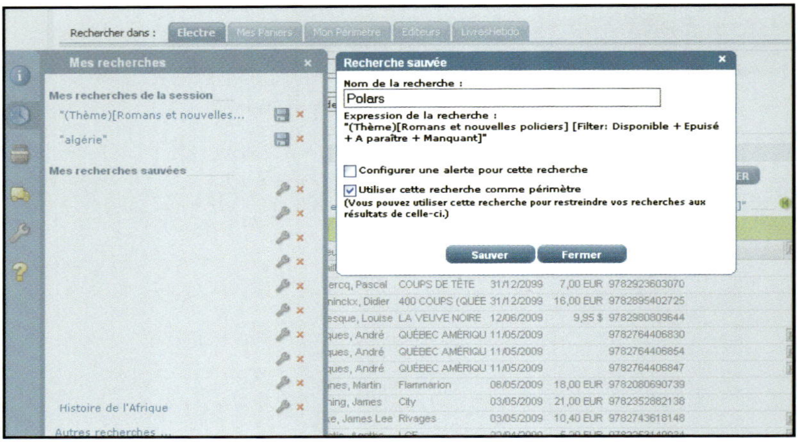

Figure 1.8.

Cliquer sur le pictogramme représenté ci-contre vous permet de sauvegarder cette recherche. Vous êtes alors invité à nommer votre sauvegarde et à spécifier que vous souhaitez en faire un périmètre en cochant la case dédiée.

Vous validez votre choix (Figure 1.9).

Figure 1.9.

Le périmètre Polars est créé. Vous pouvez désormais réaliser des recherches uniquement parmi les romans policiers en cliquant sur Rechercher dans Mon périmètre (Figure 1.10).

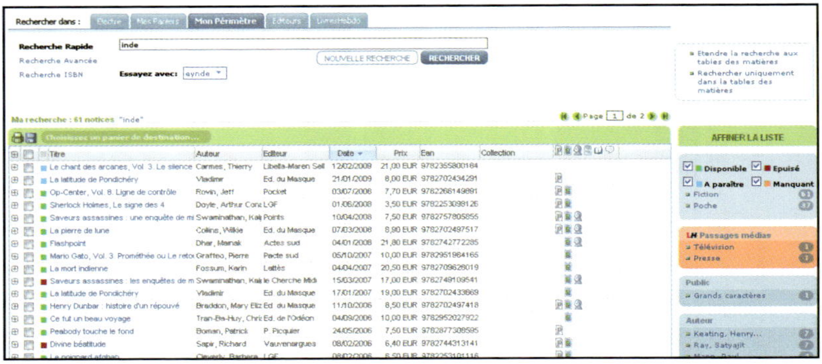

Figure 1.10.

Vous obtenez 61 notices de romans ou nouvelles policiers liés à « inde » contenu dans votre périmètre Polars.

Vous pouvez ensuite, comme pour une recherche classique, affiner ou élargir votre recherche grâce aux filtres (recherche avancée) ou aux ventilateurs.

2

Les paniers

Dans ce chapitre :

- L'onglet Mes paniers.
- L'explorateur de paniers.
- Création et alimentation de paniers.
- Le panier Electre.

Le panier (Figure 2.1) est une forme plus élaborée de sauvegarde, offrant de plus grandes possibilités d'utilisation (bibliographies, exportations, compilations de sélections, commandes, devis, contrôle des réceptions, etc.).

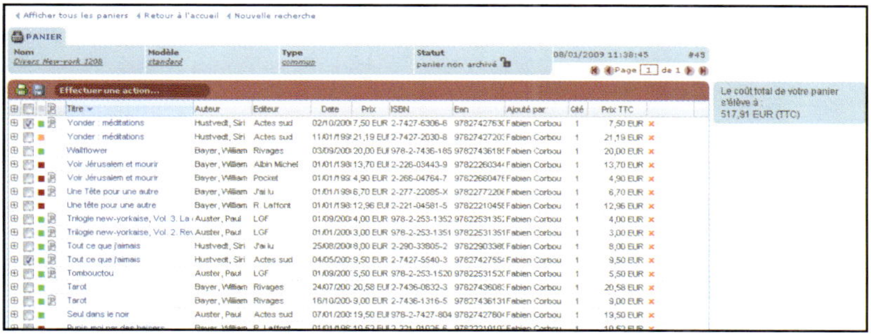

Figure 2.1.

Les commandes ainsi que les devis sont sauvegardés comme les paniers dont ils sont issus.

ATTENTION

Vous visualisez également les bons de commande et les devis grâce à l'explorateur de paniers.

Avant de manipuler les paniers, il convient de paramétrer les dossiers.

Dans la suite de ce manuel, le terme « panier » (en tant que liste bibliographique) sera employé pour désigner indifféremment un panier, un devis ou un bon de commande.

L'onglet Mes paniers

Lorsque vous cliquez sur le pictogramme situé à gauche de votre écran, vous accédez à l'onglet Mes paniers (Figure 2.2).

Figure 2.2.

Vous accédez ainsi à quatre rubriques :

- Derniers paniers : il s'agit des derniers paniers utilisés par l'utilisateur identifié (par son login et son mot de passe).

- Derniers devis : il s'agit des derniers devis établis par l'utilisateur identifié (par son login et son mot de passe). Cette fonction est utilisée par les libraires.
- Derniers bons de commande : il s'agit des derniers bons de commande établis par l'utilisateur identifié (par son login et son mot de passe). Cette fonction est utilisée par les bibliothécaires pour transmettre leurs commandes à leurs libraires.
- Afficher tous les paniers : ce lien vous dirige vers l'explorateur de paniers.

L'explorateur de paniers

En cliquant sur le lien Afficher tous les paniers, vous accédez à l'explorateur de paniers (Figure 2.3).

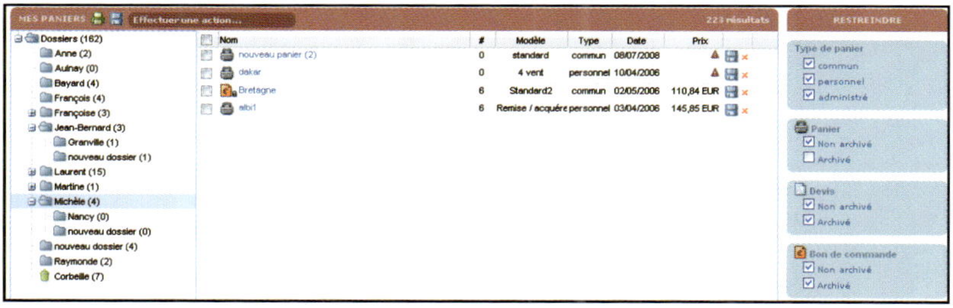

Figure 2.3.

Par défaut, electre.com affiche le contenu du dernier dossier utilisé par l'utilisateur identifié (par son login et son mot de passe).

TRUC

L'explorateur de paniers d'electre.com fonctionne globalement comme les explorateurs que vous connaissez dans un environnement Windows ou Mac (par l'utilisation de dossiers et de sous-dossiers).

La barre d'action (ou barre d'outils)

Cette barre vous permet d'accéder à plusieurs actions liées aux paniers (Figure 2.4).

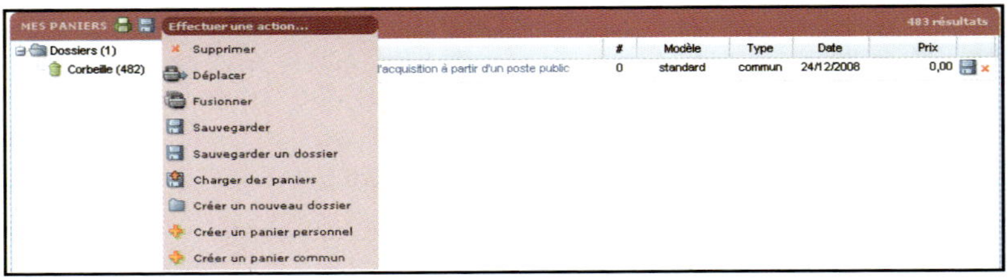

Figure 2.4.

Supprimer un ou plusieurs paniers ou dossiers

Le site electre.com vous permet de supprimer les paniers ou dossiers sélectionnés grâce à l'action Supprimer. Un message d'avertissement apparaît alors (Figure 2.5).

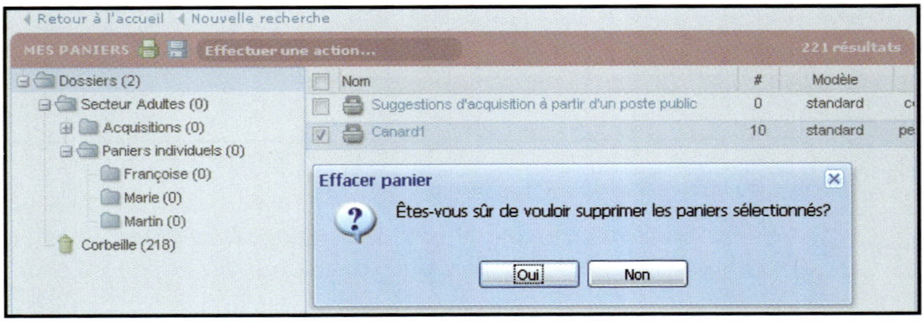

Figure 2.5.

Vous ne pouvez supprimer un dossier que lorsque celui-ci est vide de paniers (y compris des éventuels paniers personnels d'autres utilisateurs).

Un dossier supprimé l'est définitivement, un panier supprimé est conservé durant deux mois dans la corbeille.

Notez que lorsque vous supprimez des notices d'un panier, celles-ci sont irrémédiablement perdues.

Déplacer un ou plusieurs paniers

Vous pouvez déplacer les paniers sélectionnés (cochés) d'un dossier à un autre grâce à cette action (Figure 2.6).

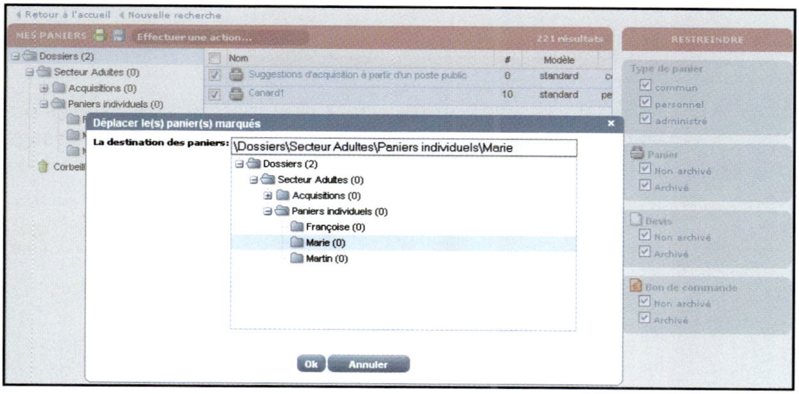

Figure 2.6.

Dans cet exemple, les paniers sont déplacés vers le dossier Marie (\Dossiers\Secteur Adultes\Paniers individuels\Marie).

Fusionner des paniers

Le site electre.com vous permet de fusionner plusieurs paniers en un seul, en vous laissant la possibilité de conserver vos paniers initiaux ou de les supprimer. Ces paniers doivent être situés dans le même dossier initial (Figure 2.7).

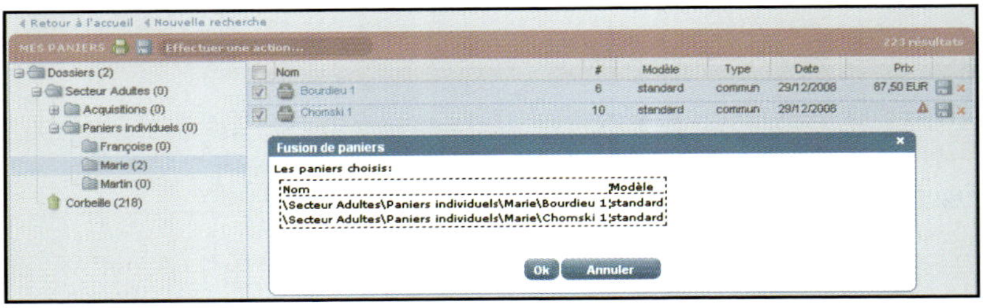

Figure 2.7.

Un écran vous invite à confirmer votre choix de paniers à fusionner (Figure 2.8).

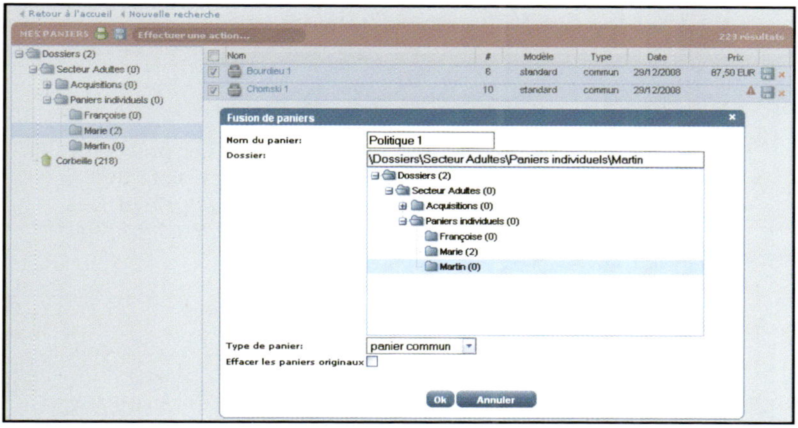

Figure 2.8.

Cette nouvelle fenêtre vous invite par exemple à nommer votre nouveau panier fusionné *Politique 1*, à le positionner (dans le dossier Martin), à spécifier son type (panier commun) et à indiquer si vous souhaitez effacer les paniers originaux.

Les paniers que vous souhaitez fusionner doivent impérativement utiliser le même modèle.

Sauvegarder un ou plusieurs paniers

Les paniers sont sécurisés dans les serveurs d'electre.com. Cependant, vous pouvez choisir de sauvegarder des paniers sélectionnés sur votre disque dur ou sur l'un de vos serveurs grâce à cette action. Les paniers doivent impérativement intégrer le même dossier (Figure 2.9).

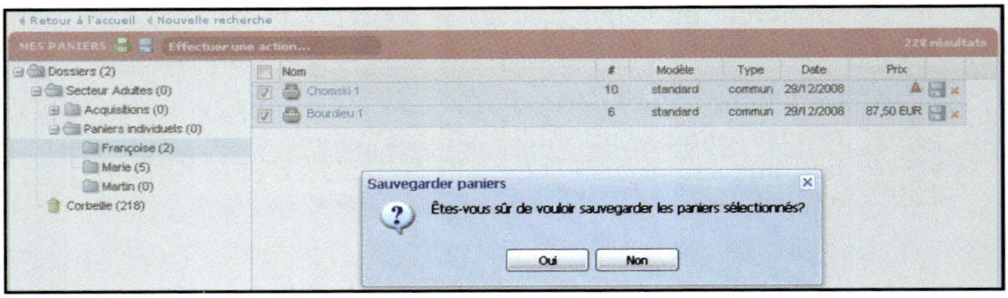

Figure 2.9.

Vous êtes invité à confirmer votre sauvegarde.

Un fichier que vous pouvez recharger dans electre.com à tout moment est alors enregistré sur votre disque.

Ce fichier ne peut être chargé que dans un environnement electre.com par un utilisateur du même abonnement. De fait, une sauvegarde n'est pas considérée comme une exportation.

Sauvegarder un ou plusieurs dossiers

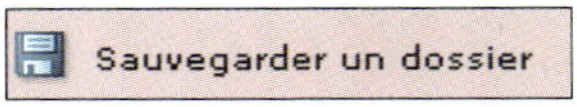

Tout comme les paniers, vous avez la possibilité de sauvegarder un dossier contenant des sous-dossiers et des paniers (Figure 2.10).

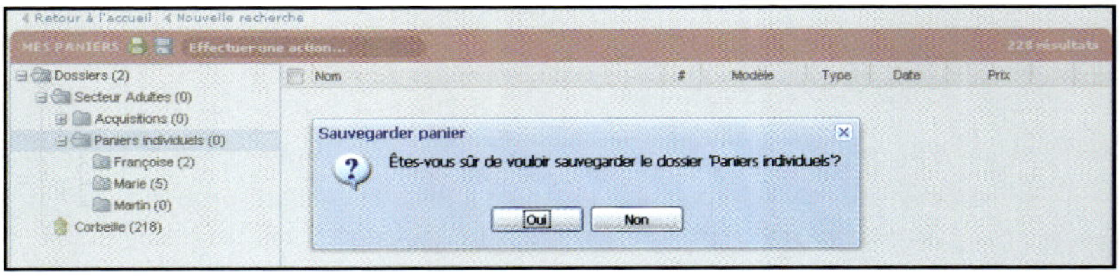

Figure 2.10.

Vous êtes invité à confirmer votre sauvegarde.

Un fichier que vous pouvez recharger dans electre.com à tout moment est alors enregistré sur votre disque.

Ce fichier ne peut être chargé que dans un environnement electre.com par un utilisateur du même abonnement. De fait, une sauvegarde n'est pas considérée comme une exportation.

Charger des paniers (ou des dossiers)

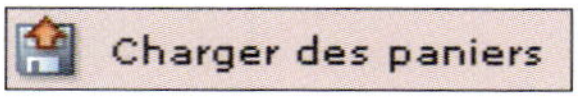

Lorsque vous avez sauvegardé des paniers ou des dossiers sur votre disque dur ou sur l'un de vos serveurs, vous pouvez ensuite les charger dans electre.com.

Si le fichier que vous avez sauvegardé ne concerne que des paniers (sans dossiers), ceux-ci seront chargés sous le dossier sélectionné (dossier *Françoise* dans notre exemple).

Si le fichier que vous avez sauvegardé concerne également des dossiers, toute l'arborescence de ces derniers sera reproduite sous le dossier sélectionné (dossier *Françoise* dans notre exemple [Figure 2.11]).

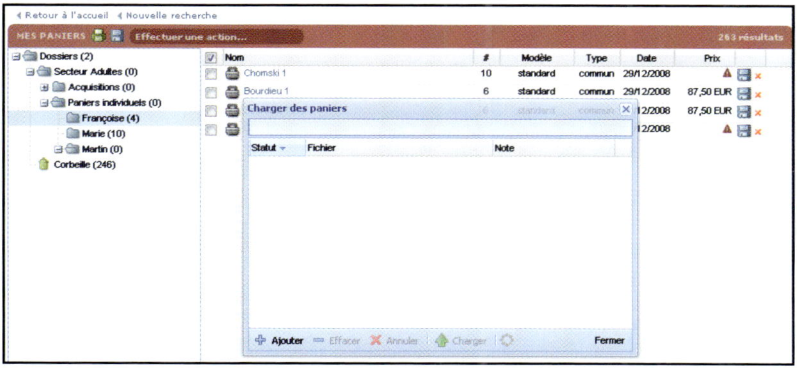

Figure 2.11.

Créer un nouveau dossier

Vous avez la possibilité de créer de nouveaux dossiers grâce à cette fonction (Figure 212).

Figure 2.12.

Veillez à sélectionner le dossier parent (qui intégrera votre nouveau dossier) avant de cliquer sur le lien Créer un nouveau dossier.

Vous êtes ensuite invité à nommer ce nouveau dossier (Figure 2.13).

Figure 2.13.

Les dossiers que vous créez sont visibles par tous les utilisateurs de votre abonnement. Vous avez la possibilité d'y créer des paniers personnels ou communs.

L'administrateur de votre abonnement a la possibilité de figer l'arborescence de vos dossiers, interdisant ainsi la création de dossiers.

Créer un panier personnel ou commun

Vous avez la possibilité de créer un panier personnel ou commun depuis l'explorateur de paniers. Les procédures de création de paniers sont détaillées plus loin dans ce manuel.

Les filtres de l'explorateur de paniers

L'explorateur de paniers vous offre plusieurs filtres permettant d'affiner ou d'élargir l'affichage de vos paniers, devis et commandes (Figure 2.14).

Figure 2.14.

Filtrer par type de panier

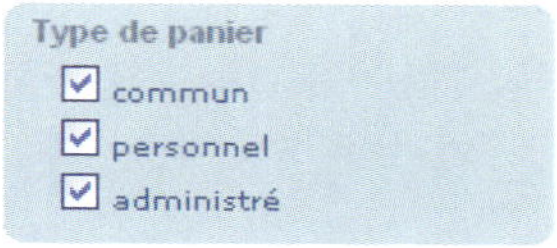

Il existe deux types de paniers. Si vous avez créé des utilisateurs identifiés (par leurs login et mot de passe), chacun d'eux a la possibilité de créer des paniers personnels ou communs.

- Les *paniers personnels* sont visibles et modifiables par l'identifiant qui les a créés et éventuellement par un administrateur panier.
- Les *paniers communs* sont visibles et modifiables par tous les identifiants de l'abonnement.

L'administrateur panier permet à un identifiant (un responsable de pôle, par exemple) de visualiser les paniers personnels d'autres utilisateurs identifiés.

Ce filtre vous permet de sélectionner le ou les types de paniers que vous souhaitez visualiser dans votre explorateur de paniers.

TRUC

Par défaut, nous vous conseillons de laisser les trois types de paniers cochés afin de pouvoir les visualiser tous immédiatement.

Filtrer par caractéristiques de panier

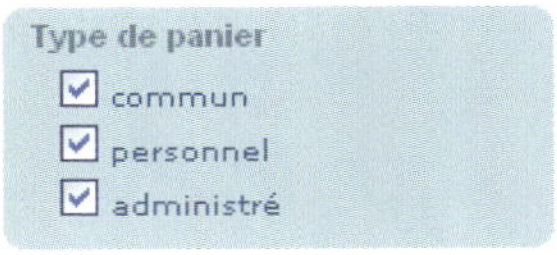

Vous avez la possibilité d'archiver un panier. L'archivage vous permet de conserver un panier pour des consultations futures sans pouvoir le modifier.

Ce filtre vous permet de visualiser les paniers non archivés et/ou archivés dans votre explorateur de paniers.

Filtrer par caractéristiques de devis

Les libraires ont la possibilité de créer des devis avec en-tête et de les archiver pour des consultations futures.

Ce filtre vous permet de visualiser les devis non archivés et/ou archivés dans votre explorateur de paniers.

Filtrer par caractéristiques de bon de commande

Les bibliothécaires ont la possibilité de créer des bons de commande avec en-tête qu'ils pourront transmettre directement à leurs fournisseurs. Ces bons de commande peuvent être archivés pour des consultations futures sans possibilité de les modifier.

Ce filtre vous permet de visualiser les bons de commande non archivés et/ou archivés dans votre explorateur de paniers.

Le paramétrage des dossiers

ATTENTION

Ce paramétrage est important, car sans structure de dossiers la recherche de paniers éparpillés dans plusieurs dossiers peut rapidement devenir fastidieuse.

Exemple de classement de dossiers pour une bibliothèque

En vous permettant de créer ou de supprimer des dossiers et des sous-dossiers, electre.com vous offre un outil parfaitement modulable et adapté à vos besoins. Il n'existe pas d'arborescence type, et nous vous invitons à adapter celle-ci selon vos procédures et vos besoins (Figure 2.15).

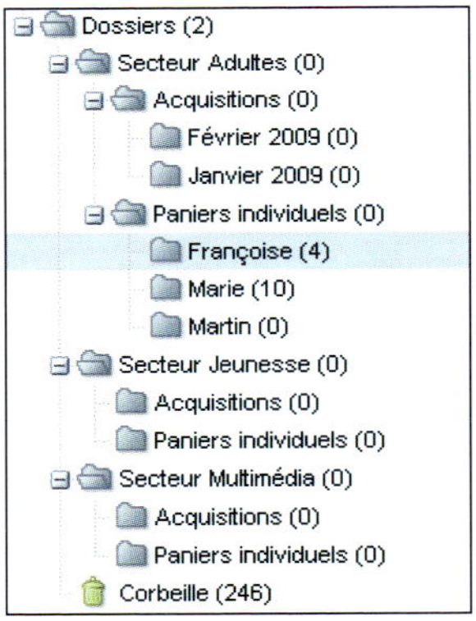

Figure 2.15.

Dans cet exemple, trois dossiers principaux ont été créés : *Secteur Adultes*, *Secteur Jeunesse* et *Secteur Multimédia*. Chacun de ces dossiers a été segmenté en deux sous-dossiers : *Acquisitions* et *Paniers individuels*. Ces sous-dossiers ont à leur tour été segmentés.

L'arborescence de notre exemple suppose que chaque secteur recense et réalise lui-même ses acquisitions.

Exemple de classement de dossiers pour une librairie

En vous permettant de créer ou de supprimer des dossiers et des sous-dossiers, electre.com vous offre un outil parfaitement modulable adapté à vos besoins. Il n'existe pas d'arborescence type, et nous vous invitons à adapter celle-ci selon vos procédures et vos besoins (Figure 2.16).

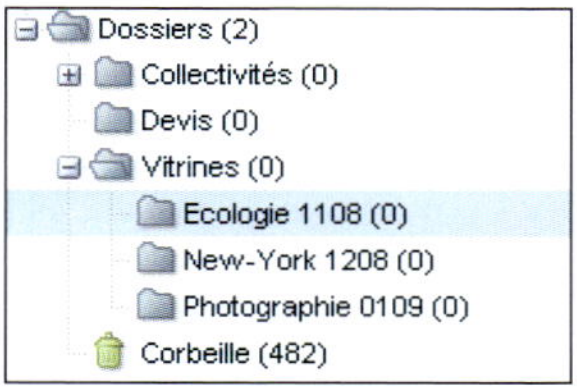

Figure 2.16.

Dans cet exemple, le libraire a créé un dossier consacré aux commandes *Collectivités*, un dossier *Devis* et un dossier *Vitrines* recevant les bibliographies thématiques des animations en vitrine de la librairie.

ATTENTION

Il s'agit bien sûr d'exemples simplifiés dont le principal objectif est de vous rappeler l'importance de ce simple paramétrage initial.

Création et alimentation de paniers

Les paniers Electre peuvent être personnels ou communs.

Un panier *personnel* n'est visible que pour l'utilisateur qui l'a créé (identifié par son login et son mot de passe). Un panier *commun* peut être consulté par tous les utilisateurs de l'abonnement.

Les paniers personnels sont généralement utilisés dans les grands réseaux de bibliothèques ou de librairies lorsqu'il existe plusieurs dizaines voire plusieurs centaines d'utilisateurs dans le cadre d'un seul abonnement (réseau de bibliothèques, chaîne de librairies, etc.).

TRUC

Dans la majorité des cas, nous vous conseillons de privilégier les paniers communs, sachant qu'il est possible de transformer un panier personnel en panier commun et *vice versa* à tout moment.

Dans le nouveau site electre.com, les manipulations (création, suppression, alimentation en notices, etc.) ont été simplifiées.

Si nous avons vu qu'il était possible de créer un panier (personnel ou commun) directement depuis l'explorateur de paniers, la création de paniers s'effectue généralement après un résultat de recherche. Il peut s'agir d'une recherche Electre, d'une recherche Mes paniers ou d'une recherche Mon périmètre.

Le panier est une bibliographie modifiable offrant de nombreuses perspectives : devis, commandes, bibliographies thématiques, impression, suivi de disponibilité, etc.

Comme exemple, la recherche rapide « hustvedt » nous fournit les résultats reproduits sur la Figure 217.

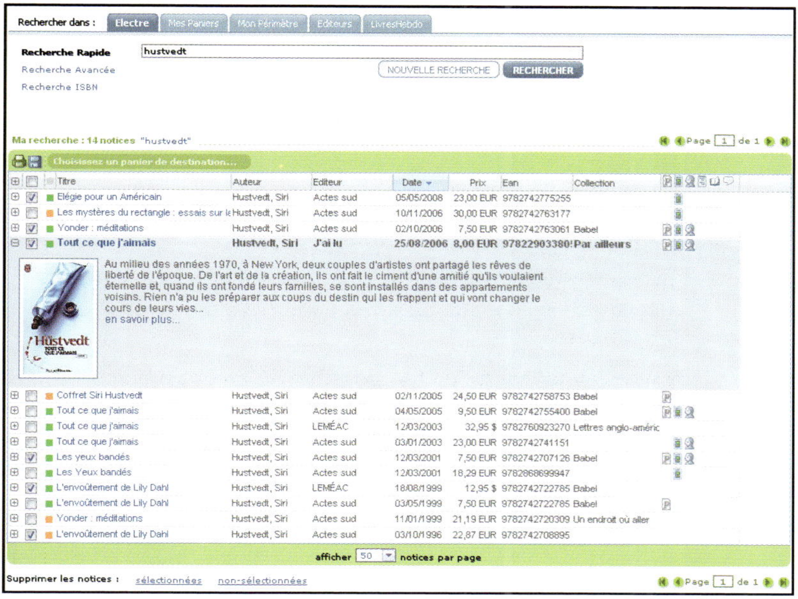

Figure 2.17.

Vous pouvez sélectionner les titres retenus que vous voulez intégrer à un panier.

TRUC

Notez que vous avez également la possibilité de supprimer les notices sélectionnées ou non sélectionnées. Cette possibilité vous permet de créer rapidement des paniers contenant une majorité ou une minorité de votre résultat de recherche.

En cliquant sur Choisir un panier de destination, vous accédez aux différentes options liées à la création de nouveaux paniers ou à l'alimentation de paniers existants (Figure 2.18).

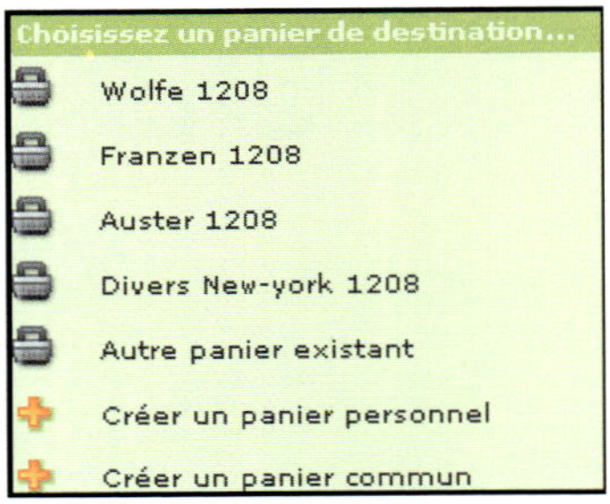

Figure 2.18.

Alimenter l'un des cinq derniers paniers créés ou utilisés

Chaque utilisateur a la possibilité d'alimenter rapidement l'un des cinq derniers paniers qu'il a créés ou utilisés (Figure 2.19).

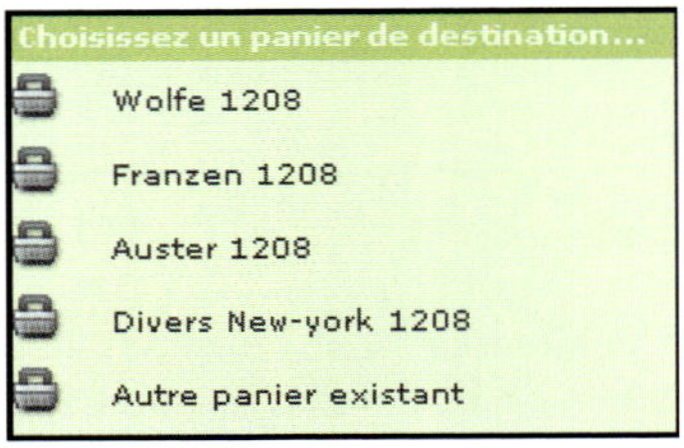

Figure 2.19.

Dans cet exemple, vous pouvez directement ajouter les notices sélectionnées dans l'un des cinq paniers créés ou utilisés par cet utilisateur (Figure 2.20). Dans notre exemple, l'utilisateur ne s'est servi que de quatre paniers.

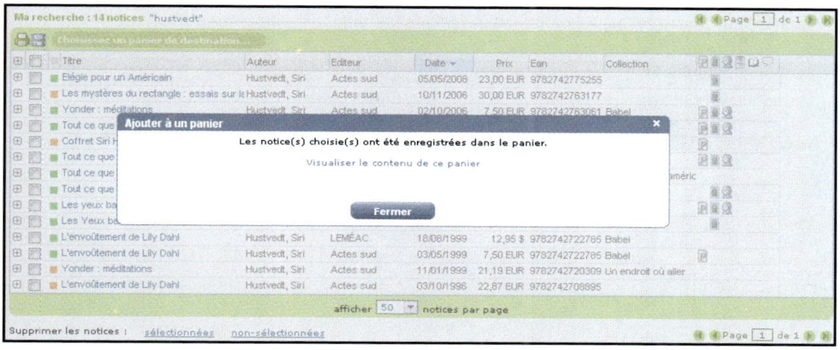

Figure 2.20.

Ce message vous informe que les notices ont bien été enregistrées dans le panier.

Alimenter un autre panier existant

Dans le cas où vous souhaitez alimenter un panier qui n'est pas l'un des cinq derniers créés ou utilisés, cliquez sur Autre panier existant pour ouvrir un explorateur de paniers parmi lesquels vous pourrez faire votre choix (Figure 2.21).

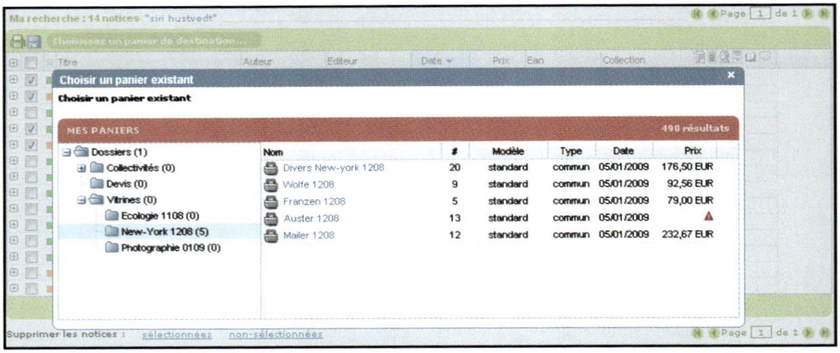

Figure 2.21.

Dans cet exemple, si vous cliquez sur *Divers New-York 1208*, les notices que vous avez sélectionnées intégreront ce panier (Figure 2.22).

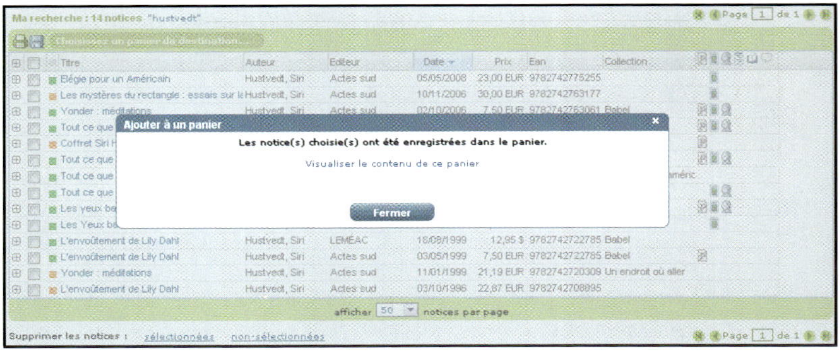

Figure 2.22.

Ce message vous informe que les notices ont bien été enregistrées dans le panier *Divers New-York 1208*.

Créer un panier personnel depuis l'explorateur de paniers

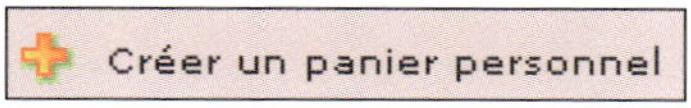

Pour créer un nouveau panier personnel, cliquez sur le lien correspondant (Figure 2.23).

Figure 2.23.

Un nouveau panier personnel vide est alors créé.

ATTENTION Vous devez ouvrir ce panier pour en modifier les attributs (nom, modèle, type, etc.).

Créer un panier personnel depuis un résultat de recherche

La pratique la plus courante consiste à créer ou à alimenter un panier personnel à partir des résultats d'une recherche (rapide, avancée, par ISBN/EAN).

Lorsque vous cliquez sur Créer un panier personnel, vous êtes invité à spécifier les attributs de celui-ci (Figure 2.24).

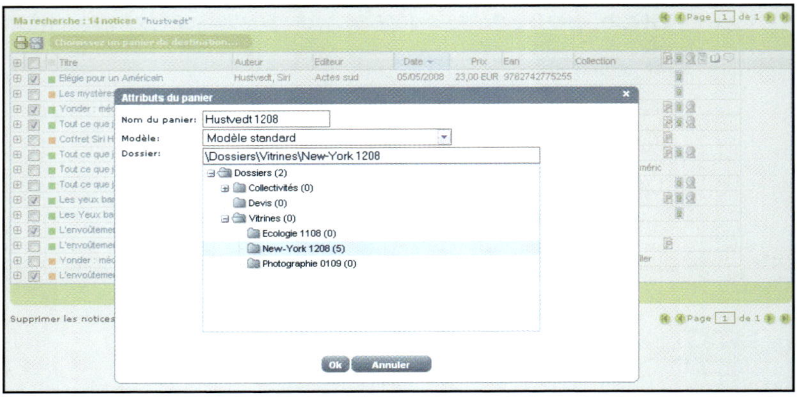

Figure 2.24.

Les trois attributs d'un panier sont son nom (*Hustvedt 1208*), son modèle (standard) et le dossier contenant (il s'agit ici du dossier *New-York 1208*).

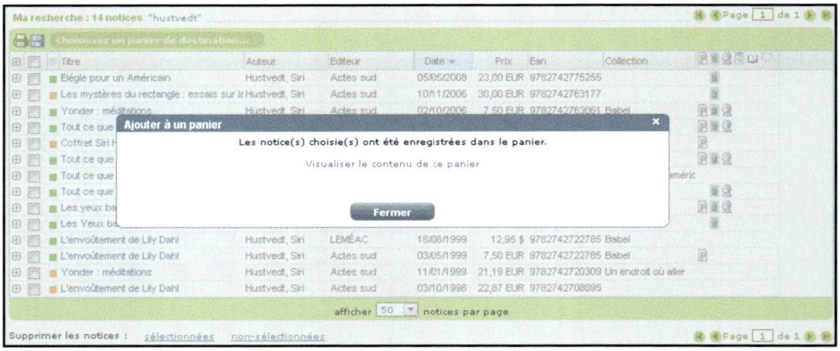

Figure 2.25.

Ce message vous informe que les notices ont bien été enregistrées dans le panier.

Créer un panier commun depuis l'explorateur de paniers

Pour créer un nouveau panier commun, cliquez sur le lien correspondant (Figure 2.26).

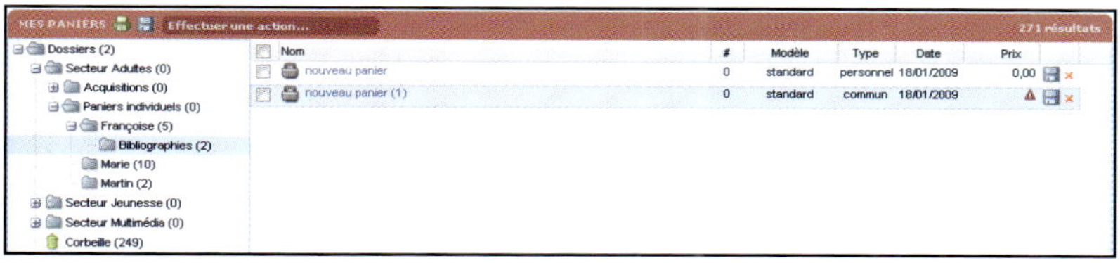

Figure 2.26.

Un nouveau panier commun vide est alors créé.

Vous devez ouvrir ce panier pour en modifier les attributs (nom, modèle, type, etc.).

Créer un panier commun depuis un résultat de recherche

La pratique la plus courante consiste à créer ou à alimenter un panier commun (Figure 2.27) à partir des résultats d'une recherche (rapide, avancée, par ISBN/EAN).

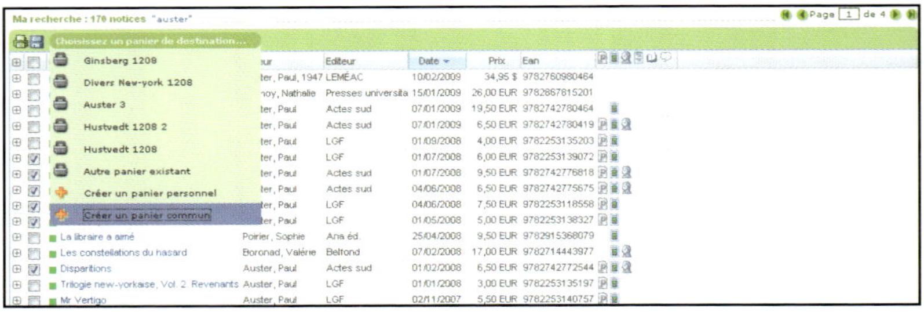

Figure 2.27.

Vous avez le choix entre alimenter l'un des cinq derniers paniers utilisés, alimenter un autre panier existant ou créer un nouveau panier personnel ou commun.

Pour créer un panier commun, vous êtes alors invité à le nommer, à le positionner et à en spécifier le modèle (Figure 2.28).

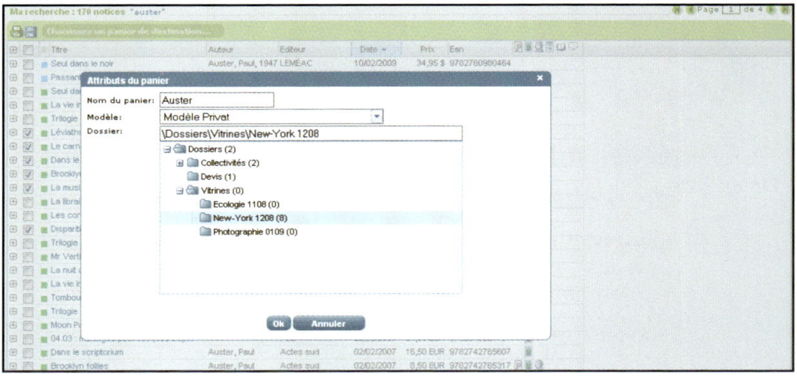

Figure 2.28.

Un message vous informe que le panier a bien été créé.

TRUC La gestion des paniers étant simplifiée dans cette nouvelle version d'electre.com, vous avez désormais la possibilité de les créer ou de les alimenter rapidement.

Le dédoublonnage

Lorsque vous créez ou alimentez un panier, les notices concernées peuvent déjà exister dans un panier précédemment créé.

Dans ce cas, un message d'alerte apparaît et vous invite à spécifier votre choix (Figure 2.29).

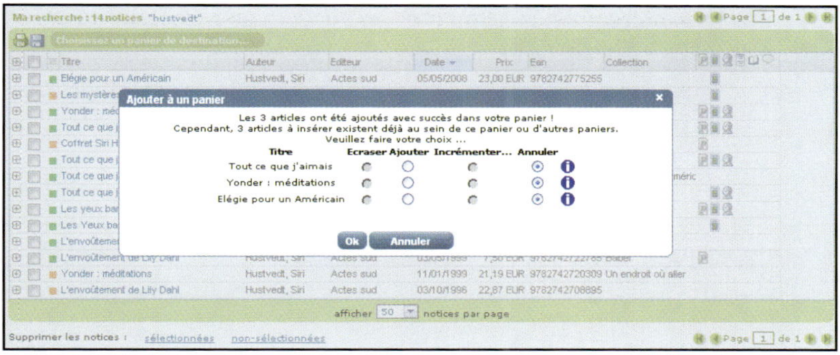

Figure 2.29.

Dans cet exemple, trois notices existent déjà dans un des paniers de l'abonnement.

Lorsque vous êtes en train de créer un nouveau panier, deux possibilités s'offrent à vous :

- *Ajouter* : ajoute une notice dans un panier, qu'elle se trouve ou non dans un ou plusieurs autres paniers.
- *Annuler* : annule l'opération en cours (la notice ne sera pas incluse dans ce nouveau panier).

Lorsque vous êtes en train d'alimenter un panier existant, trois possibilités s'offrent à vous.

- *Écraser* : supprime la notice présente dans le panier et la remplace par la nouvelle.
- *Incrémenter* : additionne une quantité.
- *Annuler* : annule l'opération en cours.

Ce pictogramme permet de situer une notice doublonnée parmi les paniers existants.

Le panier Electre

Les étapes précédentes vous ont permis de créer un panier à partir duquel vous pouvez réaliser un certain nombre d'actions. Vous accédez au contenu de votre panier en cliquant sur son nom depuis l'explorateur de paniers (Figure 2.30).

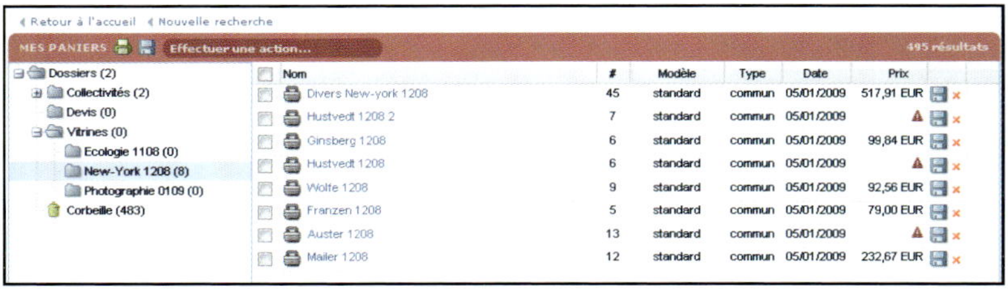

Figure 2.30.

Cliquer sur le panier *Divers New-York 1208* vous dirige vers son contenu (Figure 2.31).

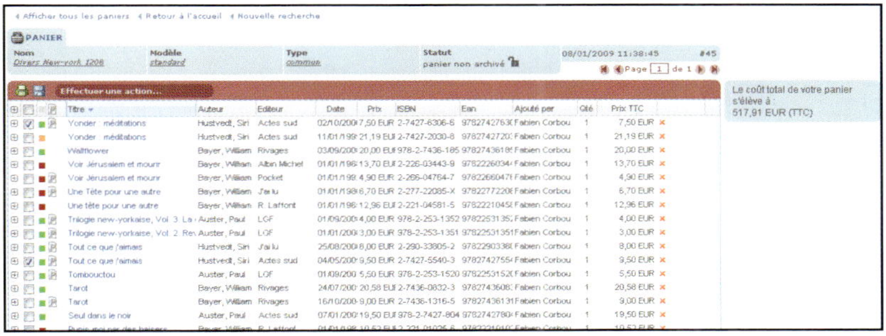

Figure 2.31.

Vous avez la possibilité de visualiser l'Aperçu d'une notice (Figure 2.32) en cliquant sur le pictogramme ci-contre.

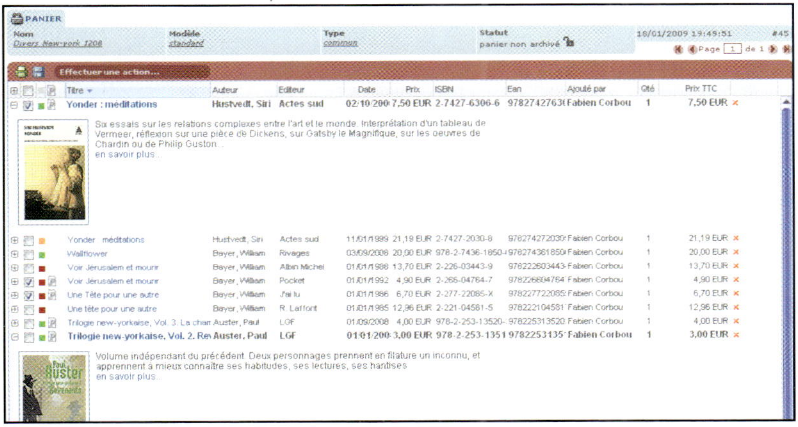

Figure 2.32.

TRUC

Si vous souhaitez visualiser tous les Aperçus de ce panier, cliquez sur le premier pictogramme ⊞ situé par défaut en haut à gauche de la liste.

Vous pouvez enfin visualiser une notice complète d'un panier en cliquant sur son titre (Figure 2.33).

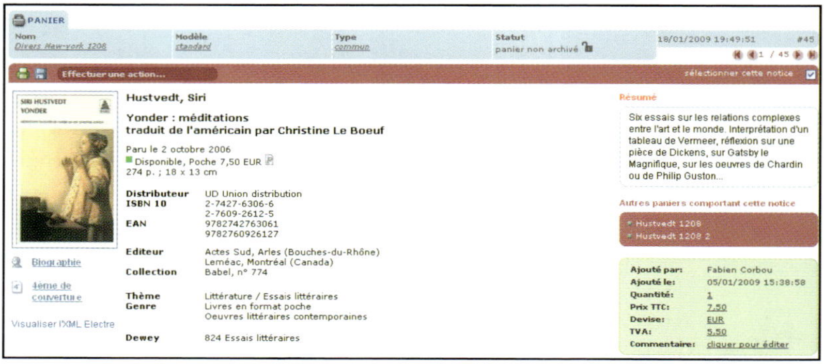

Figure 2.33.

Vous êtes informé des autres paniers comportant cette notice (en plus du panier *Divers New-york 1208* également mentionné).

TRUC

En cliquant sur le nom d'un autre panier contenant cette notice (par exemple sur *Hustvedt 1208*), vous accédez directement à celui-ci !

Vous avez la possibilité de modifier certaines informations de la notice en cliquant sur les champs correspondants dans la rubrique de la Figure 2.34.

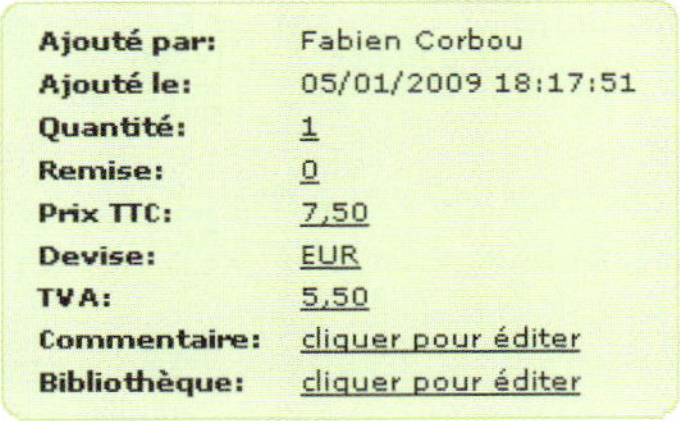

Figure 2.34.

Dans notre exemple, vous pouvez également modifier les informations personnalisées de votre modèle de panier (en l'occurrence le champ *Bibliothèque*).

Votre panier mentionnant également la disponibilité des ouvrages, vous pouvez créer un panier des ouvrages à suivre (à paraître ou manquant provisoirement) !

La navigation entre paniers et entre notices d'un panier

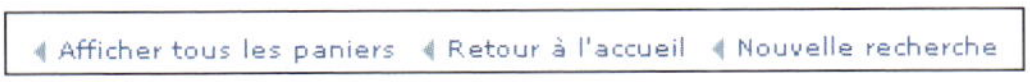

Afficher tous les paniers

Cliquer sur Afficher tous les paniers vous dirige vers l'explorateur de paniers.

Retour à l'accueil

Cliquer sur Retour à l'accueil vous dirige vers la page d'accueil d'electre.com.

La navigation entre notices d'un panier

Lorsque vous accédez à la vue Notice d'un panier (en cliquant sur le titre voulu [Figure 2.35]), vous disposez d'un navigateur qui vous permet de naviguer notice par notice ou d'atteindre directement la dernière ou la première notice de ce panier.

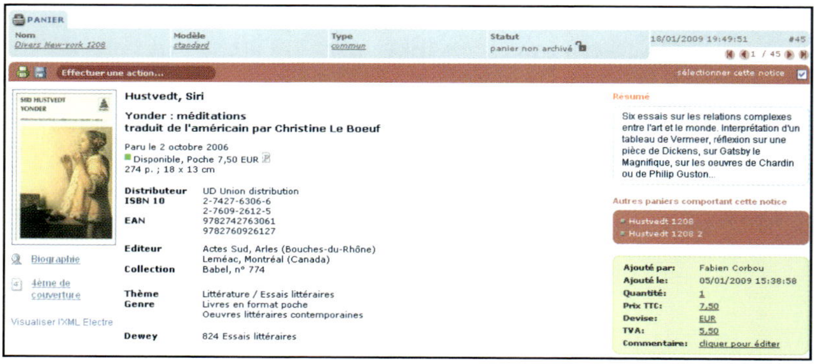

Figure 2.35.

L'en-tête de votre panier

L'en-tête de votre panier vous permet de visualiser et de modifier les caractéristiques de celui-ci.

Les caractéristiques générales de votre panier

Cette rubrique rappelle les caractéristiques générales de votre panier, de votre devis ou de votre bon de commande (identifiés par leurs pictogrammes respectifs).

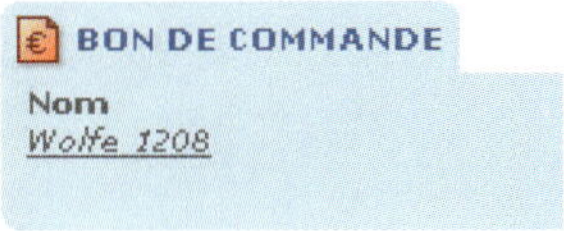

Vous avez la possibilité de modifier le nom de ce fichier (panier, devis ou bon de commande) en cliquant sur celui-ci.

ATTENTION

Notez qu'il est impossible de modifier le nom d'un fichier (panier, devis ou bon de commande) lorsque ce dernier est archivé.

Le modèle de votre panier

Le modèle utilisé par votre panier est mentionné à cet endroit. Vous avez la possibilité de changer de modèle en cliquant sur son nom (standard dans notre exemple).

Vous êtes invité à spécifier le modèle souhaité dans une liste déroulante.

En cliquant sur OK, votre panier utilisera le modèle Bibliothèque de la ville de Toulouse (avec les attributs propres à celui-ci).

ATTENTION

Nous conseillons généralement à tous les utilisateurs d'un abonnement d'employer le même modèle afin de faciliter les opérations de copies ou de déplacements de notices d'un panier à un autre.

Le type de votre panier

Un panier peut être personnel (visible uniquement par l'utilisateur) ou commun (visible par l'ensemble des utilisateurs d'un abonnement).

Vous avez la possibilité de changer de type en choisissant celui qui vous convient dans le menu déroulant.

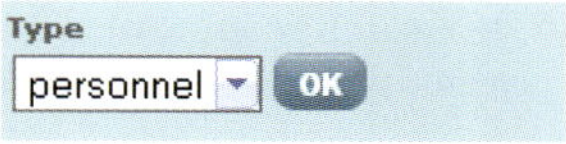

TRUC

Mis à part les grands réseaux (de bibliothèques ou de librairies), nous vous conseillons de privilégier les paniers communs afin de permettre à tous les utilisateurs de votre abonnement de les retrouver facilement.

Le statut de votre panier

Il s'agit d'une information non modifiable (à cet endroit). Vous êtes informé du statut de votre panier qui peut être :

- un panier ;
- un devis (pour les libraires) ;
- un bon de commande (pour les bibliothécaires).

Votre panier peut également être :

- non archivé (cadenas ouvert) : il est possible de modifier son contenu en intégrant ou en supprimant des notices ainsi que ses caractéristiques (modèle, nom et type) ;
- archivé (cadenas fermé) : il n'est pas possible de modifier son contenu et ses caractéristiques.

ATTENTION

Il est possible d'exporter un panier archivé et de le supprimer, mais il n'est pas possible de le modifier.

Les informations diverses liées à votre panier

Vous trouvez dans cette rubrique la date et l'heure de la dernière modification de votre panier ainsi que la quantité de notices contenues.

Le coût total de votre panier

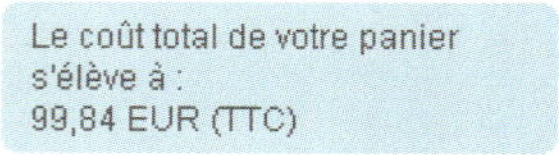

Cette rubrique vous informe du coût total de votre panier.

TRUC

Le coût total de votre panier peut être valorisé, remise et quantité (par notice) comprises !

ATTENTION

Electre référençant également les ouvrages suisses, canadiens, etc., vous rencontrerez parfois un message d'erreur dans cette rubrique lorsque les prix des ouvrages ne sont pas exprimés dans la même devise. Vous avez la possibilité de supprimer ces notices ou de modifier manuellement le montant et la devise.

Naviguer parmi les pages de votre panier

Vos listes bibliographiques pouvant contenir des milliers de notices, il peut être nécessaire de naviguer entre plusieurs pages.

Vous avez ainsi la possibilité d'avancer et de reculer page par page ou d'accéder directement à la première ou à la dernière page de votre panier.

Vous retrouvez ce navigateur en bas de page.

Spécifier le nombre de notices affichées par page

Electre vous permet de spécifier le nombre de notices qui vont s'afficher sur une page. Vous avez le choix entre 10, 20, 30, 40, 50 ou 100 notices par page.

La modification de ces paramètres est mémorisée.

Cet outil est situé en bas de page.

Les opérations liées à votre panier

Un panier Electre est une liste bibliographique dont les fonctions sont nombreuses. Un panier peut être destiné à être exporté afin d'alimenter votre système de gestion ou votre site Internet. Il peut être imprimé pour fournir une bibliographie à un lecteur. Il peut être transformé en bon de commande, en devis, etc.

Vous retrouvez l'ensemble des opérations liées à votre panier dans la barre d'outils de celui-ci.

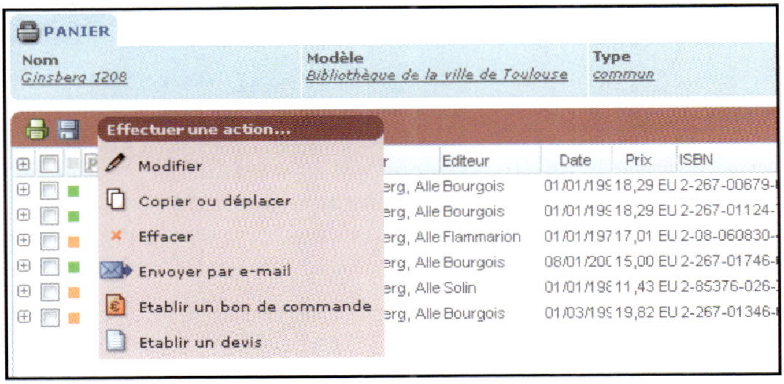

Figure 2.36.

Imprimer les notices de votre panier

Vous avez la possibilité d'imprimer votre panier (intégralement ou en partie en sélectionnant ou en désélectionnant les notices à imprimer) en cliquant sur le pictogramme situé en marge. Electre vous propose quatre modèles d'impression :

- *l'impression Liste* : les notices sont imprimées au format Liste ;
- *l'impression Aperçu* : les notices sont imprimées au format Aperçu (ou vue Liste déroulée) ;
- *l'impression Notice* : les notices sont imprimées avec toutes les informations les concernant ;
- *l'impression libre* : les notices sont imprimées suivant un modèle (en-tête, image, choix des champs à imprimer) que vous avez personnalisé (cinquième partie, *Paramétrer et personnaliser electre.com*).

TRUC

Notez que vous avez la possibilité d'imprimer l'intégralité de votre panier en utilisant l'un des modèles susmentionnés ou d'imprimer uniquement les notices (cochées ou non).

Exporter les notices de votre panier

Vous avez la possibilité d'exporter les notices de votre panier en cliquant sur le pictogramme ci-contre. Si vous avez sélectionné quelques notices dans ce panier, vous serez invité à spécifier si vous souhaitez exporter toutes les notices, les notices non marquées ou les notices marquées (Figure 2.37). De plus, vous devez également indiquer le format d'exportation souhaité (UNIMARC, dBase, CSV, etc.).

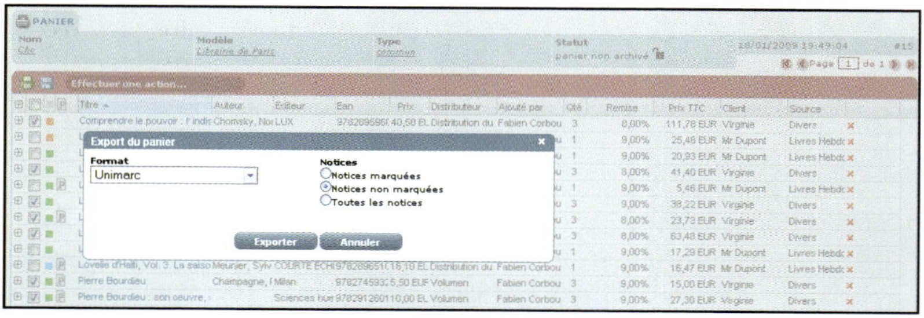

Figure 2.37.

Lorsque vous cliquez sur Exporter, un message vous avertit que le nombre de notices sélectionnées va être décompté de votre forfait d'exportation (Figure 2.38).

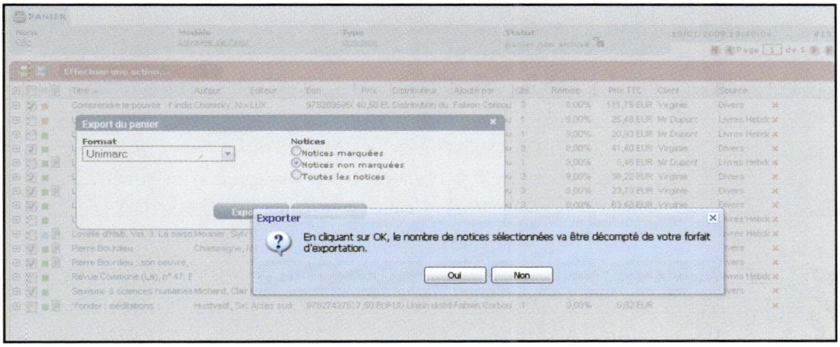

Figure 2.38.

Un fichier est alors enregistré dans votre disque dur ou sur l'un des postes de votre réseau local. La procédure peut varier d'un navigateur Internet à un autre.

Modifier les notices dans un panier

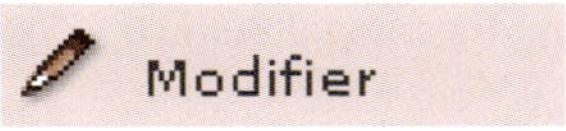

Vous avez la possibilité de modifier certaines informations des notices préalablement sélectionnées de votre panier (Figure 2.39).

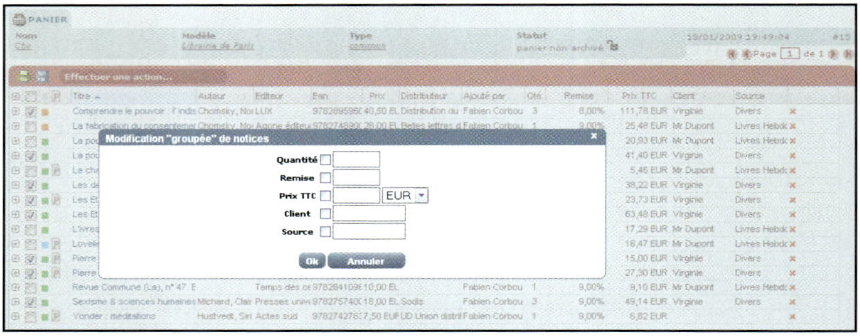

Figure 2.39.

Vous pouvez ainsi modifier :

- les *Quantités* liées aux notices sélectionnées ;
- la *Remise* liée aux notices sélectionnées ;
- le *Prix TTC* lié aux notices sélectionnées ;
- la *Devise* liée aux notices sélectionnées.

Vous pouvez bien sûr modifier les informations personnalisées (Champs supplémentaires) de votre panier. Dans notre exemple, les champs Client et Source sont des informations créées par l'utilisateur et peuvent être modifiées.

TRUC

Vous pouvez ainsi modifier une notice unique en ne sélectionnant que celle-ci. Cela peut être pratique pour modifier le prix et la devise d'un ouvrage étranger.

Vous avez également la possibilité de modifier certaines informations à partir d'une notice de votre panier (Figure 2.40).

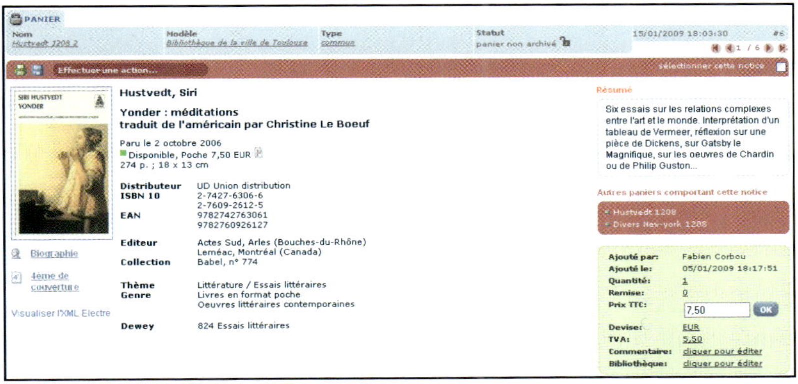

Figure 2.40.

Dans notre exemple, la rubrique ci-dessous offre la possibilité de modifier la quantité, le prix, la devise et le taux de TVA de cette notice (Figure 2.41).

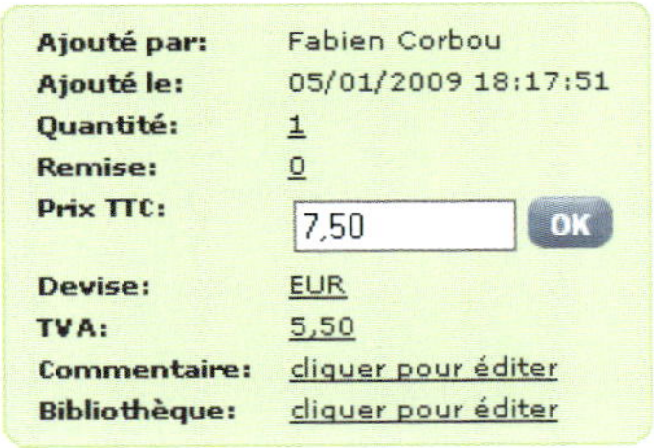

Figure 2.41.

Vous pouvez enfin associer un commentaire personnel à cette notice et modifier la valeur des champs supplémentaires de votre modèle de panier (en l'occurrence le champ *Bibliothèque* dans notre exemple).

ATTENTION

Si vous changez la valeur d'un ouvrage dont le prix est exprimé dans une devise étrangère, contactez votre libraire, car ses grilles de prix ne suivent pas systématiquement le cours des changes.

Copier ou déplacer des notices d'un panier à un autre

Copier ou déplacer

Vous avez la possibilité de copier ou de déplacer des notices sélectionnées d'un panier à un autre (Figure 2.42).

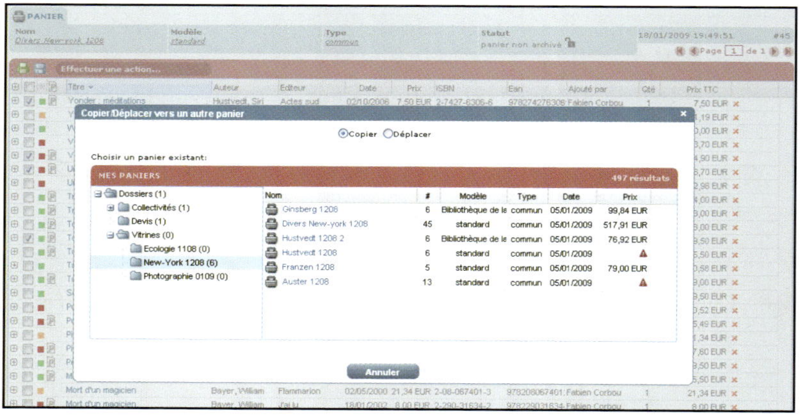

Figure 2.42.

Vous pouvez ainsi, par exemple, être plusieurs utilisateurs à alimenter un même panier de commande, soit en copiant les notices (vous gardez une trace dans votre panier initial), soit en déplaçant les notices (Figure 2.43), (vous ne gardez pas de trace dans votre panier initial).

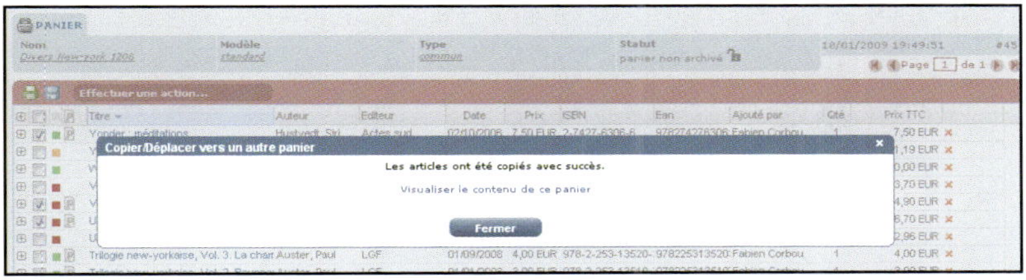

Figure 2.43.

Un message vous indique la réussite de votre opération et vous offre la possibilité de visualiser le panier de destination de vos notices.

$2Vous ne pouvez pas alimenter un panier personnel créé par un autre utilisateur !

Le dédoublonnage est toujours activé lorsque vous copiez ou déplacez des notices d'un panier à un autre.

Veillez à utiliser le même modèle de panier pour éviter les résultats incohérents (Figure 2.44).

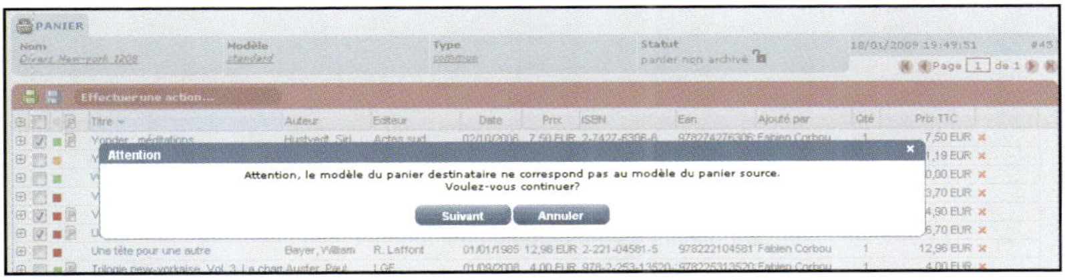

Figure 2.44.

Effacer les notices d'un panier

Vous pouvez effacer des notices sélectionnées de votre panier (Figure 2.45).

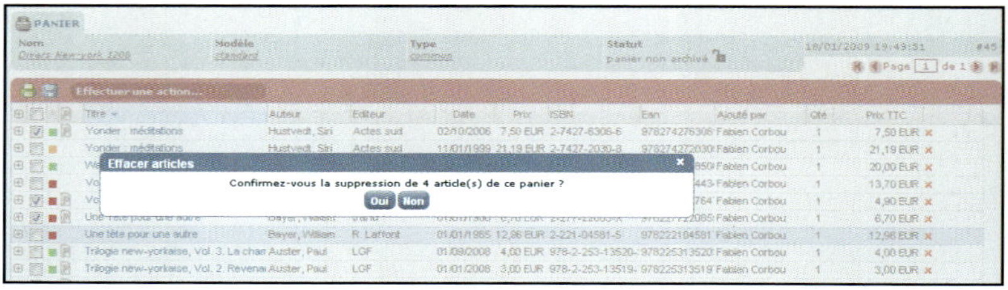

Figure 2.45.

Un message vous invite à confirmer votre choix.

Supprimez avec précaution les notices de votre panier !

Envoyer par courriel un panier

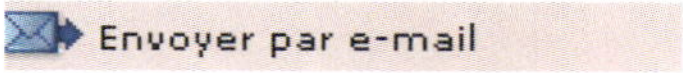

Electre vous permet d'expédier votre panier sous forme de liste bibliographique à vos correspondants par courriel.

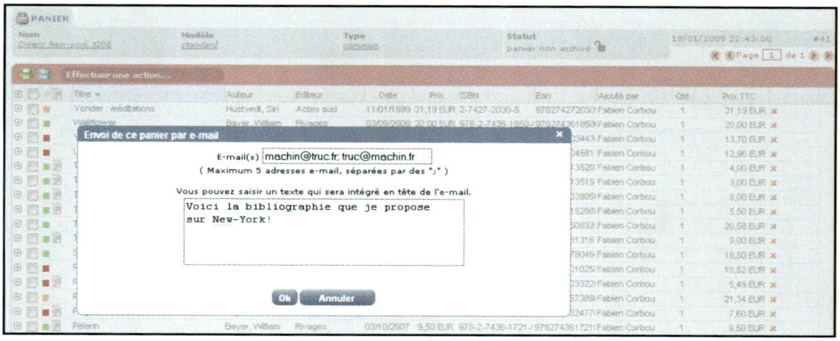

Figure 2.46

Cette fenêtre vous invite à spécifier les adresses électroniques de vos correspondants et vous permet d'écrire un texte introductif.

En validant ce choix, vos correspondants reçoivent instantanément votre liste bibliographique.

Vous avez la possibilité d'expédier votre liste bibliographique à cinq adresses électroniques différentes !

Etablir un bon de commande

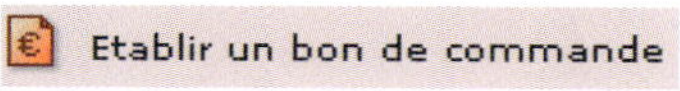

Principalement destiné aux bibliothécaires, cet outil vous permet de transformer votre panier en bon de commande et de l'expédier à votre fournisseur, que celui-ci soit abonné ou non à Electre.

Votre bon de commande est représenté par le pictogramme situé en marge.

En cliquant sur ce lien, vous êtes invité à spécifier votre fournisseur (Figure 2.47).

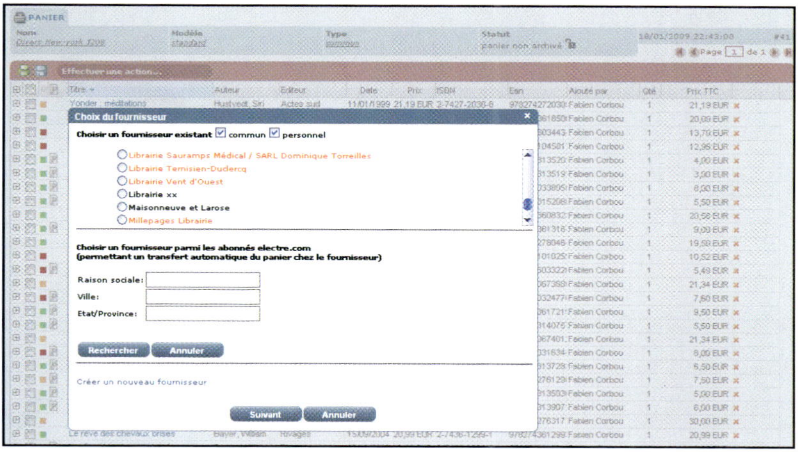

Figure 2.47.

Si votre fournisseur est abonné à Electre, ce que vous pouvez vérifier en introduisant sa raison sociale ou sa ville et en lançant la recherche, sa signalétique est préremplie, et il ne vous reste qu'à introduire le nom et l'adresse électronique de votre interlocuteur (Figure 2.48).

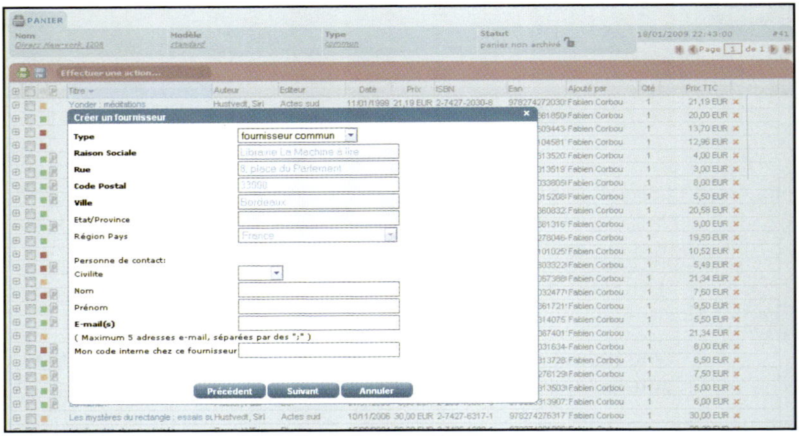

Figure 2.48.

Si votre fournisseur n'est pas abonné à Electre, vous devez remplir manuellement tous les champs de la fiche fournisseur en cliquant sur le lien Créer un nouveau fournisseur (Figure 2.49).

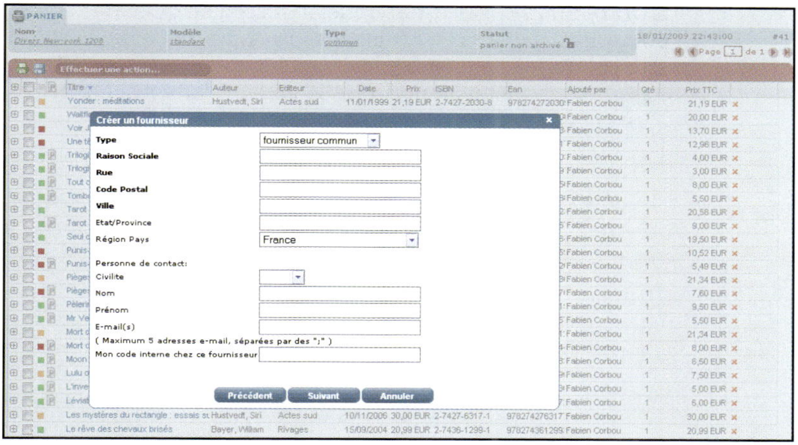

Figure 2.49.

Une fiche correctement remplie comprend les champs réprésentés Figure 2.50.

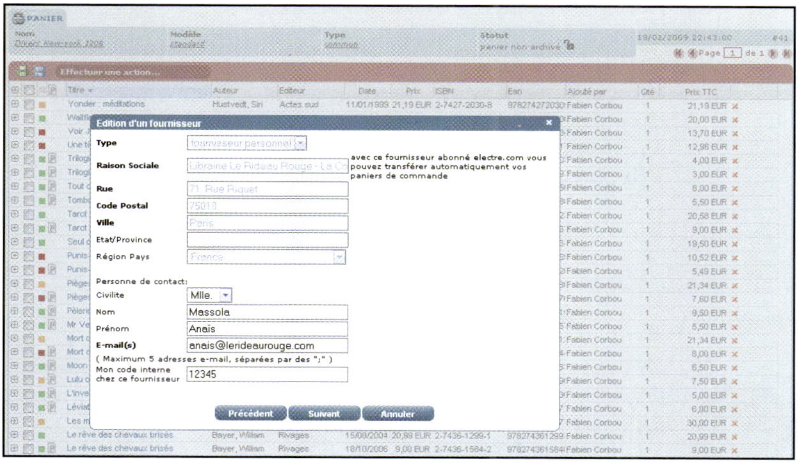

Figure 2.50.

Après avoir créé une fiche fournisseur, celle-ci sera mémorisée. Lorsque vous établirez votre prochain bon de commande, vous n'aurez plus qu'à sélectionner votre fournisseur dans une liste déroulante.

Un fournisseur abonné à Electre apparaît en rouge et un fournisseur non abonné en noir.

Un fournisseur pouvant avoir plusieurs adresses différentes, n'hésitez pas à contacter les services d'Electre pour vous assurer qu'il est ou non abonné à electre.com.

N'oubliez pas de mentionner votre code interne chez votre fournisseur afin de faciliter le traitement de votre commande.

En cliquant sur Suivant, une nouvelle fenêtre vous invite à contrôler vos coordonnées (Figure 2.51).

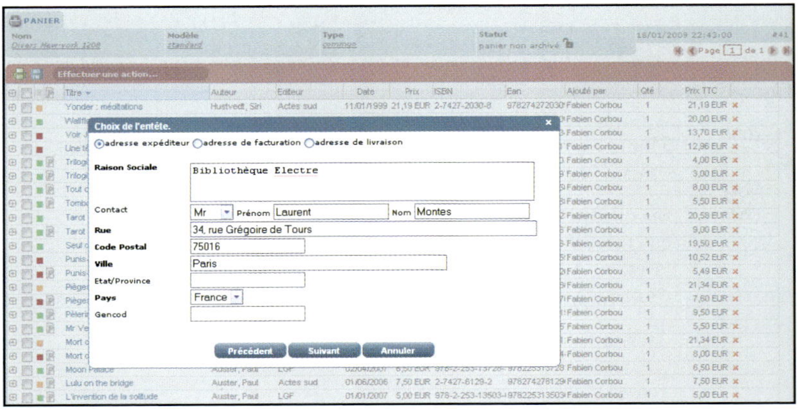

Figure 2.51.

Vous avez la possibilité de créer des adresses d'expéditeur, de facturation et de livraison différentes. Si vous apportez des modifications à ces informations, elles seront automatiquement mémorisées afin de vous éviter d'avoir à les ressaisir systématiquement.

En cliquant sur Suivant, une nouvelle fenêtre vous invite à spécifier les différentes références de votre bon de commande (Figure 2.52). Vous devez également sélectionner certains champs affichés sur celui-ci (utilisateur, date de dernière modification et commentaires).

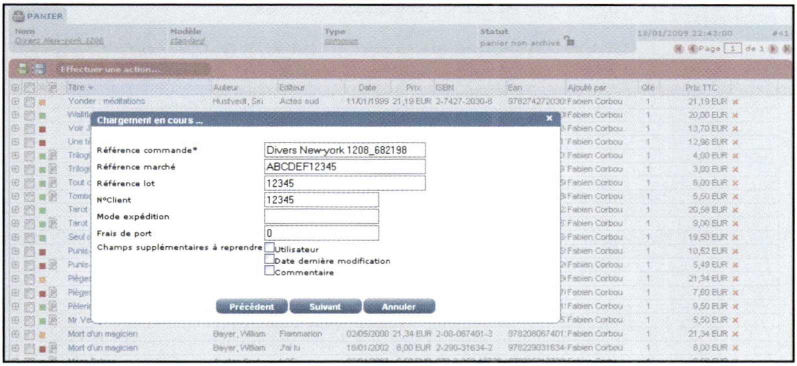

Figure 2.52.

Electre vous propose une référence de commande, mais vous avez bien sûr la possibilité de la modifier !

En cliquant sur Suivant, vous accédez à votre bon de commande reprenant les notices de votre panier initial ainsi que les informations précédemment renseignées (Figure 2.53).

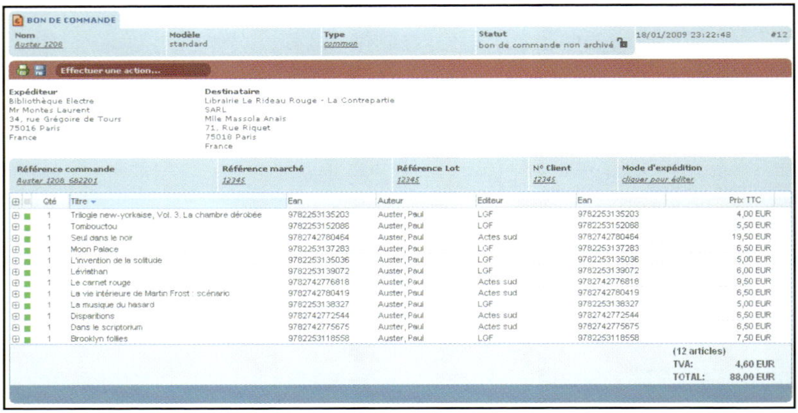
BON DE COMMANDE

Nom	Modèle	Type	Statut	
Auster 1208	standard	commun	bon de commande non archivé	18/01/2009 23:22:48 #12

Effectuer une action...

Expéditeur
Bibliothèque Electre
Mr Montes Laurent
34, rue Grégoire de Tours
75016 Paris
France

Destinataire
Librairie Le Rideau Rouge - La Contrepartie
SARL
Mlle Massola Anais
71, Rue Riquet
75018 Paris
France

Référence commande	Référence marché	Référence Lot	N° Client	Mode d'expédition
Auster 1208 682201	12345	12345	12345	cliquer pour éditer

Qté	Titre	Ean	Auteur	Editeur	Ean	Prix TTC
1	Trilogie new-yorkaise, Vol. 3. La chambre dérobée	9782253135203	Auster, Paul	LGF	9782253135203	4,00 EUR
1	Tombouctou	9782253152088	Auster, Paul	LGF	9782253152088	5,50 EUR
1	Seul dans le noir	9782742780464	Auster, Paul	Actes sud	9782742780464	19,50 EUR
1	Moon Palace	9782253137283	Auster, Paul	LGF	9782253137283	6,50 EUR
1	L'invention de la solitude	9782253135036	Auster, Paul	LGF	9782253135036	5,00 EUR
1	Léviathan	9782253139072	Auster, Paul	LGF	9782253139072	6,00 EUR
1	Le carnet rouge	9782742776818	Auster, Paul	Actes sud	9782742776818	9,50 EUR
1	La vie intérieure de Martin Frost : scénario	9782742780419	Auster, Paul	Actes sud	9782742780419	6,50 EUR
1	La musique du hasard	9782253138327	Auster, Paul	LGF	9782253138327	5,00 EUR
1	Disparitions	9782742772544	Auster, Paul	Actes sud	9782742772544	6,50 EUR
1	Dans le scriptorium	9782742775675	Auster, Paul	Actes sud	9782742775675	6,50 EUR
1	Brooklyn follies	9782253118558	Auster, Paul	LGF	9782253118558	7,50 EUR

(12 articles)
TVA: 4,60 EUR
TOTAL: 88,00 EUR

Figure 2.53.

Parmi les informations de votre bon de commande, vous retrouvez :

- l'*en-tête principal* (reprenant les informations du panier : nom, modèle, type, statut, informations diverses) ;
- l'*en-tête du bon de commande* (expéditeur, destinataire, adresses de facturation et de livraison si celles-ci sont différentes de celle de l'expéditeur, référence commande, référence marché, référence du lot, numéro de client, mode d'expédition).

Votre bon de commande (Figure 2.54) est quantifié et valorisé (remises et quantités comprises).

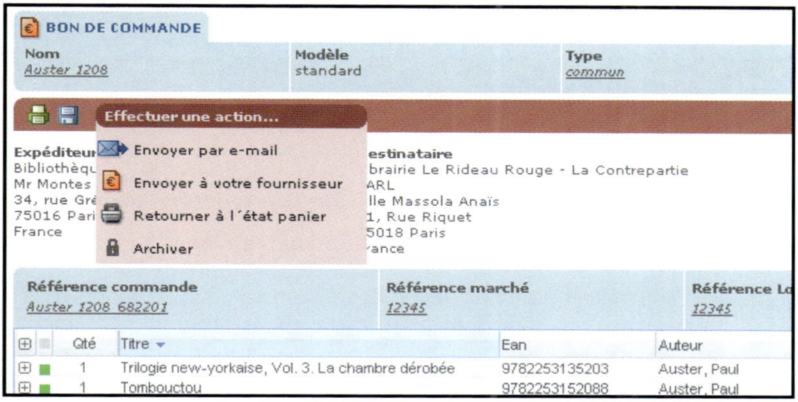

Figure 2.54.

La barre d'outils de ce document vous permet :

d'*exporter* les notices en cliquant sur le pictogramme ci-contre ;

d'*imprimer* les notices en cliquant sur le pictogramme ci-contre ;

- d'*envoyer votre bon de commande* par courriel si votre fournisseur n'est pas abonné à Electre ;
- d'*envoyer votre bon de commande à votre fournisseur* si ce dernier est abonné à Electre ;
- de *retourner à l'état panier* (si par exemple vous avez oublié un titre) ;
- d'*archiver* votre bon de commande.

Si votre fournisseur le souhaite, vous pouvez imprimer votre bon de commande avec les codes-barres de chaque titre.

ATTENTION

Votre administrateur a la possibilité de restreindre les droits d'expédition des bons de commande par utilisateur.

Archiver un bon de commande ne permet plus le retour à l'état panier !

NOTE TECHNIQUE

En utilisant cet outil, votre fournisseur reçoit instantanément votre bon de commande qu'il peut rapidement traiter, vous offrant un gain de temps dans les délais de livraison.

Vos fournisseurs, qu'ils soient ou non abonnés à Electre, reçoivent votre bon de commande par courriel. Votre fournisseur abonné reçoit également votre commande sous forme de panier dans son espace electre.com. Il peut ainsi facilement intégrer votre liste bibliographique dans son logiciel de gestion.

Vous avez la possibilité d'archiver un bon de commande (Figure 2.55).

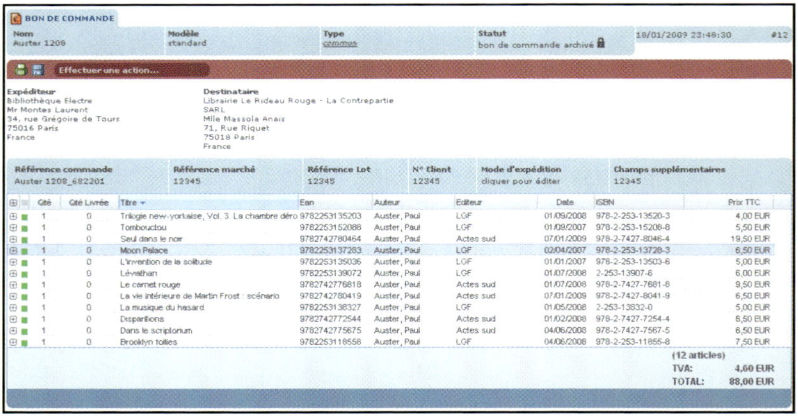
BON DE COMMANDE

Nom	Modèle	Type	Statut		
Auster 1208	standard	commun	bon de commande archivé	18/01/2009 23:48:30	#12

Effectuer une action...

Expéditeur	Destinataire
Bibliothèque Electre Mr Montes Laurent 34, rue Grégoire de Tours 75016 Paris France	Librairie Le Rideau Rouge - La Contrepartie SARL Mlle Massola Anais 71, Rue Riquet 75018 Paris France

Référence commande	Référence marché	Référence Lot	N° Client	Mode d'expédition	Champs supplémentaires
Auster 1208_682201	12345	12345	12345	cliquer pour éditer	12345

Qté	Qté Livrée	Titre	Ean	Auteur	Editeur	Date	ISBN	Prix TTC
1	0	Trilogie new-yorkaise, Vol. 3. La chambre déro	9782253135203	Auster, Paul	LGF	01/09/2008	978-2-253-13520-3	4,00 EUR
1	0	Tombouctou	9782253152088	Auster, Paul	LGF	01/09/2007	978-2-253-15208-8	5,50 EUR
1	0	Seul dans le noir	9782742780464	Auster, Paul	Actes sud	07/01/2009	978-2-7427-8046-4	19,50 EUR
1	0	Moon Palace	9782253137283	Auster, Paul	LGF	02/04/2007	978-2-253-13728-3	6,50 EUR
1	0	L'invention de la solitude	9782253135036	Auster, Paul	LGF	01/01/2007	978-2-253-13503-6	5,00 EUR
1	0	Léviathan	9782253139072	Auster, Paul	LGF	01/07/2008	2-253-13907-6	6,00 EUR
1	0	Le carnet rouge	9782742776818	Auster, Paul	Actes sud	01/07/2008	978-2-7427-7681-8	9,50 EUR
1	0	La vie intérieure de Martin Frost : scénario	9782742780419	Auster, Paul	Actes sud	07/01/2009	978-2-7427-8041-9	6,50 EUR
1	0	La musique du hasard	9782253138327	Auster, Paul	LGF	01/05/2008	2-253-13832-0	5,00 EUR
1	0	Disparitions	9782742772544	Auster, Paul	Actes sud	01/02/2008	978-2-7427-7254-4	6,50 EUR
1	0	Dans le scriptorium	9782742775675	Auster, Paul	Actes sud	04/06/2008	978-2-7427-7567-5	6,50 EUR
1	0	Brooklyn follies	9782253118558	Auster, Paul	LGF	04/06/2008	978-2-253-11855-8	7,50 EUR

(12 articles)
TVA: 4,60 EUR
TOTAL: 88,00 EUR

Figure 2.55.

Ce bon de commande archivé (information représentée par le cadenas fermé) ne peut plus être modifié et n'existe principalement qu'à des fins de consultation (Figure 2.56).

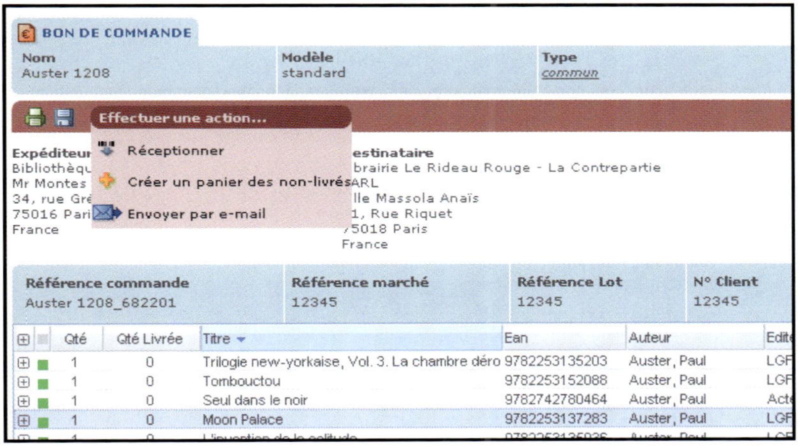

Figure 2.56.

La barre d'outils du bon de commande archivé vous permet de réaliser certaines opérations :

d'*exporter* les notices en cliquant sur le pictogramme représenté en marge (avec la possibilité de n'exporter que les titres livrés ou non livrés) ;

d'*imprimer* les notices en cliquant sur le pictogramme ci-contre (avec la possibilité d'imprimer les codes-barres) ;

- de *réceptionner* votre commande : grâce à cette fonction, vous contrôlez votre livraison en « douchant » le code-barres de chaque ouvrage avec votre lecteur optique (douchette). Les quantités livrées s'ajustent automatiquement ;

- de *créer un panier des non livrés* qui se positionnera dans le même dossier, sous le même nom (avec la mention Non livrés). Vous pouvez par exemple gérer les ouvrages non livrés en les copiant ou en les déplaçant dans un nouveau panier destiné à devenir un nouveau bon de commande ;
- d'*envoyer par e-mail* votre bon de commande au destinataire de votre choix.

Etablir un devis

La procédure est identique à celle de la création d'un bon de commande.

Cinquième partie

Paramétrer et personnaliser electre.com

Afin de personnaliser electre.com, vous avez la possibilité d'agir sur plusieurs paramètres afin de rendre cet outil mieux adapté vos attentes.

Vous avez accès à ces paramètres en cliquant sur Mon electre représenté par le pictogramme à gauche de votre écran (Figure 1.5).

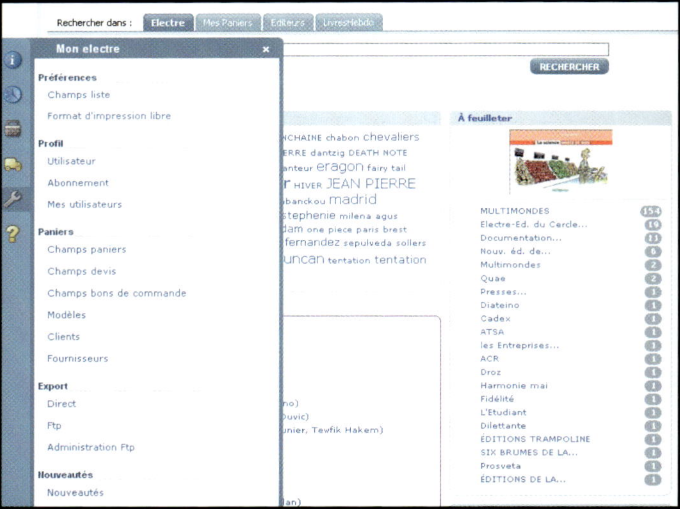

Figure 5.1

1

Préférences

Dans ce chapitre :

- Champs Liste.
- Format d'impression libre.

Sous cet intitulé, vous retrouvez les options de personnalisation liées à l'impression et à l'affichage de vos résultats de recherche.

Champs Liste

Ce paramétrage vous permet de définir les champs affichés de vos résultats de recherche (qu'il s'agisse d'une recherche Electre, Périmètre ou Paniers).

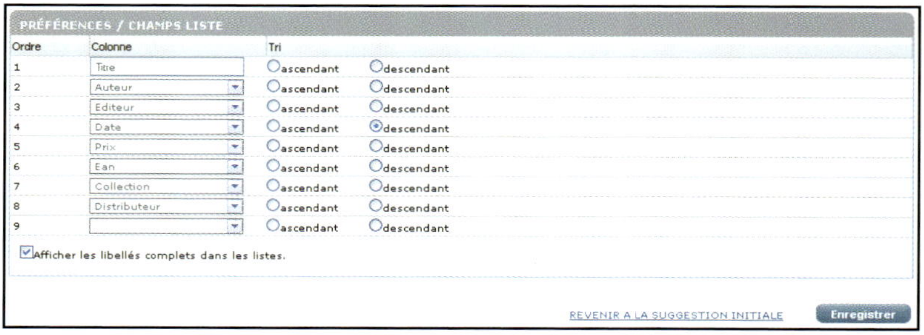

Figure 1.2.

Par défaut, les champs sont :

- Titre (obligatoire) ;
- Auteur ;
- Editeur ;
- Date ;
- Prix ;
- EAN.

Vous pouvez modifier la nature et l'ordre de ces champs. Dans notre exemple, les champs Collection et Distributeur ont été ajoutés (Figure 1.3). Vos résultats de recherche restitueront ces informations.

Titre	Auteur	Editeur	Date	Prix	Ean	Collection	Distributeur
Deleuze, Derrida : du danger de penser	Sergeant, Philippe	la Différence	23/04/2009	20,00 EUR	9782729118242	Les Essais	Volumen
Deleuze : l'empirisme transcendantal	Sauvagnargues, A	PUF	22/04/2009	24,00 EUR	9782130567080	Philosophie d'aujour(	UD Union distributior
Deleuze	Gualandi, Alberto	Perrin	19/03/2009	6,00 EUR	9782262030070	Essais	Interforum
Vincennes, l'aventure de la pensée franç		Flammarion	18/03/2009	45,00 EUR	9782081224377		UD Union distributior
Une vie humaine : récits biographiques et		Presses universita	18/03/2009	22,00 EUR	9782867815423		Sodis
Gilles Deleuze	Sutter, Laurent de	Michalon	19/02/2009	10,00 EUR	9782841864829	Le bien commun	Sodis
Les subalternes peuvent-elles prendre la	Spivak, Gayatri Ch	Amsterdam	18/02/2009	7,50 EUR	9782915547283		Belles lettres diffusi(
Une vie nouvelle est-elle possible ? : sur	Miranda, Luis de	Nous	17/02/2009	16,00 EUR	9782913549302		Belles lettres diffusi(
Le corps du cinéma : hypnoses, émotion:	Bellour, Raymond	POL	05/02/2009	22,00 EUR	9782846822794	Trafic	Sodis
Du corps	Comte-Sponville, A	PUF	07/01/2009	14,00 EUR	9782130574217	Perspectives critiqu(	UD Union distributior
Organes sans corps : Deleuze & conséq	Zizek, Slavoj	Amsterdam	28/11/2008	21,00 EUR	9782354800383		Belles lettres diffusi(
Deleuze : la passion de la pensée	Montebello, Pierre	Vrin	18/11/2008	24,00 EUR	9782711619580	Bibliothèque des phil	Vrin J. (Librairie)

Figure 1.3.

Par ailleurs, les notices des résultats de votre recherche sont triées par ordre chronologique inversé (tri descendant) de la date de parution. Vous avez la possibilité de modifier cet ordre par défaut (tri alphabétique des titres, par exemple), notamment de façon ponctuelle en cliquant sur les intitulés de champs (titre, auteur, etc.).

Dans notre exemple de recherche, la petite flèche située à droite de l'intitulé Date rappelle le critère de classement de ce résultat de recherche.

TRUC

En cochant *Afficher les libellés complets dans les listes*, vous avez la possibilité de visualiser l'intégralité des informations de chaque champ.

Format d'impression libre

Votre site electre.com vous propose quatre formats d'impression :

- Impression liste ;
- Impression aperçu ;
- Impression notice ;
- Impression libre.

Si les trois premiers formats d'impression sont imposés, en revanche, avec l'impression libre (Figure 1.4), vous avez la possibilité de paramétrer un modèle d'impression tenant compte des champs que vous souhaitez imprimer (titre, auteur, éditeur, résumé, etc.) et vous permettant de créer un en-tête personnalisé (avec votre logo, votre adresse, une image, etc.).

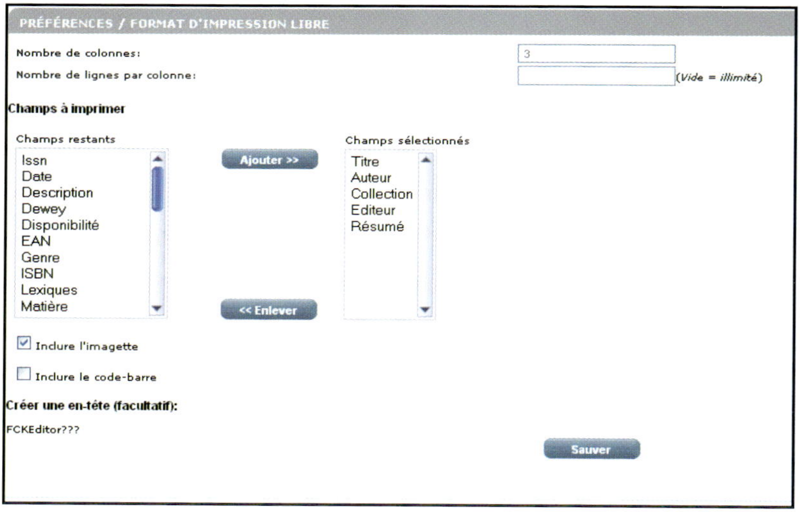

Figure 1.4.

En outre, vous avez également la possibilité d'imprimer les vignettes des couvertures ou les codes-barres de vos notices.

2

Profil

Dans ce chapitre :

- Utilisateur.
- Abonnement.
- Mes utilisateurs.

Dans ce chapitre, vous trouverez toutes les informations liées à votre abonnement et aux utilisateurs de celui-ci.

Utilisateur

Ce lien vous permet de visualiser et de modifier vos coordonnées et vos identifiants (Figure 2.1).

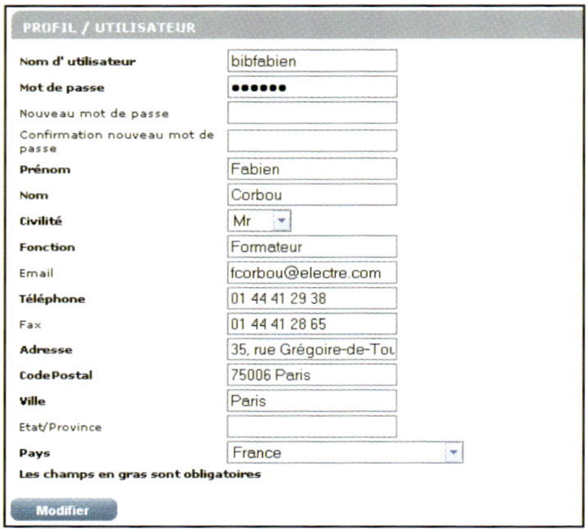

PROFIL / UTILISATEUR

Nom d' utilisateur	bibfabien
Mot de passe	••••••
Nouveau mot de passe	
Confirmation nouveau mot de passe	
Prénom	Fabien
Nom	Corbou
Civilité	Mr
Fonction	Formateur
Email	fcorbou@electre.com
Téléphone	01 44 41 29 38
Fax	01 44 41 28 65
Adresse	35, rue Grégoire-de-Tou
CodePostal	75006 Paris
Ville	Paris
Etat/Province	
Pays	France

Les champs en gras sont obligatoires

Modifier

Figure 2.1.

Abonnement

Ce lien vous permet de visualiser les informations relatives à votre abonnement (Figure 2.2).

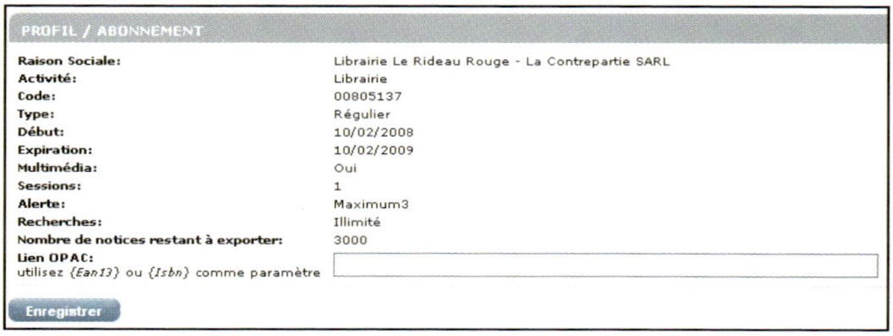

PROFIL / ABONNEMENT

Raison Sociale:	Librairie Le Rideau Rouge - La Contrepartie SARL
Activité:	Librairie
Code:	00805137
Type:	Régulier
Début:	10/02/2008
Expiration:	10/02/2009
Multimédia:	Oui
Sessions:	1
Alerte:	Maximum3
Recherches:	Illimité
Nombre de notices restant à exporter:	3000
Lien OPAC: utilisez *{Ean13}* ou *{Isbn}* comme paramètre	

Enregistrer

Figure 2.2.

Parmi ces informations, vous retrouvez la période de votre abonnement, le nombre d'alertes autorisé (veille bibliographique), le nombre de sessions (nombre d'utilisateurs pouvant être connectés en même temps à electre.com) et le nombre de notices restant à exporter.

Si vous disposez d'un site Internet et si votre système de gestion le permet, le lien OPAC est un outil permettant de basculer d'une notice Electre à une notice contenue dans votre catalogue. Cette fonction intègre l'ensemble des services Web (interfaçage entre Electre et les différents outils que vous utilisez comme votre système de gestion ou votre site) dont les possibilités sont expliquées dans la sixième partie, *Autour d'Electre*.

NOTE TECHNIQUE

L'acronyme OPAC (Online Public Access Catalog) désigne un catalogue de bibliothèque accessible en ligne.

Mes utilisateurs

Ce lien (Figure 2.3) vous indique les utilisateurs liés à votre compte et vous permet d'en créer ou d'en supprimer. Il est conseillé de restreindre l'accès de ce lien à l'administrateur de votre compte, par défaut celui qui est mentionné sur votre convention d'abonnement.

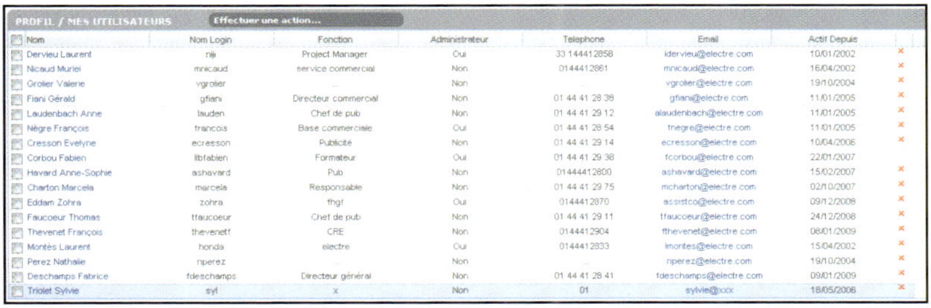
PROFIL / MES UTILISATEURS — Effectuer une action...

Nom	Nom Login	Fonction	Administrateur	Telephone	Email	Actif Depuis
Dervieu Laurent	niji	Project Manager	Oui	33 144412858	idervieu@electre.com	10/01/2002
Nicaud Muriel	mnicaud	service commercial	Non	0144412861	mnicaud@electre.com	16/04/2002
Grolier Valerie	vgrolier	...	Non	...	vgrolier@electre.com	19/10/2004
Fiani Gérald	gfiani	Directeur commercial	Non	01 44 41 28 38	gfiani@electre.com	11/01/2005
Laudenbach Anne	lauden	Chef de pub	Non	01 44 41 29 12	alaudenbach@electre.com	11/01/2005
Nègre François	francois	Base commerciale	Oui	01 44 41 28 54	fnegre@electre.com	11/01/2005
Cresson Evelyne	ecresson	Publicité	Non	01 44 41 29 14	ecresson@electre.com	10/04/2006
Corbou Fabien	libfabien	Formateur	Oui	01 44 41 29 38	fcorbou@electre.com	22/01/2007
Havard Anne-Sophie	ashavard	Pub	Non	01444412800	ashavard@electre.com	15/02/2007
Charton Marcela	marcela	Responsable	Non	01 44 41 29 75	mcharton@electre.com	02/10/2007
Eddam Zohra	zohra	fhgf	Oui	0144412870	assistco@electre.com	09/12/2008
Faucoeur Thomas	tfaucoeur	Chef de pub	Non	01 44 41 29 11	tfaucoeur@electre.com	24/12/2008
Thevenet François	thevenetf	CRE	Non	0144412904	fthevenet@electre.com	08/01/2009
Montès Laurent	honda	electre	Oui	0144412833	lmontes@electre.com	15/04/2002
Perez Nathalie	nperez	...	Non	...	nperez@electre.com	19/10/2004
Deschamps Fabrice	fdeschamps	Directeur général	Non	01 44 41 28 41	fdeschamps@electre.com	09/01/2009
Triolet Sylvie	syl	x	Non	01	sylvie@xxx	18/05/2006

Figure 2.3.

L'utilisation de chaque identifiant peut être limitée par des droits (visibles et modifiables par les administrateurs de l'abonnement).

Le nombre d'utilisateurs (identifiés par leurs login et mot de passe personnels) est indépendant du nombre d'accès dont vous disposez. Ainsi, par exemple, une bibliothèque disposant de quatre sessions peut créer autant d'utilisateurs que nécessaire.

Dans certains cas, à la demande des abonnés, les accès Electre sont conditionnés par l'adresse IP de leurs ordinateurs. Les utilisateurs de ces abonnements se connectent à electre.com uniquement depuis des postes identifiés.

La majorité des abonnés à electre.com peuvent toutefois se connecter au site depuis n'importe quel ordinateur (PC ou Mac) disposant d'une connexion à Internet.

Notez que vous avez la possibilité d'expédier un courriel à un utilisateur en cliquant sur son adresse.

Créer un nouveau compte d'utilisateur

Quel que soit le nombre d'accès dont vous disposez, vous pouvez créer plusieurs comptes d'utilisateurs grâce à l'action Créer un nouvel utilisateur dans l'onglet Effectuer une action (Figure 2.4).

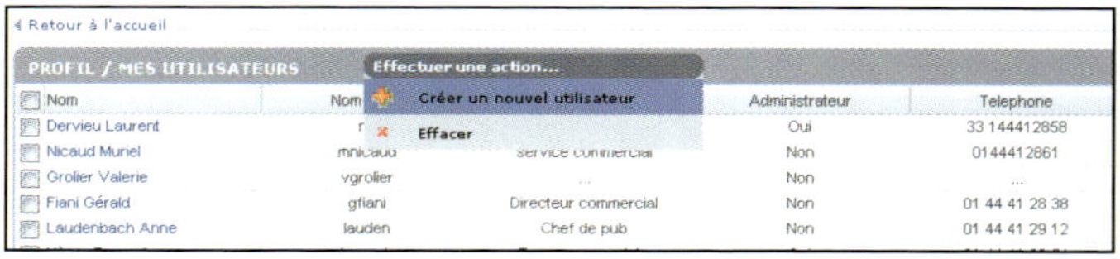

Figure 2.4.

Vous accédez à une fiche d'utilisateur vierge que vous êtes invité à instruire (Figure 2.5).

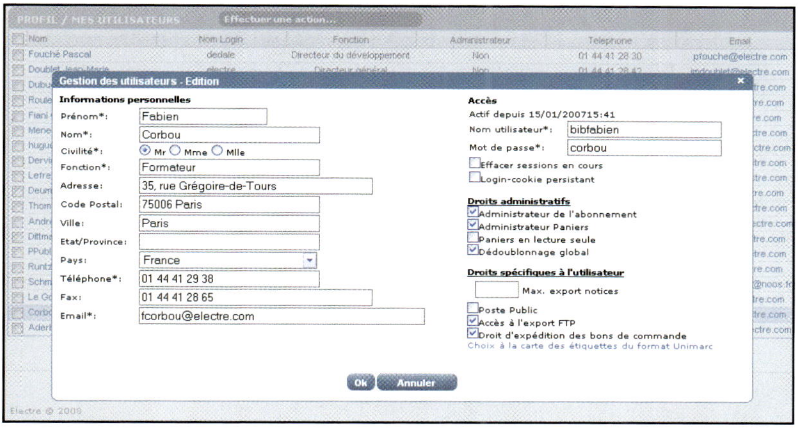

Figure 2.5.

Les informations et droits de chaque utilisateur sont segmentés en quatre rubriques :

- Informations personnelles ;
- Accès ;
- Droits administratifs ;
- Droits spécifiques à l'utilisateur.

Informations personnelles

Vous spécifiez ici la signalétique de l'utilisateur créé. Ces informations sont uniquement destinées à identifier les utilisateurs. Par exemple, plusieurs utilisateurs pouvant alimenter un panier commun de commandes, cette information permet de rattacher une ou plusieurs notices à celui qui l'a intégré.

Certaines informations repérées par un astérisque (nom, prénom, civilité, fonction, téléphone et email) sont obligatoires.

Accès

Les mots de passe et noms d'utilisateurs sont visibles et modifiables par le ou les administrateurs. Vous avez la possibilité d'arrêter la session d'un utilisateur en cochant *Effacer session en cours*.

Vous pouvez enfin mémoriser cet identifiant et ce mot de passe pour les utilisations ultérieures en cochant *Login-cookie persistant*. Pour être opérationnel, votre navigateur Internet (Internet Explorer, Mozilla Firefox ou autre) doit accepter les cookies.

Si vous avez la possibilité de simplifier les logins et les mots de passe de vos utilisateurs, évitez les noms courants (« marie » ou « jean » par exemple) qui sont probablement déjà utilisés !

Droits administratifs

Le ou les administrateurs ont la possibilité de limiter les droits administratifs de chaque utilisateur.

- *Administrateur de l'abonnement* : cette fonction permet de modifier les droits de chacun : créer, modifier, supprimer des comptes d'utilisateurs ou arrêter les sessions. Les utilisateurs ne disposant pas de ce droit n'ont par exemple pas accès aux fiches d'utilisateurs et ne peuvent donc pas en créer.
- *Administrateur Panier* : cette fonction, utilisée dans certains cas spécifiques, permet de créer, modifier, transférer et supprimer les paniers personnels d'un autre utilisateur.

- *Panier en lecture seule* : cette fonction permet à l'utilisateur la visualisation des paniers sans pouvoir les modifier.
- *Dédoublonnage global* : cette fonction permet de vérifier systématiquement les doublons de notices. En cochant cette option, vous serez averti systématiquement de la présence d'une notice dans l'un des paniers déjà enregistrés (sauf dans les paniers personnels d'un autre utilisateur).

Droits spécifiques à l'utilisateur

Le ou les administrateurs ont la possibilité de limiter les droits spécifiques de chaque utilisateur.

- *Nombre maximal de notices* : cette option permet de limiter le nombre de notices exportables par un utilisateur (dans la limite du forfait d'exportation de l'abonnement).
- *Poste public* : en cochant cette option, plusieurs fonctions (commandes, paniers, paramétrages, etc.) de votre electre.com ne seront plus actives pour cet identifiant. Cet outil est utilisé par les bibliothèques ou les librairies qui proposent la base de données electre.com à leur public.
- *Droit d'expédition des bons de commande* : cette fonction permet à l'utilisateur d'expédier directement un panier transformé en bon de commande à un fournisseur.
- *Choix à la carte des étiquettes du format UNIMARC* : cette fonction est utilisée par les bibliothécaires qui exportent d'Electre les notices au format UNIMARC pour les importer dans leur système de gestion. En cliquant sur ce lien, vous avez la possibilité de spécifier les étiquettes du format UNIMARC que vous souhaitez exporter (Figure 2.6).

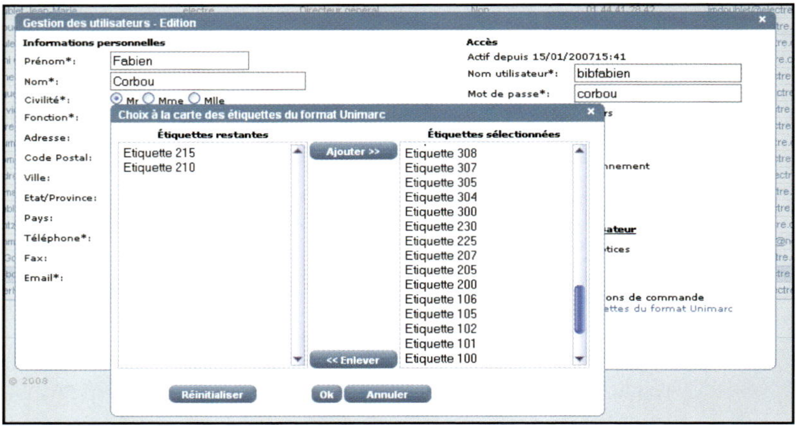

Figure 2.6.

Dans cet exemple, les étiquettes 215 (Collation) et 210 (Zone de l'adresse) ne seront pas exportées.

Supprimer un ou plusieurs comptes d'utilisateurs

Le ou les administrateurs ont la possibilité de supprimer un ou plusieurs comptes d'utilisateurs. Après avoir sélectionné les comptes concernés, vous devez effectuer l'action Effacer (Figure 2.7).

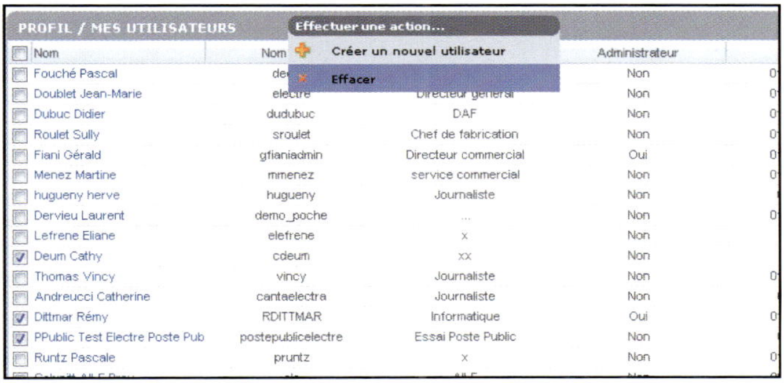

Figure 2.7.

Dans cet exemple, les comptes des trois utilisateurs sélectionnés seront supprimés. Vous êtes invité à confirmer votre choix (Figure 2.8).

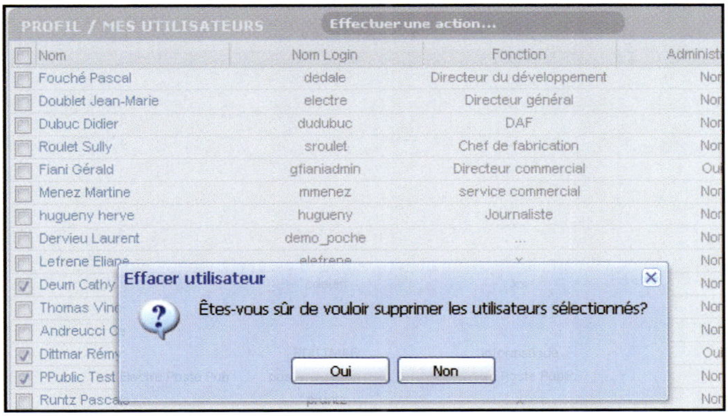

Figure 2.8.

Visualiser un compte d'utilisateur

Le ou les administrateurs de votre abonnement ont la possibilité de visualiser chaque compte d'utilisateur et d'en modifier les champs. Vous accédez à la fiche d'un utilisateur en cliquant sur son nom (Figure 2.9).

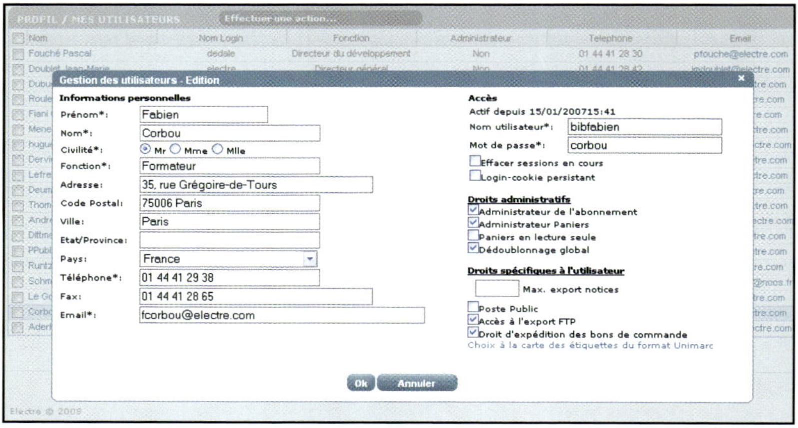

Figure 2.9.

3

Paniers

Dans ce chapitre :

- Champs paniers.
- Champs bons de commande.
- Champs devis (accessibles aux librairies).
- Modèles.
- Clients (accessible aux libraires).
- Fournisseurs.
- Administration (accessible aux bibliothèques).

Ces options vous permettent de personnaliser l'utilisation de vos paniers.

Champs paniers

Ce paramétrage vous permet d'afficher vos paniers avec les champs les mieux adaptés à vos besoins.

Par défaut (suggestion initiale), les champs sont :

- Titre (obligatoire) ;
- Auteur ;

- Editeur ;
- Date ;
- Prix ;
- EAN.

Par ailleurs, le tri par défaut (que vous avez la possibilité de modifier) est déterminé par ordre alphabétique descendant du titre (Figure 3.1).

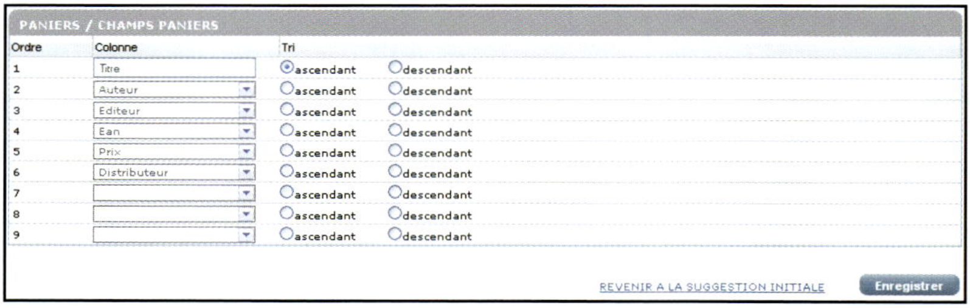

Figure 3.1.

Vous pouvez modifier la suggestion initiale en supprimant ou en rajoutant des champs. Dans notre exemple, le champ Distributeur a été rajouté (Figure 3.2). Votre panier restituera donc cette information.

Figure 3.2.

Enfin, vous avez la possibilité de rajouter des champs personnalisés grâce aux modèles de paniers que vous pouvez créer.

Champs bon de commande

Ce paramétrage vous permet de personnaliser vos bons de commande suivant les champs les mieux adaptés à vos besoins.

Par défaut, les champs sont :

- Titre (obligatoire) ;
- EAN (obligatoire) ;
- Auteur ;
- Editeur ;
- Date ;
- ISBN.

Le tri est déterminé par ordre alphabétique du titre (Figure 3.3).

Figure 3.3.

Dans cet exemple, le champ ISBN a été remplacé par le champ Distributeur. Vos bons de commande s'affichent désormais avec cette information (Figure 3.4).

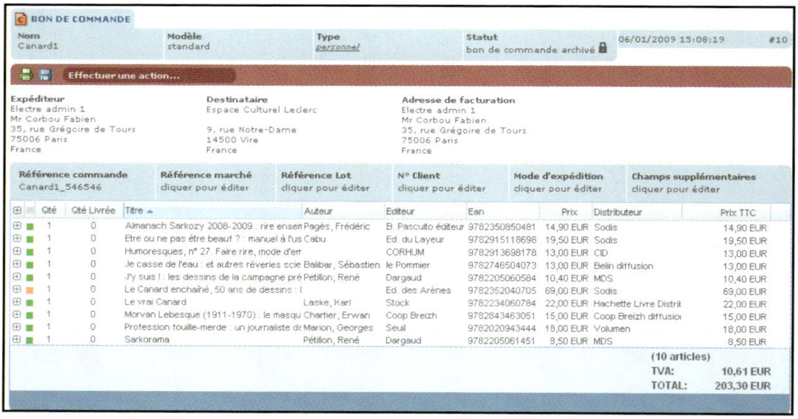

Qté	Qté Livrée	Titre	Auteur	Editeur	Ean	Prix	Distributeur	Prix TTC
1	0	Almanach Sarkozy 2008-2009 : rire ensen	Pagès, Frédéric	B. Pascuito éditeur	9782350850481	14,90 EUR	Sodis	14,90 EUR
1	0	Etre ou ne pas être beauf ? : manuel à l'us	Cabu	Ed. du Layeur	9782915118698	19,50 EUR	Sodis	19,50 EUR
1	0	Humoresques, n° 27. Faire rire, mode d'em		CORHUM	9782913698178	13,00 EUR	CID	13,00 EUR
1	0	Je casse de l'eau : et autres rêveries scie	Balibar, Sébastien	le Pommier	9782746504073	13,00 EUR	Belin diffusion	13,00 EUR
1	0	J'y suis ! : les dessins de la campagne pré	Pétillon, René	Dargaud	9782205060584	10,40 EUR	MDS	10,40 EUR
1	0	Le Canard enchaîné, 50 ans de dessins : l		Ed. des Arènes	9782352040705	69,00 EUR	Sodis	69,00 EUR
1	0	Le vrai Canard	Laske, Karl	Stock	9782234060784	22,00 EUR	Hachette Livre Distrit	22,00 EUR
1	0	Morvan Lebesque (1911-1970) : le masqu	Chartier, Erwan	Coop Breizh	9782843463051	15,00 EUR	Coop Breizh diffusio	15,00 EUR
1	0	Profession fouille-merde : un journaliste de	Marion, Georges	Seuil	9782020943444	18,00 EUR	Volumen	18,00 EUR
1	0	Sarkorama	Pétillon, René	Dargaud	9782205061451	8,50 EUR	MDS	8,50 EUR

(10 articles)
TVA: 10,61 EUR
TOTAL: 203,30 EUR

Figure 3.4.

Champs devis (accessibles aux librairies)

Ce paramétrage vous permet d'afficher vos devis suivant les champs les mieux adaptés à vos besoins.

Par défaut, les champs sont :

- Titre (obligatoire) ;
- EAN (obligatoire) ;
- Auteur ;
- Editeur ;
- Date ;
- Prix.

Le tri est déterminé par ordre alphabétique du titre (Figure 3.5).

Figure 3.5.

Dans cet exemple, le champ ISBN a été remplacé par le champ Distributeur. Vos devis s'affichent désormais avec cette information.

Modèles

La forme et le contenu de vos paniers sont conditionnés par les modèles.

Le modèle de paniers

Lorsque vous créez un panier, par défaut, electre.com vous propose le modèle standard. Vous avez la possibilité de créer un ou plusieurs modèles de paniers incluant un ou plusieurs champs personnalisés en plus de ceux proposés par Electre.

Vous devez créer un modèle de panier si, par exemple, vous souhaitez valoriser son coût avec une remise comprise.

Vous devez créer un modèle de panier si, par exemple, vous souhaitez rajouter un ou plusieurs champs supplémentaires comme une cote, des observations, une notation, etc.

Dans cet exemple (Figure 3.6), pour répondre aux besoins du libraire, le modèle Librairie de Paris incluant les champs personnalisés Client et Source est utilisé.

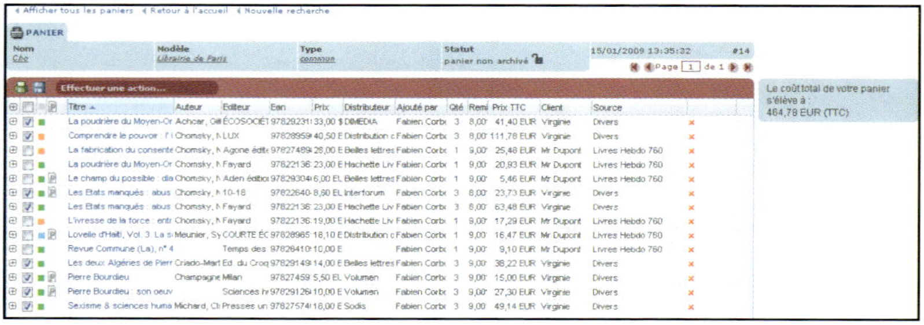

Figure 3.6.

De plus, le coût total de ce panier (464,78 euros) est valorisé en tenant compte des quantités et des remises.

Ce panier peut être transformé en devis ou en bon de commande.

ATTENTION

Si vous êtes amené à effectuer des opérations entre différents paniers (copier ou coller des notices d'un panier à un autre, par exemple), nous vous conseillons de créer un unique modèle afin de toujours obtenir des résultats cohérents.

L'explorateur de modèles de paniers

Dans Mon electre, sous la rubrique Paniers, cliquer sur Modèles vous dirige vers l'explorateur de modèles (Figure 3.7).

Figure 3.7.

Cet explorateur liste tous les modèles de paniers déjà créés ainsi que le nombre de paniers les utilisant.

Créer un modèle de paniers

Pour créer un nouveau modèle de panier, vous devez cliquer sur Effectuer une action dans la barre d'outils de votre explorateur, puis choisir Créer un nouveau modèle (Figure 3.8).

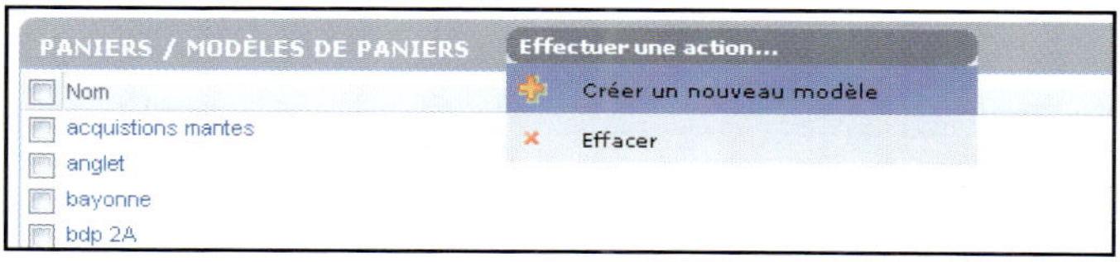

Figure 3.8.

Vous accédez à un modèle vierge dont vous devez instruire les champs (Figure 3.9).

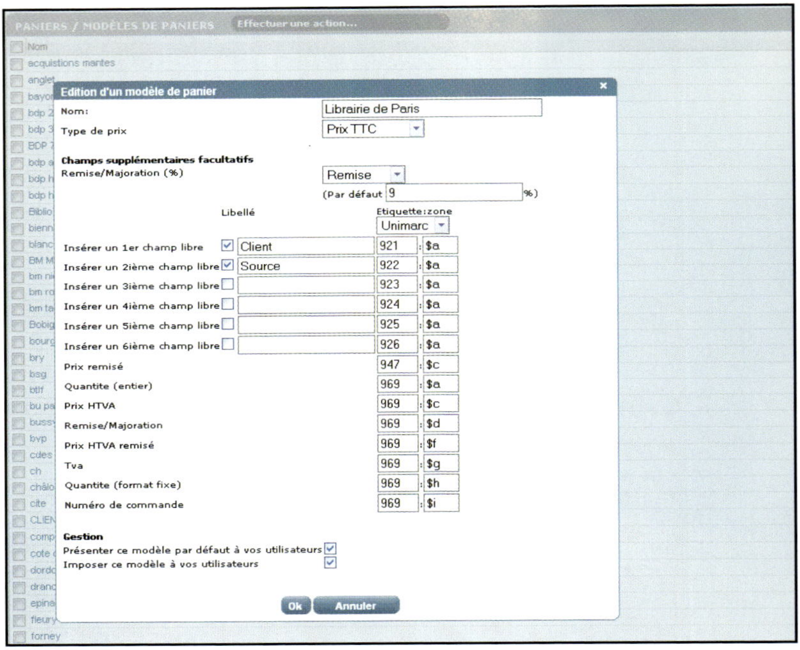

Figure 3.9.

Après avoir nommé votre panier et spécifié le type de prix que vous souhaitez visualiser (prix TTC ou HT + TVA), vous pouvez créer ou modifier des champs supplémentaires et spécifier la manière dont le modèle sera présenté aux utilisateurs de votre abonnement.

Champs supplémentaires facultatifs

Cette rubrique vous permet de spécifier les caractéristiques destinées à influencer la valorisation de votre panier, la nature des éventuels champs personnalisés ainsi que les informations supplémentaires à exporter.

- *Remise* ou *Majoration* : vous pouvez spécifier cette information si vous souhaitez valoriser votre panier en fonction de ces critères. Par défaut, la remise proposée est de 9 %, mais vous pourrez bien sûr modifier cette information lors de la création d'un panier.
- *Insérer un ou plusieurs champs libres* : dans notre exemple, les deux champs Client et Source ont été ajoutés. Les bibliothécaires ont la possibilité d'exporter des paniers incluant ces champs rattachés aux étiquettes ou aux zones Marc de leur choix (par défaut en 900), au format UNIMARC ou US-Marc.
- *Champs supplémentaires* (exportables) : à la demande de nombreuses collectivités, les informations relatives aux prix, remises, taux de TVA appliqué ainsi qu'aux références d'une commande peuvent être exportées par les bibliothécaires. Ces informations peuvent être rattachées aux étiquettes et aux zones de votre choix (par défaut en 900).

Gestion d'un modèle de panier

Le ou les administrateurs de votre abonnement ont la possibilité d'imposer un modèle de panier à l'ensemble des utilisateurs ou de le présenter par défaut en leur laissant le choix d'en choisir un autre.

Supprimer un modèle de panier

Pour supprimer un nouveau modèle de panier, vous devez cliquer sur Effectuer une action dans la barre d'outils de votre explorateur puis choisir Effacer (Figure 310).

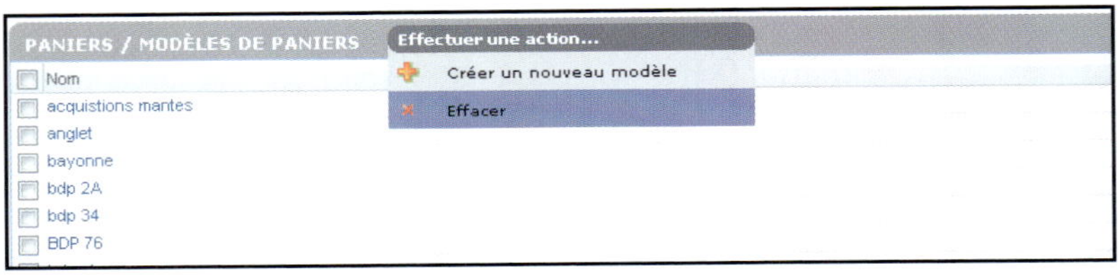

Figure 3.10.

Vous ne pouvez pas supprimer un modèle rattaché tant qu'il est utilisé par un panier existant (Figure 3.11).

Figure 3.11.

Les modèles supprimables sont identifiés grâce à la croix rouge. La quantité nulle de paniers rattachés à ce modèle confirme que les modèles *billancourt* et *essaii* sont effaçables.

Clients

Ce lien vous dirige vers votre explorateur de fiches Client.

Les fiches Client servent à établir des devis ou à affecter des commandes. Les fiches Client sont systématiquement effacées lorsque la commande ou le devis est réalisé.

Vous avez la possibilité de créer, de modifier ou de supprimer vos fiches Client. Vous ne pouvez pas supprimer une fiche Client utilisée par un autre utilisateur.

Vous avez la possibilité de définir le caractère Personnel ou Commun de votre client.

Fournisseurs

Ce lien vous dirige vers votre explorateur de fiches Fournisseur.

Les fiches Fournisseur servent à établir les bons de commande.

Vous avez la possibilité de créer, de modifier ou de supprimer vos fiches. Vous ne pouvez pas supprimer une fiche Fournisseur utilisée par un autre utilisateur.

Vous avez la possibilité de définir le caractère Personnel ou Commun de votre fournisseur.

TRUC

Plusieurs de vos fournisseurs sont abonnés à electre.com. Ils vont alors s'afficher en rouge sur votre liste.

Administration (accessible aux administrateurs de bibliothèques)

Ces fonctions donnent accès à certains droits d'administration des paniers (Figure 3.12).

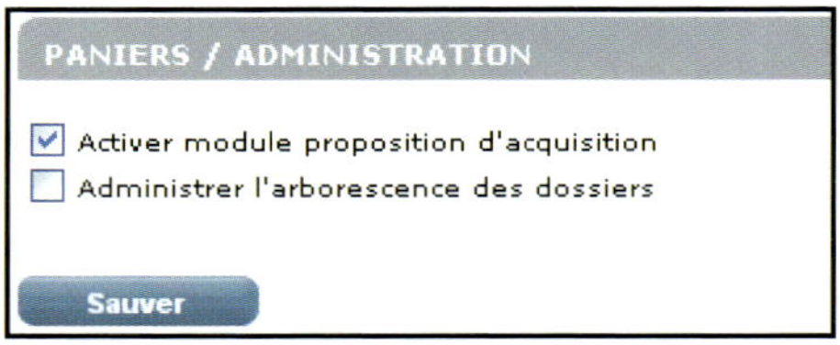

Figure 3.12.

Activer module proposition d'acquisition : cette fonction permet d'intégrer une notice au champ des commandes en cours, grâce au lien Proposer l'acquisition, visible sur chaque notice détaillée (onglet Notice).

Administrer l'arborescence des dossiers : cette fonction vous permet de créer, modifier ou supprimer des paniers.

4

Export

Dans ce chapitre :

- Export direct.
- Export FTP.
- Administration FTP.
- UNIMARC (accessible aux bibliothécaires).

Vous avez la possibilité d'exporter les notices (depuis un panier ou un simple résultat de recherche) afin d'utiliser les informations bibliographiques sous un autre support informatique (généralement vos systèmes de gestion). Par sécurité, vous disposez d'un forfait d'exportation dont la quantité est définie lors de votre abonnement.

Deux méthodes sont proposées :

- l'*export direct* (lorsque le fichier exporté est sauvegardé dans un ordinateur de votre réseau local) ;
- l'*export par FTP* (lorsque le fichier exporté est sauvegardé via Internet).

Les procédures d'exportation sont détaillées dans la quatrième partie, *Traiter et développer les résultats*.

Votre site electre.com vous propose les formats de fichiers les plus courants (dBase, CSV, XML, etc.) ainsi que les formats spécifiques aux outils des professions du livre (UNIMARC, MARC XML, Ellipses, Praxiel, etc.).

Export direct

Il s'agit de la méthode d'exportation la plus courante qui consiste à sauvegarder les fichiers exportés à l'emplacement de votre choix dans un ordinateur de votre réseau local (Figure 4.1).

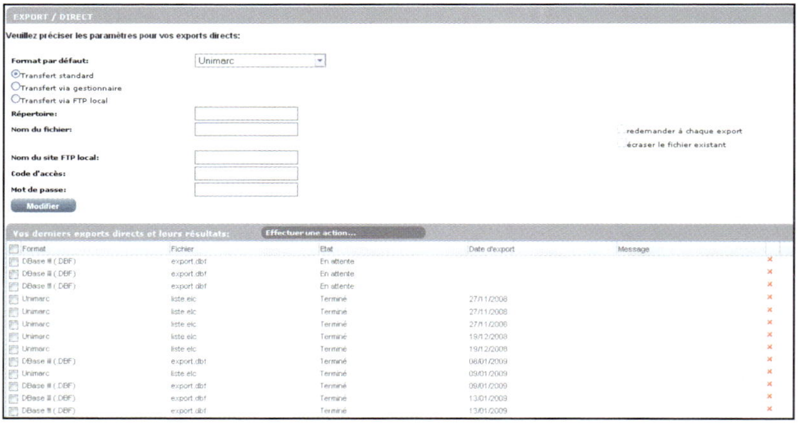

Figure 4.1.

Votre site electre.com vous permet trois méthodes d'exportation directe :

- le transfert standard ;
- le transfert via gestionnaire ;
- le transfert via FTP local.

Transfert standard

Après avoir spécifié le format d'exportation par défaut (UNIMARC, dBase, XML, CSV, etc.), cette fonction permet d'exporter les notices sélectionnées vers l'emplacement de votre choix dans votre réseau local. Selon les navigateurs (Internet Explorer, Mozilla Firefox, etc.), ce téléchargement peut être automatisé (Firefox vous propose par exemple de sauvegarder systématiquement vos fichiers d'exportation au même emplacement).

Transfert par gestionnaire

Après avoir spécifié le format d'export (UNIMARC, dBase, XML, CSV, etc.), le répertoire de destination et le nom que vous donnez à ce fichier (Figure 4.2), cette fonction transférera les notices sélectionnées vers l'emplacement de votre choix.

Figure 4.2.

Dans cet exemple, le fichier d'exportation sera sauvegardé dans le répertoire C:\Electre\export sous le nom *liste*. Les deux cases cochées à droite de votre écran stipulent que vous devrez systématiquement confirmer le nom de votre fichier (Redemander à chaque export) et que le fichier précédemment exporté sous le même nom sera systématiquement effacé (Écraser le fichier existant).

L'utilisation du transfert via gestionnaire nécessite l'applicatif Java installé par défaut sur vos ordinateurs récents et disponible gratuitement sur les sites de téléchargement comme www.clubic.com.

Transfert par FTP local

Après avoir spécifié le format d'export (UNIMARC, dBase, XML, CSV, etc.), le répertoire de destination, le nom que vous donnez à ce fichier, le nom de votre site FTP et vos nom et mot de passe d'accès, cette fonction transférera les notices sélectionnées vers votre site FTP (Figure 4.3).

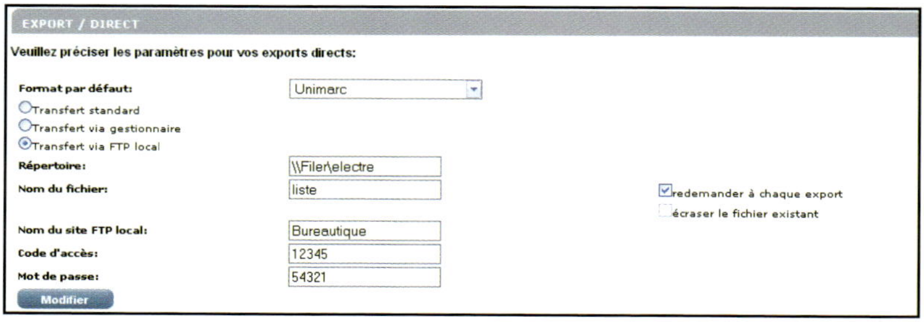

Figure 4.3.

La case cochée à droite de votre écran (Redemander à chaque export) stipule que vous devrez systématiquement confirmer le nom de votre fichier (ici *liste*).

L'explorateur des dernières exportations

Vous avez la possibilité de visualiser les dernières exportations réalisées afin d'identifier les éventuelles erreurs de téléchargement (Figure 4.4).

Vos derniers exports directs et leurs résultats: Effectuer une action...

Format	Fichier	Etat	Date d'export	Message
DBase III (.DBF)	export.dbf	En attente		
DBase III (.DBF)	export.dbf	En attente		
DBase III (.DBF)	export.dbf	En attente		
Unimarc	liste.elc	Terminé	27/11/2008	
Unimarc	liste.elc	Terminé	27/11/2008	
Unimarc	liste.elc	Terminé	27/11/2008	
Unimarc	liste.elc	Terminé	19/12/2008	
Unimarc	liste.elc	Terminé	19/12/2008	
DBase III (.DBF)	export.dbf	Terminé	08/01/2009	
Unimarc	liste.elc	Terminé	09/01/2009	
DBase III (.DBF)	export.dbf	Terminé	09/01/2009	
DBase III (.DBF)	export.dbf	Terminé	13/01/2009	
DBase III (.DBF)	export.dbf	Terminé	13/01/2009	

Figure 4.4.

En cas d'erreur d'exportation, n'hésitez pas à réexporter les mêmes notices. En effet, une notice exportée à plusieurs reprises ne sera décomptée qu'une seule fois.

Export FTP

Les réseaux FTP Internet étant sensibles aux virus et autres chevaux de Troie, ce type d'exportation est de moins en moins utilisé dans cette forme. Si votre réseau est sécurisé et si vous souhaitez utiliser cette fonction, vous êtes invité à spécifier les coordonnées de votre serveur FTP ainsi que le format d'exportation proposé par défaut (Figure 4.5).

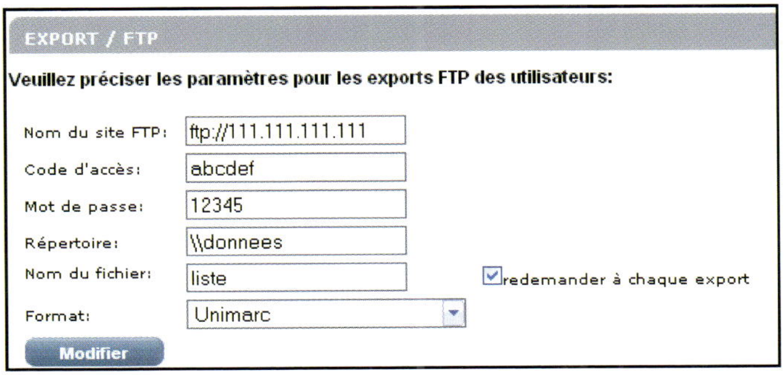

Figure 4.5.

Administration FTP

Ces paramétrages d'exportation sont destinés à quelques cas de transferts sécurisés de fichiers d'exportation et nécessitent l'intervention de techniciens d'Electre.

UNIMARC (accessible aux administrateurs de bibliothèques)

Cette fonction optionnelle vous permet d'exporter des champs habituellement peu utilisés. L'utilisation de ces paramètres doit être assistée par un développeur d'Electre.

Sixième partie

Autour d'Electre

La base bibliographique electre.com est bien plus que le site utilisé par les milliers d'abonnés : c'est une boîte à outils adaptée aux nombreuses perspectives offertes par votre réseau local et par Internet. La base Electre, grâce aux services Web, alimente de nombreux sites, permettant à vos lecteurs et à vos clients lecteurs de bénéficier de la richesse des informations proposées. De plus, en partenariat avec la plupart des constructeurs de logiciels de gestion, Electre vous permet l'interfaçage entre vos systèmes de gestion et les informations bibliographiques. Libraire, vous pouvez ainsi connaître directement depuis un résultat de recherche Electre la quantité disponible des ouvrages dans votre stock. Bibliothécaire, grâce au lien OPAC, vous pouvez en un clic « basculer » d'une notice Electre à cette même notice dans votre catalogue en ligne. Cette partie vous présente quelques exemples de développements personnalisés valorisant vos sites Internet et facilitant vos travaux grâce à l'interfaçage possible entre vos différents outils informatiques.

1

Les services Web

Dans ce chapitre :

- Définitions.
- Exemple de sites utilisant les services Web d'Electre.

Vous disposez d'un site Internet (ou envisagez d'en construire un) ? Electre vous propose de l'alimenter, permettant ainsi à vos lecteurs de bénéficier des informations et des fonctionnalités d'electre.com. Si vous êtes peu familiarisé avec le langage informatique, ne vous attardez pas sur les définitions (laissons ce plaisir aux informaticiens…), mais observez les divers exemples d'applications possibles.

Définitions

On entend par *service Web* la technologie permettant à plusieurs applications (sites Internet, outils de gestion) de dialoguer à distance via Internet. Ces applications n'utilisant souvent pas les mêmes langages informatiques, les services Web s'appuient sur un ensemble de protocoles Internet (XML et HTTP étant les plus répandus) pour leur permettre de communiquer.

Il n'existe pas de service Web « standard ». En effet, vous décidez de la nature des échanges entre Electre et votre site Internet.

Souhaitez-vous enrichir les notices de votre site des couvertures ou des résumés Electre, en toute légalité ? Souhaitez-vous utiliser des fonctionnalités du moteur de recherche Electre sur votre site ? Souhaitez-vous permettre à vos lecteurs internautes de feuilleter partiellement les ouvrages numériques ou de constituer des paniers (de commande, par exemple) ?

Les services Web vous permettent de réaliser ce dialogue entre vos outils Internet et Electre.

C'est, en d'autres termes, un API (Application Programming Interface).

Basés sur des standards reconnus (SOAP, WSDL, HTTP, XML), les services Web Electre s'adaptent à vos applications (Windows, Browser, Système portable), à votre plate-forme (Windows, Unix, Linux, etc.), à vos langages de programmation (C++, Java, C#, etc.) et à votre environnement (Microsoft.NET, ASP, JSP, J2EE, etc.).

Les services Web Electre s'adaptent à vos outils de développement, que ceux-ci soient commerciaux ou disponibles librement (logiciels Open Source).

Les choix technologiques doivent cependant être compatibles avec les standards suivants :

- HTTP 1.1 comme protocole de transport. D'autres protocoles pourront être offerts dans le futur ;
- SOAP 1.1 comme protocole d'échange de données ;
- WSDL 1.1 pour la description des services.

La mise en application des services Web est assurée conjointement par les constructeurs de votre site et par les développeurs d'Electre.

L'HTML est l'acronyme d'HyperText Markup Language. Il s'agit d'un langage permettant la mise en page des informations et des liens dans un document hypertexte (globalement une page Web). Le langage HTML est remplacé depuis 1999 par l'XHTML (eXtensible HyperText Markup Language), dérivé du langage XML permettant plus de souplesse et offrant des résultats plus attractifs.

Le langage XML (eXtended Markup Language) est la nouvelle norme de documents sur le Web. Grâce aux balises, il permet une structuration de l'information, impossible avec l'HTML. Globalement, le langage XML permet de séparer la présentation d'une page Web de son contenu.

Un serveur HTTP (HyperText Transfer Protocol) est un serveur chargé d'envoyer les pages Web à votre ordinateur lorsque vous lisez une page Web.

SOAP (Simple Object Access Protocol) est un protocole d'échange de données basé sur des formats XML. Il est développé par Microsoft.

Le WSDL (Web Service Description Language) sert à décrire le protocole de communication, le format de messages requis pour communiquer avec ce service, les méthodes que le client peut invoquer, ainsi que la localisation du service.

Windows, Unix, Linux sont des systèmes d'exploitation qui régissent la présentation et la technologie de votre matériel informatique.

Exemples de sites utilisant les services Web d'Electre

De nombreuses structures utilisent les services Web d'Electre pour alimenter leurs sites. La nature des informations et des fonctionnalités d'Electre utilisées par ces sites est variable. Certains utilisent uniquement certaines informations bibliographiques (couverture, résumé, etc.), d'autres vont s'appuyer sur la technologie du moteur de recherche ou des paniers Electre.

Sites marchands généralistes

`www.mollat.com` : site de la librairie Mollat à Bordeaux.

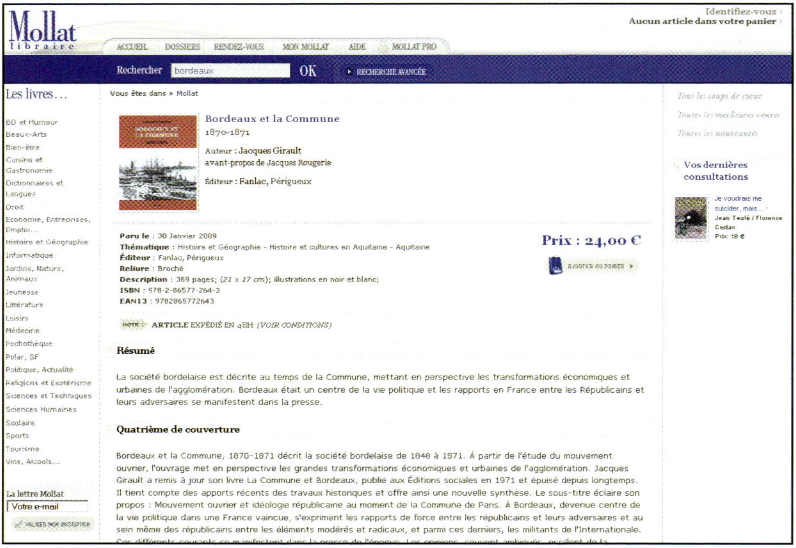

Figure 1.1.

`www.appeldulivre.fr` : site de la librairie L'Appel du livre à Paris.

Figure 1.2.

Autres sites marchands généralistes alimentés par Electre :

- `www.sauramps.com` (librairie Sauramps, à Montpellier) ;
- `www.ombres-blanches.fr` (librairie Ombres blanches, à Toulouse) ;
- `www.laprocure.com` (réseau des librairies La Procure) ;
- `www.librest.fr` (réseau des librairies de l'Est parisien Librest) ;
- etc.

Sites marchands spécialisés

www.lipsy-lib.fr : site de la librairie Lipsy à Paris.

Figure 1.3.

`www.canalbd.net` : site du réseau des librairies Canal BD.

Figure 1.4.

Autres sites marchands spécialisés alimentés par Electre :

- `www.alef-librairie.com` (Association des librairies ésotériques francophones ALEF) ;
- `www.revuebanquelibrairie.com` (librairie de la finance et de la banque Revue Banque, à Montreuil) ;
- `www.librairie-monlivre.com` (librairie Mon livre, à Pessac) ;
- `www.imarabe.org/prat/librairie.html` (librairie de l'Institut du monde arabe, à Paris) ;
- etc.

Catalogues en ligne de bibliothèques

`www.bibliotheque.toulouse.fr` : site du réseau des bibliothèques de Toulouse.

Figure 1.5.

`www.kolibris.univ-ag.fr` : site de la bibliothèque de l'université des Antilles et de la Guyane.

Figure 1.6.

Autres catalogues en ligne de bibliothèques :

- `mediatheque.villeneuvedascq.fr` (médiathèques de Villeneuve-d'Ascq) ;
- `www.beauvais.fr` (médiathèques de Beauvais) ;
- `www.citedulivre-aix.com` (Cité du livre à Aix-en-Provence) ;
- etc.

Catalogues d'éditeurs

`editions.flammarion.com` : catalogue de l'éditeur Flammarion.

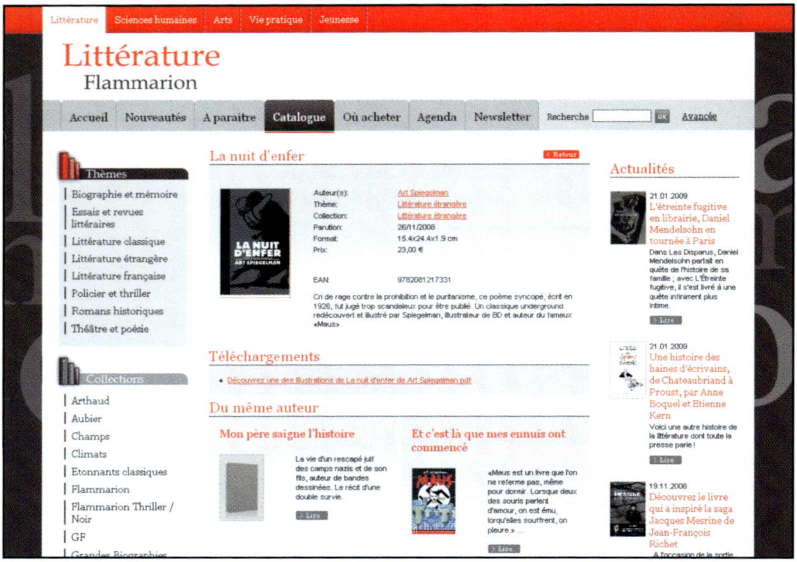

Figure 1.7

`editions.bnf.fr` : site des éditions de la Bibliothèque nationale de France.

Figure 1.8

Autres sites d'éditeurs, de diffuseurs ou de distributeurs alimentés par Electre :

- www.sofedis.fr : site du diffuseur SOFEDIS ;
- diffusion.flammarion.com : site du diffuseur Flammarion Diffusion ;
- etc.

Sites institutionnels

`www.librairesfrancophones.org` : site de l'Association internationale des libraires francophones (AILF).

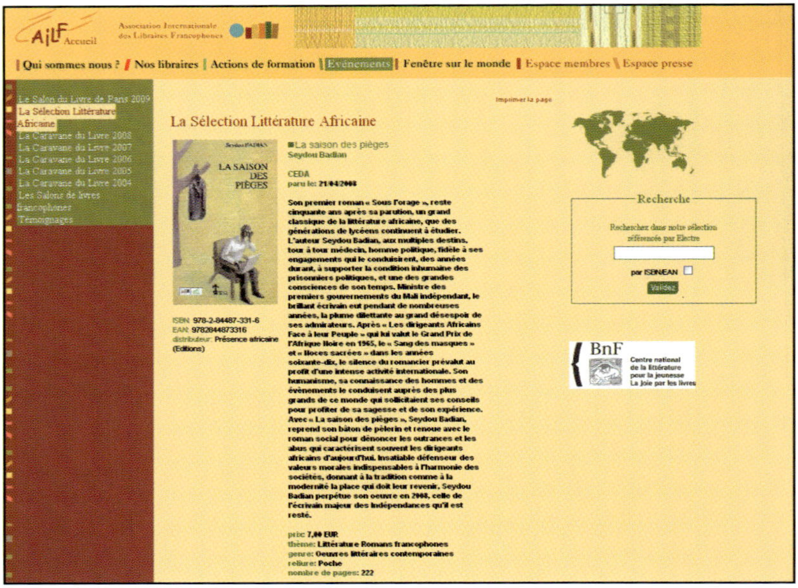

Figure 1.9.

`www.bief.org` : site du Bureau international de l'édition française.

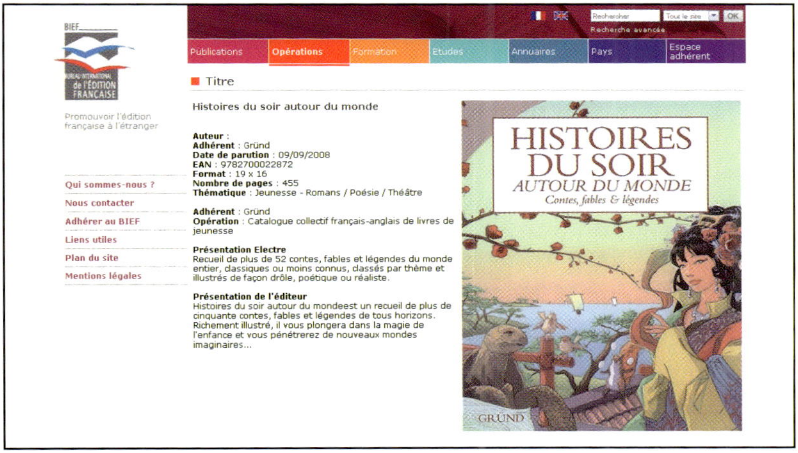

Figure 1.10.

Autres sites institutionnels alimentés par Electre :

- sites de l'Éducation nationale ;
- sites des CID, Centres de documentation et d'information ;
- sites de la Banque de France, du Crédit agricole, de la Caisse des dépôts ;
- etc.

2

L'interfaçage avec votre logiciel de gestion

Dans ce chapitre :

- Les logiciels de gestion de librairies et de bibliothèques.

Grâce aux services Web, il est désormais possible de visualiser des informations issues de votre logiciel de gestion sur votre interface Electre et *vice versa*. Les possibilités offertes par les services Web sont multiples et dépendent de vos attentes. Elles sont aujourd'hui rendues possibles grâce à une collaboration étroite entre Electre et les principaux constructeurs de logiciels de gestion.

Les logiciels de gestion de librairies et de bibliothèques

L'exemple qui suit vous présente un interfaçage possible entre Electre et un système de gestion de librairie (Figure 2.1). Sur cette première image, vous pouvez constater qu'une colonne mentionnant les quantités en stock de chaque ouvrage apparaît à gauche de chaque titre. Ces informations, restituées en temps réel, sont issues de votre logiciel de gestion.

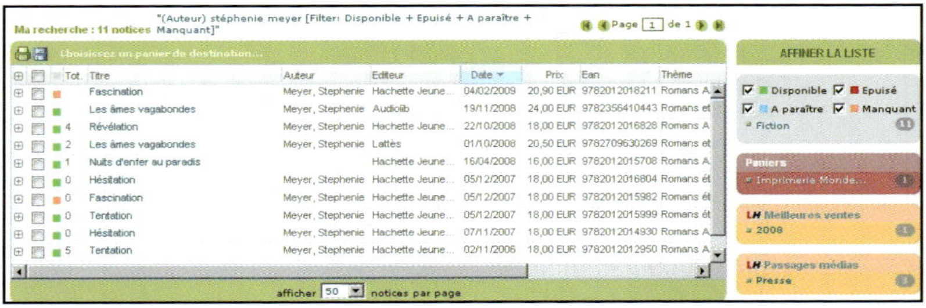

Figure 2.1.

Sur cette seconde image (Figure 2.2), vous pouvez constater l'apparition d'une nouvelle case mentionnant les données de gestion spécifiant la quantité disponible en stock, le rayon où l'ouvrage est présent ainsi que les réservations.

Figure 2.2

Le principe est le même pour les outils de bibliothèque : vous pouvez afficher la présence ou non d'un ouvrage dans votre fonds directement sur une notice Electre. Un lien OPAC peut être intégré dans la notice Electre pour vous permettre d'ouvrir directement la même notice dans votre catalogue en ligne. Dans le sens inverse, vous pouvez alimenter votre catalogue en ligne de couvertures, de résumés, de tables des matières, etc.

Certaines fonctions doivent faire l'objet d'un avenant à votre contrat d'abonnement. En outre, pour en bénéficier, vous devez contacter les services techniques de votre constructeur de logiciels et d'Electre.

3

Les autres activités du Cercle de la librairie

Dans ce chapitre :

- Les magazines *Livres Hebdo* et *Livres de France*.
- *Les éditions du Cercle de la librairie.*

En plus de la base Electre, le Cercle de la librairie développe également deux autres activités : les éditions du Cercle de la librairie et les périodiques *Livres Hebdo* et *Livres de France*.

Les magazines *Livres Hebdo* et *Livres de France*

Toutes les semaines pour *Livres Hebdo* (Figure 3.1) et tous les mois pour *Livres de France*, le Cercle de la librairie publie ces magazines professionnels destinés principalement aux bibliothécaires, aux libraires et aux éditeurs.

Figure 3.1

Parmi les sujets traités par *Livres Hebdo*, vous retrouvez l'actualité du livre, les événements prévus, un tableau segmenté des indices de ventes domaine par domaine et titre par titre, des avant-critiques, des avant-portraits, la liste des ouvrages annoncés ainsi que celle des ouvrages dernièrement parus, quatre importantes rubriques (librairies, éditions, bibliothèques et à l' « étranger »), une information juridique, une enquête, un dossier thématique accompagné d'une bibliographie et une rubrique d'annonces classées.

Outre sa version « papier », *Livres Hebdo* se décline également sous deux autres supports : le magazine au format numérique, le site Internet www.livreshebdo.fr et la newsletter quotidienne.

Les éditions du Cercle de la librairie

Depuis plus de 150 ans, le Cercle de la librairie édite plusieurs ouvrages destinés aux professionnels du livre. Aujourd'hui, les éditions du Cercle de la librairie proposent plus de 110 titres, toujours réactualisés.

Vous pouvez trouver le catalogue depuis le site electre.com (bien sûr), mais également sur le site www.editionsducercledelalibrairie.com.

Figure 3.2.

Plusieurs titres des éditions du Cercle de la librairie sont consultables partiellement en ligne. N'hésitez pas à jeter un œil et à imaginer les possibilités de tels outils (le site des éditions du Cercle utilise exactement les mêmes technologies que celles que nous vous proposons via les Web services décrits ci-dessus).

Bibliographie

Les métiers de l'édition,
Bertrand Legendre – UFR Communication Paris XIII
(Éditions du Cercle de la Librairie, 2002)

Unimarc Manuel de Catalogage,
Marie-Renée Cazabon
(Éditions du Cercle de la Librairie, 1999)

Le catalogage : méthodes et pratiques,
Isabelle Dussert-Carbonne, Marie-Renée Cazabon
(Éditions du Cercle de la Librairie, 2004)

Mémento typographique,
Ch. Gouriou
(Éditions du Cercle de la Librairie, 2006)

Le métier de bibliothécaire,
Association des bibliothécaires français
(Éditions du Cercle de la Librairie, 2004)

Histoire de la librairie française,
Collectif
(Éditions du Cercle de la Librairie, 2008)

Le Cercle de la Librairie 1847-1997
150 ans d'actions pour le livre et ses métiers
Collectif
(Éditions du Cercle de la Librairie, 1997)

Divers ouvrages de la collection « *Pour les nuls* »,
(Editions First)

Divers sites Internet

Index

A

B

C

Q

R

S